公認会計士試験

論文式試験対策　　新トレーニングシリーズ

財務会計論
計算編6　個別論点・応用編

TAC公認会計士講座　簿記会計研究会

JN081153

TAC出版
TAC PUBLISHING Group

は し が き

　『新トレーニングシリーズ財務会計論・計算編』においては，総合問題の解き方を身に付けてもらうことを主眼として執筆・編集しています。そのため，初級・中級レベルの問題を中心に出題し，かつ，基本的な出題パターンを網羅することを心掛けました。本書を何度も繰り返し解くことによって，出題パターンに応じた解法を身に付けることができるでしょう。また，個々の論点は理解できるが，総合問題が思うように解くことができない，といった方のために，問題を効率良く解くための解法を示しています。各種資格試験は限られた試験時間内に効率よく解答しなければ，合格することは難しいので，本書を利用して効率的な解法をマスターして下さい。さらに，問題集として執筆・編集していますが，多くの受験生が間違い易い論点やまとめて覚えていた方が良い論点については詳細に解説しています。復習の際に，論点整理として利用して下さい。

　そして，本書を利用することによって，皆さんが財務会計論・計算編の総合問題を克服し，各種資格試験に合格されることを念願してやみません。

　なお，本書は『新トレーニングシリーズ　財務会計論計算編1〜7』について，法令・基準等の改正に伴う改訂を行ったものです。

本 書 の 特 徴

　本書の主な特徴は，次の7点です。

(1) 基礎力を身に付け，総合問題対策に本格的に取り組もうという方々のために，論点複合型の総合問題を数多く取り入れています。

(2) 解答だけでなく，詳細な解説及び解法を付けています。

(3) 各問題の出題論点がわかるように，チェックポイントとして明記しています。

(4) 解説中の仕訳及び計算式には，その数値が何を意味するのかが分かるように，詳細な解説を付しています。

(5) 問題解答上，間違え易い点については解説を付しています。また，計算技術を高めるためだけでなく，その理論的背景も理解するのに必要な点，及び問題解答上必要ではないが，まとめて整理しておくことで今後の理解を促す点についても解説を付しています。

(6) 繰り返し何度も解き直してもらうために，答案用紙をコピーし易いように，別冊として付けています。なお，答案用紙は，ＴＡＣ出版書籍販売サイト・サイバーブックストアよりダウンロードサービスもご利用いただけます。下記サイイトにアクセスして下さい。

https://bookstore.tac-school.co.jp/

(7) 各論点によって7分冊にし，この7冊により，財務会計論・計算編の基本的な問題が網羅できるように執筆・編集しています。

本 書 の 対 象 者

　本書は，主として公認会計士試験の受験対策用に編集された問題集ですが，総合問題への効率的なアプローチを主眼として執筆・編集しておりますので，税理士試験や日商簿記検定等の他の受験対策用としても是非，利用していただきたいです。

本 書 の 利 用 方 法

1. 問題は必ずペンをもって，実際に答案用紙に記入すること。

　　財務会計論・計算編の総合問題は解答数値のみならず，勘定科目等の記入も問われることがあります。特に，勘定記入や帳簿の記入・締切の問題は，答案用紙に記入するのに時間がかかるので，試験までに充分に慣れておく必要があります。

2. 解き始めた時間と終了時間を必ずチェックしておき，解答時間を計ること。

　　時間を意識しないトレーニングは資格受験の学習として意味がありません。制限時間の60分以内に解答できるか，各自意識して問題解答に取り組んで下さい。各問題に【解答時間及び得点】の欄を付けていますので，各自記入のうえ利用して下さい。

3. 採点基準に従い，実際に採点すること。

　　個々の論点を理解していても実際に点数に反映されなければ，資格受験として意味がありません。各自の実力を知るうえでも採点して下さい。なお，本書における合格点の目安は次のとおりです。各問題の【解答時間及び得点】における得点の欄を利用して記録して下さい。

　　難易度A（易）：80点，難易度B（標準）：70点，難易度C（難）：60点

4. 間違えた論点については，メモを取っておくこと。

　　間違えた原因が論点の理解不足のためなのか，それとも単なるケアレス・ミスなのか，メモを取っておいて下さい。各自の理解していない論点やケアレス・ミスしやすい論点がわかります。【解答時間及び得点】及び【チェック・ポイント】を利用して，メモを取って下さい。

5. 60分の制限時間内に問題が解けるようになるまで，何度も繰り返し解くこと。

　　目安としては最低限，各問題を3回は解いてもらいたいです。答案用紙は1部しかないので，あらかじめコピーを取っておくか，ＴＡＣ出版書籍販売サイト・サイバーブックストアよりダウンロードすると良いでしょう。

6．ＴＡＣ公認会計士講座の財務会計論・計算編のカリキュラムとの対応。

　　本書の問題とＴＡＣ公認会計士講座の講義内容との対応については、Ｔ
　ＡＣ出版書籍販売サイト・サイバーブックストアよりご確認いただけます。
　下記サイトにアクセスして下さい。「読者様限定　書籍連動ダウンロード
　サービス」のコーナーよりダウンロードしていただけます。

https://bookstore.tac-school.co.jp/

CONTENTS

問　題／
解答・解説

Financial Accounting

問題 **1** **減損会計・退職給付会計**

　ＴＡＣ株式会社の当期（×10年4月1日から×11年3月31日まで）に関する下記の〔資料〕を参照して，答案用紙に示されている損益計算書及び貸借対照表を完成させなさい。なお，計算過程で千円未満の端数が生じた場合には最終数値を四捨五入すること。税効果会計（実効税率毎期40％）については，その他有価証券の評価差額のみに適用し，その他の事項については考慮しないものとする。

〔資料Ⅰ〕　決算整理前残高試算表

決算整理前残高試算表

×11年3月31日　　　　　　　　　　　　　（単位：千円）

現　　　　　金	5,370	支　払　手　形	154,300
当　座　預　金	295,200	買　　掛　　金	135,320
受　取　手　形	123,700	貸　倒　引　当　金	2,540
売　　掛　　金	153,300	長　期　借　入　金	50,000
有　価　証　券	93,440	退　職　給　付　引　当　金	(　　　　　)
繰　越　商　品	30,860	資　産　除　去　債　務	(　　　　　)
建　　　　　物	200,000	建物減価償却累計額	72,000
機　械　装　置	(　　　　　)	機械装置減価償却累計額	(　　　　　)
車　　　　　両	50,000	車両減価償却累計額	27,000
備　　　　　品	36,000	備品減価償却累計額	19,150
土　　　　　地	235,904	資　　本　　金	700,000
仕　　　　　入	570,320	繰　越　利　益　剰　余　金	133,405
営　　業　　費	83,480	売　　　　　上	887,631
退　職　給　付　費　用	(　　　　　)	受　取　利　息　配　当　金	2,560
支　払　利　息	2,900	有　価　証　券　利　息	600
		雑　　収　　入	780
	(　　　　　)		(　　　　　)

〔資料Ⅱ〕　決算整理事項等

1．現金等

(1) 決算日において当社の金庫を実査した結果，以下のものが保管されていた。なお，未渡小切手は仕入先に対するもの 1,000千円及び営業費の支払先に対するもの 400千円である。また，株主配当金領収証については，期中何ら処理されていない。

硬貨・紙幣	1,020千円	未渡小切手	1,400千円	他社振出小切手	2,280千円
送金小切手	1,200千円	株主配当金領収証 900千円（2．有価証券参照）			
郵便為替証書	1,330千円				

(2) 現金の帳簿残高と実際有高との差額原因は不明である。

2．有価証券

(1) 有価証券の内訳は次のとおりである。なお，その他有価証券の評価差額については全部純資産直入法を採用している。

	簿　　価	時　　価	備　　　　考
ＡＡ社株式	36,000千円	33,000千円	当社はＡＡ社の発行済株式の60%を所有している。
ＢＢ社株式	11,200千円	10,400千円	売買目的有価証券。当期に取得。
ＣＣ社株式	6,400千円	6,800千円	その他有価証券。当期に取得。
ＤＤ社社債	39,840千円	39,700千円	満期保有目的の債券。

(2) ＡＡ社は，期中にその他資本剰余金の処分による配当 600千円を行い，株主配当金領収証を受け取ったが，未処理である。

(3) ＢＢ社は，期中にその他資本剰余金の処分による配当 300千円を行い，株主配当金領収証を受け取ったが，未処理である。

(4) ＤＤ社社債（額面40,000千円，利率年3%，利払日1月末及び7月末，償還日×14年1月31日）は当期の10月12日に取得したものであり，簿価には端数利息が含まれている。なお，端数利息は日割計算，その他の利息については月割計算を行っている。また，当該社債については償却原価法（定額法）を適用する。

3．商品

(1) 商品の期末帳簿棚卸数量は 254個，期末実地棚卸数量は 248個であり，1個あたりの原価は 130千円，正味売却価額は 120千円である。

(2) 棚卸減耗は正常なものであり，損益計算書上，販売費として表示する。

4．固定資産

(1) 減価償却を次のとおり行う。

	方　法	残存価額	耐用年数	備　　考
建　物	定額法	10％	30年	すべて当期首より12年前から使用している。
機械装置	定額法	ゼロ	4年	すべて前期首より使用している。
車　両	級数法	10％	5年	すべて×8年4月12日から使用している。
備　品	定率法	10％	8年	0.1の8乗根は0.75である。

(2) 機械装置は，前期首（割引率 3.0％）に 500,000千円で取得したものである。機械装置は，使用後に除去する法的義務があり，除去時の支出額は42,000千円と見積もられた。その後，前期末（割引率 2.5％）に除去時の支出見積額が10,500千円増加し，当期末（割引率 2.0％）に除去時の支出見積額が 2,500千円減少している。なお，当該減少部分に適用すべき割引率は特定できない。

(3) 当期の11月20日に備品（取得原価12,000千円，×8年4月4日より使用）を 5,225千円で売却したが，未処理である。なお，代金は×11年4月30日に受け取る約定である。

5．減損会計

(1) 当期末において，当社が有するX事業に属する資産グループA，B，C及び共用資産に減損の兆候が把握された。なお，各資産グループはそれぞれキャッシュ・フローを生み出す最小単位と判断される。

(2) X事業に属する各資産グループ及び共用資産の帳簿価額（当期減価償却後）は次のとおりである。

	資産グループA	資産グループB	資産グループC	共用資産	より大きな単位
建　物	－	－	－	61,000千円	61,000千円
備　品	1,050千円	1,200千円	3,000千円	－	5,250千円
土　地	19,950千円	22,800千円	27,000千円	－	69,750千円
合　計	21,000千円	24,000千円	30,000千円	61,000千円	136,000千円

(3) X事業に属する各資産グループ及び共用資産の割引前将来キャッシュ・フロー，使用価値及び正味売却価額は次のとおりである。

	資産グループA	資産グループB	資産グループC	共用資産	より大きな単位
割引前将来キャッシュ・フロー	22,500千円	25,000千円	23,000千円	不明	110,000千円
使用価値	19,800千円	20,500千円	20,400千円	不明	95,000千円
正味売却価額	18,500千円	21,600千円	17,400千円	32,600千円	90,100千円

(4) 減損損失を各資産グループに配分する際には，各資産グループの帳簿価額と回収可能価額の差額の比率により配分する。また，各資産グループに配分された減損損失を各資産に配分する際には，各資産の帳簿価額の比率により配分する。なお，減損損失配分後の各資産グループ及び共用資産の帳簿価額が回収可能価額を下回らないようにすること。

6．退職給付

(1) 前期末における退職給付債務及び年金資産の実際額に関する事項は以下のとおりである。

	退職給付債務	年金資産
×9年度末	263,000千円	194,000千円

(注) 退職給付債務の予測と実際は一致している。

(2) 当期における割引率は 2.0％，長期期待運用収益率は 3.0％であった。

(3) 前々期首に退職金規程が改訂され，退職給付見込額が増加したことにより 3,120千円の過去勤務費用が発生した。なお，過去勤務費用は定額法（費用処理年数：8年）により費用処理する。

(4) 前期末に年金資産の実際運用収益が期待運用収益を上回ったことにより 4,200千円の数理計算上の差異が発生した。なお，数理計算上の差異は，発生年度より定額法（費用処理年数：10年）で費用処理する。また，当期における退職給付債務と年金資産の予測と実際は一致している。

(5) 当期における勤務費用は 9,990千円，年金基金からの給付支給額は 6,400千円，年金基金への掛金拠出額は 7,100千円，退職一時金支払額は 3,600千円であった。

7．貸倒引当金

売上債権期末残高に対して2％の貸倒引当金を差額補充法により設定する。

8．経過勘定（他の資料より判明するものは除く）

営業費の見越が 1,740千円，支払利息の見越が 250千円，支払利息の繰延が 240千円ある。

9．法人税，住民税及び事業税

法人税，住民税及び事業税として 8,230千円を計上する。

【解 答】

損 益 計 算 書 （単位：千円）

自×10年4月1日 至×11年3月31日

I 売 上 高		（ 887,631 ）	IV 営 業 外 収 益				
II 売 上 原 価			1 受取利息配当金（ 2,860 ）				
1 期首商品棚卸高（ 30,860 ）			2 有 価 証 券 利 息（★ 620 ）				
2 当期商品仕入高（ 570,320 ）			3 雑 収 入（★ 1,240 ）（ 4,720 ）				
合 計 （ 601,180 ）			V 営 業 外 費 用				
3 期末商品棚卸高（★ 33,020 ）			1 支 払 利 息（★ 2,910 ）				
差 引 （ 568,160 ）			2 (有価証券評価損)（★ 800 ）（ 3,710 ）				
4 商品低価評価損（★ 2,480 ）（ 570,640 ）			経 常 利 益 （ 61,975 ）				
売 上 総 利 益 （ 316,991 ）			VI 特 別 損 失				
III 販売費及び一般管理費			1 (備 品 売 却 損)（★ 400 ）				
1 営 業 費（ 85,220 ）			2 (減 損 損 失)（★ 41,000 ）（ 41,400 ）				
2 棚 卸 減 耗 費（ 780 ）			税引前当期純利益 （ 20,575 ）				
3 退 職 給 付 費 用（ 9,400 ）			法人税，住民税及び事業税 （ 8,230 ）				
4 貸倒引当金繰入額（★ 3,000 ）			当 期 純 利 益 （ 12,345 ）				
5 建物減価償却費（ 6,000 ）							
6 機械装置減価償却費（★ 137,579 ）							
7 車両減価償却費（★ 9,000 ）							
8 備品減価償却費（★ 3,650 ）							
9 利 息 費 用（★ 1,397 ）（ 256,026 ）							
営 業 利 益 （ 60,965 ）							

貸 借 対 照 表

×11年3月31日 　　　　　　　　（単位：千円）

資　産　の　部			負　債　の　部		
I 流 動 資 産			I 流 動 負 債		
現 金 及 び 預 金	（★	303,330 ）	支 払 手 形	（	154,300 ）
受 取 手 形（	123,700 ）		買 掛 金	（★	136,320 ）
貸 倒 引 当 金（ △ 2,474 ）（		121,226 ）	（未 払 金）	（★	400 ）
売 掛 金（	153,300 ）		未 払 費 用	（★	1,990 ）
貸 倒 引 当 金（ △ 3,066 ）（		150,234 ）	未 払 法 人 税 等	（	8,230 ）
有 価 証 券	（	10,400 ）	流 動 負 債 合 計	（	301,240 ）
商 品	（	29,760 ）	II 固 定 負 債		
前 払 費 用	（	240 ）	長 期 借 入 金	（	50,000 ）
未 収 収 益	（	200 ）	（繰 延 税 金 負 債）	（	160 ）
（未 収 入 金）	（★	5,225 ）	退 職 給 付 引 当 金	（★	69,140 ）
流 動 資 産 合 計	（	620,615 ）	資 産 除 去 債 務	（★	47,221 ）
II 固 定 資 産			固 定 負 債 合 計	（	166,521 ）
1 有形固定資産			負 債 合 計	（	467,761 ）
建 物（	171,600 ）		純　資　産　の　部		
減価償却累計額（ △ 78,000 ）（		93,600 ）	I 株 主 資 本		
機 械 装 置（	544,705 ）		1 資 本 金	（	700,000 ）
減価償却累計額（ △271,908 ）（★		272,797 ）	2 利 益 剰 余 金		
車 両（	50,000 ）		(1) 繰越利益剰余金（	145,750 ）	
減価償却累計額（ △ 36,000 ）（		14,000 ）	利 益 剰 余 金 合 計	（	145,750 ）
備 品（	22,890 ）		株 主 資 本 合 計	（	845,750 ）
減価償却累計額（ △ 16,425 ）（		6,465 ）	II 評価・換算差額等		
土 地	（★	224,414 ）	1（その他有価証券評価差額金）	（★	240 ）
有 形 固 定 資 産 合 計	（	611,276 ）	評価・換算差額等合計	（	240 ）
2 投資その他の資産			純 資 産 合 計	（	845,990 ）
投 資 有 価 証 券	（★	46,460 ）			
子 会 社 株 式	（★	35,400 ）			
投資その他の資産合計	（	81,860 ）			
固 定 資 産 合 計	（	693,136 ）			
資 産 合 計	（	1,313,751 ）	負 債 純 資 産 合 計	（	1,313,751 ）

【採点基準】

★ 4 点×25箇所＝100点

【解答時間及び得点】

	日 付	解答時間	得 点	M E M O
1	／	分	点	
2	／	分	点	
3	／	分	点	
4	／	分	点	
5	／	分	点	

【チェック・ポイント】

出題分野	出題論点	日 付				
		／	／	／	／	／
個 別 論 点	現 金 の 範 囲					
	現 金 過 不 足					
	有 価 証 券					
	その他資本剰余金からの配当を受けた株主の会計処理					
	商 品 の 期 末 評 価					
	資 産 除 去 債 務					
	減 損 損 失 （ 共 用 資 産 ）					
	退 職 給 付 会 計					
	税 効 果 会 計					

【解答への道】（単位：千円）

Ⅰ．〔資料Ⅰ〕の空欄推定

　　機　械　装　置：547,066 → 後述（Ⅱ．4．(2) ①参照）

　　退 職 給 付 費 用： 9,400 → 後述（Ⅱ．6．(2) 参照）

　　退 職 給 付 引 当 金： 69,140 → 後述（Ⅱ．6．(2) 参照）

　　資 産 除 去 債 務： 48,185 → 後述（Ⅱ．4．(2) ①参照）

　　機械装置減価償却累計額：134,329 → 後述（Ⅱ．4．(2) ①参照）

Ⅱ．決算整理仕訳等

　1．現金等

　(1) 未渡小切手

(借) 当 座 預 金	1,400	(貸) 買 掛 金	1,000(*1)
		未 払 金	400(*2)

　(*1) 対仕入先分

　(*2) 営業費支払分

　(2) 現金等

　　① 株主配当金領収証（未処理，後述，2．参照）

(借) 現 金	900	(貸) 子 会 社 株 式	600(*1)
		受 取 利 息 配 当 金	300(*2)

　　(*1) ＡＡ社株式に係る株主配当金領収証

　　(*2) ＢＢ社株式に係る株主配当金領収証

　　② 雑収入の計上

(借) 現 金	460(*3)	(貸) 雑 収 入	460

　　(*3) 実際有高6,730(*4)－帳簿残高（前T/B 現金5,370＋株主配当金領収証900）＝460

　　(*4) 硬貨・紙幣1,020＋他社振出小切手2,280＋送金小切手1,200

　　　　　　　　　　　　　　＋株主配当金領収証900＋郵便為替証書1,330＝6,730

　　　◎ 現金過不足額の算定

	帳簿残高		実際有高
前T/B	5,370	硬貨・紙幣	1,020
株主配当金領収証	900	他社振出小切手	2,280
		送金小切手	1,200
		株主配当金領収証	900
		郵便為替証書	1,330
	6,270	∴ 雑収入 460(*3)	6,730(*4)

2．有価証券

(1) ＡＡ社株式（子会社株式）

(借)	子 会 社 株 式	36,000(*1)	(貸)	有 価 証 券	36,000
(借)	現　　　　　金	600(*2)	(貸)	子 会 社 株 式	600

(*1)　ＡＡ社株式簿価

(注)　受験上は，特段の指示がない場合には，持分比率（＝持株数÷発行済株式数）が50％超であれば，子会社と判断する。

(*2)　ＡＡ社株式に係る株主配当金領収証

(注)　その他資本剰余金の処分による配当を受け取り，配当の対象となる有価証券が売買目的有価証券以外である場合，原則として配当受取額を有価証券の帳簿価額から減額する。

(2) ＢＢ社株式（売買目的有価証券）

(借)	現　　　　　金	300(*1)	(貸)	受 取 利 息 配 当 金	300
(借)	有 価 証 券 評 価 損 益	800(*2)	(貸)	有 価 証 券	800

(*1)　ＢＢ社株式に係る株主配当金領収証

(注)　その他資本剰余金の処分による配当を受け取り，配当の対象となる有価証券が売買目的有価証券である場合，配当受取額を「受取配当金（又は，有価証券運用損益）」として計上する。

(*2)　簿価11,200－時価10,400＝800

(3) ＣＣ社株式（その他有価証券）

(借)	投 資 有 価 証 券	6,400(*1)	(貸)	有 価 証 券	6,400
(借)	投 資 有 価 証 券	400(*2)	(貸)	繰 延 税 金 負 債	160(*3)
				その他有価証券評価差額金	240

(*1)　ＣＣ社株式簿価

(*2)　時価6,800－簿価6,400＝400

(*3)　400(*2)×実効税率40％＝160

(4) ＤＤ社社債（満期保有目的の債券）

(借)	投 資 有 価 証 券	39,840(*1)	(貸)	有 価 証 券	39,840
(借)	有 価 証 券 利 息	240(*2)	(貸)	投 資 有 価 証 券	240
(借)	投 資 有 価 証 券	60	(貸)	有 価 証 券 利 息	60(*3)
(借)	未 収 有 価 証 券 利 息	200	(貸)	有 価 証 券 利 息	200(*4)

(*1) ＤＤ社社債簿価

(*2) 額面40,000×3％× $\dfrac{73日（X10.8/1〜10/12）}{365日}$ ＝端数利息240

(注) 有価証券を取得する際に生じた端数利息は取得原価に含めず，有価証券利息の減少として処理する。

(*3) ｛額面40,000－取得原価(39,840(*1)－240(*2))｝× $\dfrac{6ヶ月（X10.10〜X11.3）}{40ヶ月（X10.10〜X14.1）}$ ＝60

(注) 償却原価法（定額法）については，取得した月（本問では×10年10月）から償還月（本問では×14年
1月）にわたり額面金額と取得原価の差額を月割計算により取得原価に加減する。

(*4) 額面40,000×3％× $\dfrac{2ヶ月（X11.2〜3）}{12ヶ月}$ ＝200

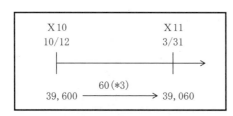

3．商　品

(借)	仕　　　　　入	30,860	(貸)	繰　越　商　品	30,860
(借)	繰　越　商　品	33,020	(貸)	仕　　　　　入	33,020(*1)
(借)	棚　卸　減　耗　費	780(*2)	(貸)	繰　越　商　品	3,260
	商　品　低　価　評　価　損	2,480(*3)			

(*1)　原価@130×帳簿数量254個＝33,020

(*2)　原価@130×(帳簿数量254個－実地数量248個)＝780

(*3)　(原価@130－正味売却価額@120)×実地数量248個＝2,480

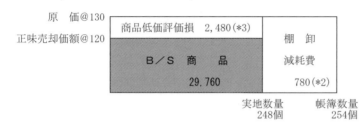

原　価@130

正味売却価額@120

商品低価評価損　2,480(*3)	棚　卸
B／S　商　品　29,760	減耗費　780(*2)

実地数量248個　　帳簿数量254個

(注)　商品低価評価損は，期末に手許にある商品に対して計上されるので，帳簿数量と実地数量の差額である棚卸減耗分については低価評価損は計上されない。したがって，期末商品の評価については，まず，①棚卸減耗費を算定し，次に，②商品低価評価損を算定する，という順序で行うこと。

4．固定資産

(1) 建　物

(借)	建　物　減　価　償　却　費	6,000(*1)	(貸)	建　物　減　価　償　却　累　計　額	6,000

(*1)　200,000×0.9÷30年＝6,000

(2) 機械装置

　① 前　期

　　i 発生時

(借)	機　械　装　置	537,316(*1)	(貸)	現　金　預　金	500,000
				資　産　除　去　債　務	37,316(*2)

(*1)　取得時支出額500,000＋37,316(*2)＝537,316

(*2)　$\dfrac{42,000}{(1+0.03)^4}$＝37,316.456…　→　37,316（四捨五入）

　　ii 時の経過による資産除去債務の増加

(借)	利　息　費　用	1,119	(貸)	資　産　除　去　債　務	1,119(*3)

(*3)　37,316(*2)×3.0%＝1,119.48　→　1,119（四捨五入）

　　iii 減価償却

(借)	機　械　装　置　減　価　償　却　費	134,329(*4)	(貸)	機　械　装　置　減　価　償　却　累　計　額	134,329

(*4)　537,316(*1)÷4年＝134,329

　　iv　将来キャッシュ・フロー見積額の増加による資産除去債務の調整

(借)	機　械　装　置	9,750	(貸)	資　産　除　去　債　務	9,750(*5)

(*5)　$\dfrac{10,500}{(1+0.025)^3}=9,750.293\cdots \to 9,750$（四捨五入）

　◎　前T/B機　械　装　置：537,316(*1)＋9,750(*5)＝547,066

　　　資　産　除　去　債　務：37,316(*2)＋1,119(*3)＋9,750(*5)＝48,185

　　　機械装置減価償却累計額：134,329(*4)

②　当　期

　　i　時の経過による資産除去債務の増加

(借)	利　　息　　費　　用	1,397	(貸)	資　産　除　去　債　務	1,397(*6)

(*6)　$(37,316(*2)+1,119(*3))\times3.0\%+9,750(*5)\times2.5\%=1,396.8 \to 1,397$（四捨五入）

　　ii　減価償却

(借)	機　械　装　置　減　価　償　却　費	137,579(*7)	(貸)	機　械　装　置　減　価　償　却　累　計　額	137,579

(*7)　537,316(*1)÷4年＋9,750(*5)÷（4年−経過年数1年）＝137,579

　　iii　将来キャッシュ・フロー見積額の減少による資産除去債務の調整

(借)	資　産　除　去　債　務	2,361(*8)	(貸)	機　械　装　置	2,361

(*8)　$(37,316(*2)+1,119(*3)+9,750(*5)+1,397(*6))-47,221(*9)=2,361$

(*9)　$\dfrac{42,000+10,500-2,500}{(1+0.029(*10))^2}=47,221.443\cdots \to 47,221$（四捨五入）

(*10)　$3.0\%\times\dfrac{42,000}{42,000+10,500}+2.5\%\times\dfrac{10,500}{42,000+10,500}=$加重平均割引率2.9%

(注)　割引前将来キャッシュ・フローが減少する場合，負債計上時の割引率を適用する。なお，過去に割引前将来キャッシュ・フローの見積りが増加した場合で，減少部分に適用すべき割引率を特定できない時は，加重平均した割引率を適用する。

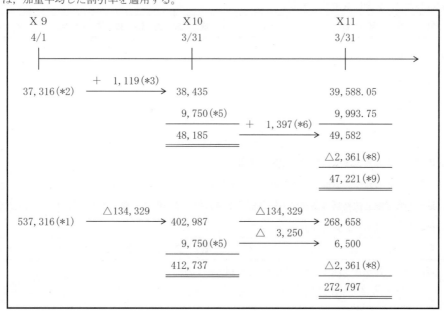

（参考１）資産除去債務の会計処理

1．発生時

(1) 仕訳処理

　　資産除去債務は，有形固定資産の取得，建設，開発又は通常の使用によって発生した時に「**資産除去債務**」として**負債**に計上する。また，資産除去債務に対応する除去費用は，資産除去債務を計上した時に，**当該資産除去債務と同額を，関連する「有形固定資産の帳簿価額」に加える。**

（借）　固　定　資　産　　×××	（貸）　現　　金　　預　　金　　×××
	資　産　除　去　債　務　　×××

(2) 資産除去債務の算定

　　資産除去債務は，有形固定資産の除去に要する割引前の将来キャッシュ・フローを見積り，**割引後の金額（割引価値）で算定する。**

　① 割引前の将来キャッシュ・フロー

　　　割引前の将来キャッシュ・フローは，合理的で説明可能な仮定及び予測に基づく自己の支出見積りによる。

　　　将来キャッシュ・フローには，有形固定資産の除去に係る作業のために直接要する支出のほか，処分に至るまでの支出（保管や管理のための支出等）も含める。

　② 割引率

　　　割引率は，貨幣の時間価値を反映した無リスクの税引前の利率とする。

2．決算時

(1) **除去費用の配分**

　　資産計上された資産除去債務に対応する除去費用は，減価償却を通じて，当該有形固定資産の**残存耐用年数にわたり，各期に費用配分する。**

（借）　減　価　償　却　費　　×××	（貸）　減　価　償　却　累　計　額　　×××

　　なお，土地の原状回復等が法令又は契約で要求されている場合の支出は，一般に当該土地に建てられている建物や構築物等の有形固定資産に関連する資産除去債務であると考えられる。したがって，土地に関連する除去費用（土地の原状回復費用等）は，当該有形固定資産の減価償却を通じて各期に費用配分される。

(2) **時の経過による資産除去債務の調整額の処理**

　　時の経過による資産除去債務の調整額（利息費用）は，その発生時の費用として処理する。当該調整額は，**期首の資産除去債務帳簿価額に当初負債計上時の割引率を乗じて算定する。**なお，当該利息費用は退職給付会計における利息費用と同様の性格である。

（借）　利　　息　　費　　用　　×××	（貸）　資　産　除　去　債　務　　×××(*1)

（*1）　資産除去債務期首残高×当初負債計上時の割引率

3．履行時

資産除去債務の履行時に認識される資産除去債務残高と資産除去債務の決済のために実際に支払われた額との差額は，発生時に費用として処理する。

```
（借）資 産 除 去 債 務   ×××      （貸）現  金  預  金   ×××
     履  行  差  額   ×××
     （ 費       用 ）
```

4．財務諸表表示

(1) 貸借対照表表示（一年基準）

資産除去債務は「**資産除去債務**」等の適切な科目名で「**固定負債**」に表示する。なお，貸借対照表日後1年以内に資産除去債務の履行が見込まれる場合には「**流動負債**」に表示する。

(2) 損益計算書表示

① 資産除去債務に対応する除去費用に係る費用配分額

当該資産除去債務に関連する有形固定資産の減価償却費と同じ区分に計上する。

② 時の経過による資産除去債務の調整額（利息費用）

当該資産除去債務に関連する有形固定資産の減価償却費と同じ区分に計上する。

③ 資産除去債務残高と実際支払額との差額（履行差額）

原則として，当該資産除去債務に対応する除去費用に係る費用配分額（上記①）と同じ区分に計上する。なお，当初の除去予定時期よりも著しく早期に除去することとなった場合等，当該差額が異常な原因により生じたものである場合には，特別損益として処理する。

（参考２）見積りの変更等

1．割引前将来キャッシュ・フローの見積りの変更

割引前将来キャッシュ・フローに重要な見積りの変更が生じた場合の当該見積りの変更による調整額は，**資産除去債務の帳簿価額及び関連する有形固定資産の帳簿価額に加減して処理する**。なお，資産除去債務が法令の改正等により新たに発生した場合も，見積りの変更と同様に取り扱う。

```
（借）固  定  資  産   ×××      （貸）資 産 除 去 債 務   ×××(*1)
```
(*1) 見積りの変更による調整額

2．割引前将来キャッシュ・フローの見積りの変更による調整額に適用する割引率

(1) 割引前将来キャッシュ・フローが増加する場合

新たな資産除去債務の発生と同様のものとして，**その時点の割引率**を適用する。

(2) 割引前将来キャッシュ・フローが減少する場合

負債計上時の割引率を適用する。なお，過去に割引前将来キャッシュ・フローの見積りが増加した場合で，減少部分に適用すべき割引率を特定できない時は，**加重平均した割引率**を適用する。

(3) 車　両

(借)　車　両　減　価　償　却　費	9,000(*1)	(貸)　車　両　減　価　償　却　累　計　額	9,000

(*1)　@3,000(*2)×3コマ＝9,000

(*2)　1コマ当たりの減価償却費：50,000×0.9÷15コマ(*3)＝@3,000

(*3)　$\dfrac{5 \times (5+1)}{2}$＝全体のコマ数15コマ

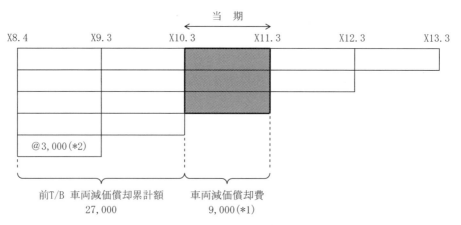

前T/B 車両減価償却累計額　27,000　　車両減価償却費　9,000(*1)

(4) 備　品

① 売　却（未処理）

(借)　備　品　減　価　償　却　累　計　額	5,250(*1)	(貸)　備　　　　　　品	12,000
備　品　減　価　償　却　費	1,125(*2)		
未　　収　　入　　金(*3)	5,225		
備　品　売　却　損	400		

(*1)　取得原価12,000－期首簿価{12,000×$(1-0.25)^2$}＝5,250

(注)　「0.1の8乗根は0.75」とは，年償却率が0.25であることを意味する。

(*2)　$(12,000-5,250(*1)) \times 0.25 \times \dfrac{8ヶ月(X10.4〜11)}{12ヶ月}$＝1,125

(*3)　商品販売以外の取引から生じる代金の未収は「未収入金」勘定で処理する。

② 減価償却

(借)　備　品　減　価　償　却　費	2,525(*4)	(貸)　備　品　減　価　償　却　累　計　額	2,525

(*4)　{(前T/B 備品36,000－売却分12,000)－(前T/B 備品減価償却累計額19,150－売却分5,250(*1))}

×0.25＝2,525

5．減損会計

(1) 各資産グループごとの減損損失の認識の判定及び測定

① 減損損失の認識の判定

ⅰ 資産グループA

割引前将来キャッシュ・フロー22,500 ＞ 帳簿価額合計21,000 → 減損処理を行わない

ⅱ 資産グループB

割引前将来キャッシュ・フロー25,000 ＞ 帳簿価額合計24,000 → 減損処理を行わない

ⅲ 資産グループC

割引前将来キャッシュ・フロー23,000 ＜ 帳簿価額合計30,000 → 減損処理を行う

② 資産グループCに係る減損損失の測定

帳簿価額合計30,000－回収可能価額20,400(*1)＝減損損失9,600

(*1) 使用価値20,400 ＞ 正味売却価額17,400 → 回収可能価額20,400

(2) より大きな単位での減損損失の認識の判定及び算定

① 減損損失の認識の判定

割引前将来キャッシュ・フロー110,000 ＜ 帳簿価額合計136,000 → 減損処理を行う

② 減損損失の測定

帳簿価額合計136,000－回収可能価額95,000(*2)＝より大きな単位での減損損失41,000

(*2) 使用価値95,000 ＞ 正味売却価額90,100 → 回収可能価額95,000

③ 共用資産を加えることによる減損損失の増加額

より大きな単位での減損損失41,000－資産グループCに係る減損損失9,600＝31,400

(3) 減損損失の各資産グループへの配分

① 共用資産への配分額

共用資産を加えることによる減損損失増加額31,400

＞ 帳簿価額61,000－正味売却価額32,600＝28,400

→ 28,400は共用資産へ配分し，超過額 3,000(*3)を各資産グループに配分する。

ただし，資産グループCは回収可能価額まで減損損失を認識しているため，共用資産に係る減損損失を配分しない。

(*3) 31,400－28,400＝3,000

② 資産グループA及びBへの配分額

$$A : 3,000(*3) \times \frac{1,200(*4)}{1,200(*4)+2,400(*5)} = 1,000$$

$$B : 3,000(*3) \times \frac{2,400(*5)}{1,200(*4)+2,400(*5)} = 2,000$$

(*4) 資産グループA帳簿価額合計21,000－回収可能価額19,800(*6)＝1,200

(*5) 資産グループB帳簿価額合計24,000－回収可能価額21,600(*7)＝2,400

(*6) 使用価値19,800 ＞ 正味売却価額18,500 → 回収可能価額19,800

(*7) 使用価値20,500 ＜ 正味売却価額21,600 → 回収可能価額21,600

(4) 仕訳処理

(借)	減 損 損 失	41,000	(貸)	建	物	28,400
				備	品	1,110 (*8)
				土	地	11,490 (*9)

(*8)(*9)

	資産グループA	資産グループB	資産グループC	共用資産	合 計
帳簿価額合計	21,000	24,000	30,000	61,000	136,000
減 損 損 失	△ 1,000	△ 2,000	△ 9,600	△28,400	△41,000
配 分 比 率	0.047…	0.083…	0.32	—	—
建物への配分	—	—	—	△28,400	△28,400
備品への配分	△ 50	△ 100	△ 960	—	△ 1,110 (*8)
土地への配分	△ 950	△ 1,900	△ 8,640	—	△11,490 (*9)

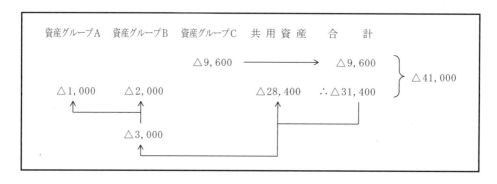

（参考３）固定資産の減損における共用資産の取扱い

1．意　義

　　共用資産とは，複数の資産又は資産グループの将来キャッシュ・フローの生成に寄与する資産（のれんを除く）をいう。例えば，全社的な将来キャッシュ・フローの生成に寄与する本社の建物や試験研究施設が該当するが，全社的な資産でなくても，複数の資産又は資産グループを含む部門全体の将来キャッシュ・フローの生成に寄与している資産は，当該部門の共用資産となる。

2．方　法

　　共用資産の取扱いについては，原則として，①共用資産とその共用資産が将来キャッシュ・フローの生成に寄与している複数の資産又は資産グループを含む「より大きな単位」でグルーピングを行う方法を採用する。

　　また，容認として，②共用資産の帳簿価額を各資産又は資産グループに配分して，配分後の各資産又は資産グループについて減損損失の認識の判定及び測定を行う方法を採用することができる。

| ① 「より大きな単位」でグルーピングを行う方法（原　則） |
| ② 共用資産の帳簿価額を各資産又は資産グループに配分する方法（容　認） |

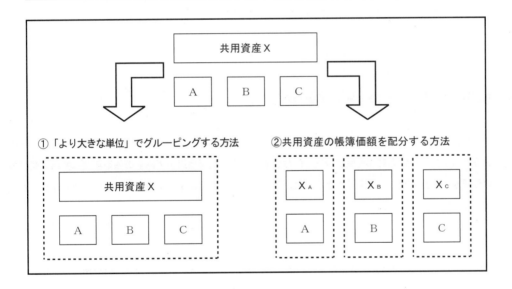

3. 「より大きな単位」でグルーピングを行う方法（原　則，本問）

　　共用資産に減損の兆候がある場合に，減損損失を認識するかどうかの判定は，共用資産が関連する複数の
　資産又は資産グループに共用資産を加えた「より大きな単位」で行う。

　　なお，この場合，減損の兆候の把握，減損損失を認識するかどうかの判定及び減損損失の測定は，まず，
　「資産又は資産グループごと」に行い，その後「より大きな単位」で行う。共用資産を含まない資産又は資
　産グループに減損の兆候がない場合でも，共用資産に減損の兆候があるときには，より大きな単位で減損損
　失を認識するかどうかの判定を行う。

```
【計算手順】
 (1) 資産又は資産グループごとの減損処理（共用資産がない場合と同様の処理）
 (2) 共用資産を含む「より大きな単位」の減損処理
 (3) 共用資産を加えることによって算定される減損損失増加額の配分
```

(1) 資産又は資産グループごとの減損処理

　　共用資産に減損の兆候がある場合であっても，まず，通常の減損処理の手続に従い，資産又は資産グル
　ープごとに減損の兆候の把握，減損損失を認識するかどうかの判定，減損損失の測定を行う。

```
資産又は資産グループごとの減損損失
 ＝ 各資産又は資産グループの帳簿価額 － 回収可能価額
```

(2) 共用資産を含む「より大きな単位」の減損処理
　① 認識の判定

　　　共用資産を含む「より大きな単位」について減損損失を認識するかどうかを判定するに際しては共用
　　資産を含まない各資産又は資産グループにおいて算定された減損損失控除前の帳簿価額に共用資産の帳
　　簿価額を加えた金額」と「より大きな単位から得られる割引前将来キャッシュ・フローの総額」とを比
　　較する。

```
割引前将来ＣＦの総額 ＜ 各資産又は資産グループの帳簿価額合計 ＋ 共用資産の帳簿価額
 → 減損損失の認識を行う
```

　② 減損損失の測定
　　ⅰ　より大きな単位での減損損失

　　　　減損損失を認識すべきであると判定された「より大きな単位」については，帳簿価額を「より大き
　　　な単位の回収可能価額」まで減額し，当該減少額を減損損失として当期の損失とする。

```
より大きな単位での減損損失
 ＝（各資産又は資産グループの帳簿価額合計 ＋ 共用資産の帳簿価額）－ 回収可能価額
```

ⅱ 共用資産を加えることによって算定される減損損失増加額

　減損損失の測定は，まず「資産又は資産グループごと」に行い，その後「より大きな単位」で行う。このとき，より大きな単位での減損損失から資産又は資産グループごとの減損損失を差し引いた金額を「共用資産を加えることによって算定される減損損失増加額」という。

> 共用資産を加えることによって算定される減損損失増加額
>
> ＝ より大きな単位での減損損失 － 資産又は資産グループごとの減損損失

(3) 共用資産を加えることによって算定される減損損失増加額の配分

　共用資産を加えることによって算定される減損損失増加額は，原則として，共用資産に配分する。ただし，共用資産を加えることによって算定される減損損失増加額が，共用資産の帳簿価額と正味売却価額の差額を超過することが明らかな場合には，「共用資産の帳簿価額と正味売却価額の差額」を共用資産に配分し，**共用資産の帳簿価額は正味売却価額とする。**また，当該超過額を合理的な基準(*1)により各資産又は資産グループに配分する。

(*1) 各資産又は資産グループの回収可能価額が容易に把握できる場合には，各資産又は資産グループの帳簿価額と回収可能価額の差額の比率等により配分し，各資産又は資産グループの回収可能価額が容易に把握できない場合には，各資産又は資産グループの帳簿価額の比率等により配分する。なお，各資産又は資産グループの一部の回収可能価額が容易に把握できる場合には，
当該回収可能価額を下回る結果とならないように配分する。

> ① 共用資産の**正味売却価額を限度として「共用資産に配分」**する。
> ② ①で配分しきれない場合には，当該超過額を合理的な基準により**「各資産又は各資産グループに配分」**する。

共用資産の帳簿価額		
共用資産の正味売却価額		
	共用資産を加えることによって算定される減損損失増加額	
	①共用資産に配分	②各資産又は資産グループに配分

① 減損損失増加額が共用資産の帳簿価額と正味売却価額の差額を超過しない場合

(借)	減	損	損	失	×××	(貸)	共	用	資	産	×××

② 減損損失増加額が共用資産の帳簿価額と正味売却価額の差額を超過することが明らかな場合

(借)	減	損	損	失	×××	(貸)	共	用	資	産	×××(*1)
							資	産	グ ル ー プ 1		×××(注)
							資	産	グ ル ー プ 2		×××(注)

(*1) 共用資産の帳簿価額－共用資産の正味売却価額

(注) 各資産グループについて認識された減損損失は，帳簿価額に基づく比例配分等の合理的な方法により，当該資産グループの各構成資産に配分する。

4．共用資産の帳簿価額を各資産又は資産グループに配分する方法（容認）

　　共用資産の帳簿価額を当該共用資産に関連する資産又は資産グループに合理的な基準で配分することができる場合には，共用資産の帳簿価額を各資産又は資産グループに配分した上で，共用資産配分後の各資産又は資産グループ毎に減損損失を認識するかどうかを判定することができる。

【計算手順】

(1) 共用資産の帳簿価額の配分

(2) 共用資産配分後の各資産又は各資産グループの減損処理

---

(1) 共用資産の帳簿価額の配分

　　共用資産の帳簿価額を当該共用資産に関連する資産又は資産グループに合理的な基準で配分する。

(2) 共用資産配分後の各資産又は各資産グループの減損処理

　① 認識の判定

　　　共用資産の帳簿価額を配分した場合，減損損失を認識するかどうかを判定するに際しては「各資産又は資産グループにおいて算定された減損損失控除前の帳簿価額に共用資産の帳簿価額の配分額を加えた金額」と「割引前将来キャッシュ・フローの総額」とを比較する。

割引前将来ＣＦの総額 ＜ 各資産又は資産グループの帳簿価額 ＋ 共用資産の配分額

　→ 減損損失の認識を行う

---

　② 減損損失の測定

　　ⅰ 会計処理

　　　　減損損失を認識すべきであると判定された，「共用資産の帳簿価額配分後の各資産又は資産グループ」については，帳簿価額を「回収可能価額」まで減額し，当該減少額を減損損失として当期の損失とする。

減損損失 ＝ （各資産又は資産グループの帳簿価額 ＋ 共用資産の配分額） － 回収可能価額

　　ⅱ 減損損失の配分

　　　　各資産グループについて認識された減損損失は，帳簿価額に基づく比例配分等の合理的な方法により，当該資産グループの各構成資産及び共用資産に配分する。

| （借）減　　損　　損　　失 | ×××　（貸）共　　用　　資　　産 | ××× |
| | 資　産　グ　ル　ー　プ | ×××(注) |

(注)　各資産グループについて認識された減損損失は，帳簿価額に基づく比例配分等の合理的な方法により，当該資産グループの各構成資産に配分する。

6．退職給付

(1) 仕訳処理（処理済み）

(借)	退職給付費用	9,400(*1)	(貸)	退職給付引当金	9,400
(借)	退職給付引当金	10,700(*2)	(貸)	当座預金	10,700

(*1) 勤務費用9,990＋利息費用5,260(*3)－期待運用収益5,820(*4)

＋過去勤務費用の費用処理額390(*5)－数理計算上の差異の費用処理額420(*6)＝9,400

(*2) 掛金拠出額7,100＋退職一時金支払額3,600＝10,700

(*3) 前期末退職給付債務263,000×割引率2.0%＝5,260

(*4) 前期末年金資産194,000×長期期待運用収益率3.0%＝5,820

(*5) 発生時未認識過去勤務費用3,120÷8年＝390　又は，

前期末未認識過去勤務費用2,340(*7)÷（8年－経過年数2年(X8.4〜X10.3)）＝390

(注) 退職金規定が改訂され，退職給付見込額が増加したことによる差異であり，将来の退職給付費用を増加させるため，当該差異は「借方差異」と判断する。

(*6) 発生時未認識数理計算上の差異4,200÷10年＝420　又は，

前期末未認識数理計算上の差異3,780(*8)÷（10年－経過年数1年(X9.4〜X10.3)）＝420

(注) 数理計算上の差異は，実際運用収益が期待運用収益を上回った事により生じた差異であり，年金資産が増加する差異であるため，貸方差異と判断する。

(*7) 発生時未認識過去勤務費用$3,120 \times \dfrac{8年－経過年数2年(X8.4〜X10.3)}{8年} = 2,340$

(*8) 発生時未認識数理計算上の差異$4,200 \times \dfrac{10年－経過年数1年(X9.4〜X10.3)}{10年} = 3,780$

(2) ワークシート

	実　際 X10年 4／1	退職給付費用	年金・掛金 一時金 支　払　額	予　測 X11年 3／31	数理計算 上の差異	実　際 X11年 3／31
退 職 給 付 債 務	(263,000)	S　(9,990) I　(5,260) (*3)	P　6,400 P　3,600	(268,250)	0	(268,250)
年 金 資 産	194,000	R　5,820 (*4)	P　(6,400) C　7,100	200,520	0	200,520
未積立退職給付債務	(69,000)			(67,730)		(67,730)
未認識過去勤務費用	2,340 (*7)	A　(390) (*5)		1,950		1,950
未認識数理計算上の差異	(3,780) (*8)	A　420 (*6)		(3,360)		(3,360)
退 職 給 付 引 当 金	(70,440)	(9,400) (*1)	10,700 (*2)	(69,140)	0	(69,140)

(注)　S：勤務費用　　I：利息費用　　R：期待運用収益　　P：年金又は一時金支払額

C：掛金拠出額　　A：過去勤務費用及び数理計算上の差異の費用処理額

◎　前T/B 退職給付費用：9,400(*1)

退職給付引当金：69,140

7．貸倒引当金

(借)　貸 倒 引 当 金 繰 入 額　　　3,000(*1)　(貸)　貸　倒　引　当　金　　　3,000

(*1)　前T/B(受取手形123,700＋売掛金153,300)×2％－前T/B 貸倒引当金2,540＝3,000

8．経過勘定（前述を除く）

(借)　営　　業　　費　　1,740　　(貸)　未 払 営 業 費　　1,740
(借)　支　払　利　息　　　250　　(貸)　未　払　利　息　　　250
(借)　前　払　利　息　　　240　　(貸)　支　払　利　息　　　240

9．法人税，住民税及び事業税

(借)　法人税，住民税及び事業税　　8,230　　(貸)　未 払 法 人 税 等　　8,230

Ⅲ. 決算整理後残高試算表

決算整理後残高試算表
×11年3月31日

現　　　　　金	6,730	支　払　手　形	154,300
当　座　預　金	296,600	買　　掛　　金	136,320
受　取　手　形	123,700	未　　払　　金	400
売　　掛　　金	153,300	未　払　営　業　費	1,740
有　価　証　券	10,400	未　払　利　息	250
繰　越　商　品	29,760	未　払　法　人　税　等	8,230
前　払　利　息	240	貸　倒　引　当　金	5,540
未収有価証券利息	200	長　期　借　入　金	50,000
未　収　入　金	5,225	繰　延　税　金　負　債	160
建　　　　　物	171,600	退　職　給　付　引　当　金	69,140
機　械　装　置	544,705	資　産　除　去　債　務	47,221
車　　　　　両	50,000	建物減価償却累計額	78,000
備　　　　　品	22,890	機械装置減価償却累計額	271,908
土　　　　　地	224,414	車両減価償却累計額	36,000
投　資　有　価　証　券	46,460	備品減価償却累計額	16,425
子　会　社　株　式	35,400	資　　本　　金	700,000
仕　　　　　入	568,160	繰　越　利　益　剰　余　金	133,405
商　品　低　価　評　価　損	2,480	その他有価証券評価差額金	240
営　　業　　費	85,220	売　　　　　上	887,631
棚　卸　減　耗　費	780	受　取　利　息　配　当　金	2,860
退　職　給　付　費　用	9,400	有　価　証　券　利　息	620
貸　倒　引　当　金　繰　入　額	3,000	雑　　収　　入	1,240
建　物　減　価　償　却　費	6,000		
機　械　装　置　減　価　償　却　費	137,579		
車　両　減　価　償　却　費	9,000		
備　品　減　価　償　却　費	3,650		
利　息　費　用	1,397		
支　払　利　息	2,910		
有　価　証　券　評　価　損　益	800		
備　品　売　却　損	400		
減　損　損　失	41,000		
法人税，住民税及び事業税	8,230		
	2,601,630		2,601,630

商品売買業を営むＴＡＣ株式会社（以下，当社という）の当期（自×7年4月1日　至×8年3月31日）に関する次の〔資料〕に基づいて，各問に答えなさい。

| 問1 | 〔資料Ⅳ〕における①～⑨の金額を答案用紙の所定の欄に記入しなさい。 |

| 問2 | 〔資料Ⅴ〕における①～⑤の金額を答案用紙の所定の欄に記入しなさい。なお，純資産の減少項目については数字の前に「△」を付すこと。 |

| 問3 | 〔資料Ⅵ〕における①～⑪の金額を答案用紙の所定の欄に記入しなさい。 |

〔資料Ⅰ〕　決算整理前残高試算表

残 高 試 算 表

×8年3月31日　　　　　　　　　　（単位：千円）

現 金 預 金	216,966	支 払 手 形	60,000
受 取 手 形	94,000	買 掛 金	196,534
売 掛 金	286,000	リ ー ス 債 務	52,000
有 価 証 券	1,665	役 員 賞 与 引 当 金	2,500
繰 越 商 品	121,900	仮 受 金	100,000
仮 払 金	6,500	貸 倒 引 当 金	4,900
建 物	300,000	長 期 借 入 金	250,000
機 械 装 置	70,000	建物減価償却累計額	40,500
車 両	120,000	車両減価償却累計額	30,600
土 地	900,000	資 本 金	1,000,000
リ ー ス 資 産	52,000	資 本 準 備 金	100,000
投 資 有 価 証 券	23,817	利 益 準 備 金	53,500
関 係 会 社 株 式	25,000	繰 越 利 益 剰 余 金	36,000
自 己 株 式	22,800	新 株 予 約 権	16,000
仕 入	1,369,700	売 上	2,016,100
営 業 費	（　　　　）	受 取 利 息 配 当 金	994
支 払 利 息	15,000	有 価 証 券 利 息	（　　　　）
有 価 証 券 評 価 損 益	239	国 庫 補 助 金 受 贈 益	25,000
売 上 値 引	6,200	仕 入 割 戻	3,500
	（　　　　）		（　　　　）

〔資料Ⅱ〕　決算整理事項及び参考事項

1．商品売買

期末商品帳簿棚卸高は 103,000千円，期末商品実地棚卸高は 102,490千円である。

2．有価証券

(1) 当期に係る有価証券の状況は以下のとおりである。

	甲社株式	乙社社債	丙社株式	A社株式	丁社新株予約権	丁社株式	B社株式
取 得 原 価	12,750千円	18,315千円	？千円	15千ドル	1,350千円	？千円	？千円
前期末時価	—	19,000千円	3,500千円	17千ドル	1,410千円	—	27,400千円
期中取得額	12,750千円	—	18,000千円	162千ドル	—	？千円	—
期中減少額	—	—	—	—	？千円	—	？千円
当期末時価	13,100千円	19,300千円	24,800千円	190千ドル	—	76,000千円	6,400千円

① ×8年3月29日にその他有価証券として甲社株式を購入する契約を締結したが，未処理である。なお，当該証券の受け渡しは×8年4月2日に行われる予定である。

② 乙社社債（券面金額20,000千円，券面利子率年4％，満期日×10年3月31日，利息は毎年3月末に後払い）は満期保有目的の債券として，×5年4月1日に購入したものであり，償却原価法（実効利子率年6％）を適用している。

③ ×5年6月29日に丙社株式 3,200千円をその他有価証券として取得している。×7年10月11日に丙社株式を当座により追加取得して丙社を子会社としたが未処理である。なお，前期から保有している丙社株式の×7年10月11日における時価は 4,100千円である。

④ ×7年3月4日（111円／ドル）にA社株式 100株（時価@ 150ドル）を売買目的有価証券として取得している。×7年5月25日（113円／ドル）にA社株式 900株（時価@ 180ドル）を当座により追加取得してA社を関連会社としたが未処理である。

⑤ 丁社新株予約権は×6年12月15日にその他有価証券として15個を取得したものであり，条件は以下のとおりである。

ⅰ．新株予約権の目的たる株式数：普通株式15,000株（新株予約権1個につき 1,000株）

ⅱ．払込金額：1個につき90千円

ⅲ．行使価額：1株につき5千円

ⅳ．行使期間：×7年1月1日～×9年12月31日

⑥ ×7年10月11日に丁社新株予約権15個全てを権利行使し，当座により取得した株式は売買目的有価証券としたが，未処理である。なお，権利行使時の丁社新株予約権の時価は@96千円であった。

⑦ ×4年9月26日にB社株式25,000千円を関連会社株式として取得している。×7年12月19日にB社株式（帳簿価額20,000千円）を23,400千円で当座により売却してB社株式をその他有価証券としたが未処理である。

(2) 売買目的有価証券については洗替方式を採用し，その他有価証券については全部純資産直入法を採用している。

(3) その他有価証券は税法上，取得原価で評価されるため，税効果会計を適用する。

3．有形固定資産

(1) 建物は定額法（耐用年数40年，残存価額10%）で減価償却を行っている。

(2) 機械装置は×7年10月1日に国庫補助金25,000千円を受け入れて取得したクリーンエネルギー自動車用燃料の供給設備である。当該機械装置について，税務上25,000千円の圧縮記帳を行うため，会計上は積立金方式により処理し，税効果会計を適用する。圧縮積立金の取崩は減価償却に応じて行う。なお，当該機械装置は定額法（耐用年数5年，残存価額ゼロ）により減価償却を行う。

(3) 車両は×6年4月1日に取得したものである。当該車両は生産高比例法（総走行可能距離 6,000千km，残存価額10%）により減価償却を行っている。なお，前期末までの走行距離は 1,700千km，当期の走行距離は 1,300千kmである。

(4) リース資産は×7年7月1日に取得したものである。当該契約はファイナンス・リースに該当し，その概要は以下のとおりである。

① リース期間は4年である。

② 所有権移転条項はない。

③ リース料は年額14,825千円であり，年1回6月末に後払いする。

④ 計算利子率は年5.47%である。

⑤ 当該リース資産の経済的耐用年数は6年である。

⑥ 定額法により減価償却を行う。

4．新株予約権

(1) 新株予約権は×7年6月27日に40個を以下の条件で発行したものである。

① 新株予約権の目的たる株式数：普通株式20,000株（新株予約権1個につき 500株）

② 払込金額：1個につき 400千円

③ 行使価額：1株につき8千円

④ 行使による発行株式の資本金組入額：会社法規定の最低限度額

⑤ 行使期間：×7年7月1日～×8年6月30日

(2) ×8年3月13日に新株予約権25個が行使され，新株予約権者に交付する株式 ？ 株のうち 2,500株は当社が保有している自己株式（帳簿価額22,800千円）を処分し，残り ？ 株は新株を発行したが，払込金額を仮受金として処理したのみである。

5．貸倒引当金

売上債権期末残高に対して過去3年間における貸倒実績率の平均値である 2.3%を用いて貸倒引当金を設定する。

6．株主総会決議

　　×7年6月27日に行われた株主総会において，以下の内容が決議されたが，配当金及び役員賞与の支払
額を仮払金として処理したのみである。

	金　額	備　考
利益準備金の積立	？　千円	―
配　当　金	4,000千円	繰越利益剰余金を原資とする
役　員　賞　与	2,500千円	―

7．役員賞与引当金

　　×8年6月に開催予定の定時株主総会における決議事項である役員賞与の予定額は 2,700千円である。

8．法人税，住民税及び事業税

　　81,700千円の法人税，住民税及び事業税を計上する。

〔資料Ⅲ〕　解答上の留意事項

　1．複数の会計処理方法が考えられる場合は，特段の指示がない限り，原則的方法によること。

　2．税効果会計は指示がある場合のみ適用し，実効税率は毎期40％とする。

　3．利息の計算は月割で行う。

　4．直物為替レートは以下のとおりである（他の〔資料〕より判明するものを除く）。なお，問題文中における括弧内のレートは取引時の直物為替レートを示している。

　　　前期末レート： 112円／ドル　　　　　当期末レート： 118円／ドル

　5．計算過程で端数が生じた場合は，千円未満をその都度四捨五入すること。

〔資料IV〕　損益計算書（単位：千円）

損　益　計　算　書

TAC株式会社　　　自×7年4月1日　至×8年3月31日

I	売　　　　上　　　　高		（①　　　　）	
II	売　　上　　原　　価			
	1　商　品　期　首　棚　卸　高	（　　　　）		
	2　当　期　商　品　仕　入　高	（②　　　　）		
	合　　　　計	（　　　　）		
	3　商　品　期　末　棚　卸　高	（　　　　）		
	差　　引	（　　　　）		
	4　棚　卸　減　耗　費	（　　　　）	（　　　　）	
	売　　上　　総　　利　　益		（　　　　）	
III	販　売　費　及　び　一　般　管　理　費			
	営　　業　　費	（　　　　）		
	役　員　賞　与　引　当　金　繰　入　額	（③　　　　）		
	貸　倒　引　当　金　繰　入　額	（　　　　）		
	減　価　償　却　費	（④　　　　）	（　　　　）	
	営　　業　　利　　益		（　　　　）	
IV	営　　業　　外　　収　　益			
	受　取　利　息　配　当　金	994		
	有　価　証　券　利　息	（⑤　　　　）	（　　　　）	
V	営　　業　　外　　費　　用			
	支　　払　　利　　息	（⑥　　　　）		
	有　価　証　券　評　価　損	（⑦　　　　）	（　　　　）	
	経　　常　　利　　益		（　　　　）	
VI	特　　別　　利　　益			
	関　係　会　社　売　却　益	（⑧　　　　）		
	国　庫　補　助　金　受　贈　益	25,000	（　　　　）	
	税　引　前　当　期　純　利　益		（　　　　）	
	法　人　税，住　民　税　及　び　事　業　税	81,700		
	法　人　税　等　調　整　額	（　　　　）	（⑨　　　　）	
	当　　期　　純　　利　　益		（　　　　）	

〔資料Ⅴ〕　株主資本等変動計算書（単位：千円）

株主資本等変動計算書

ＴＡＣ株式会社　　　　　　　　自×7年4月1日　至×8年3月31日

	株　主　資　本				
		資本剰余金	利　益　剰　余　金		
				その他利益剰余金	
	資 本 金	資　本準 備 金	利　益準 備 金	任　意積 立 金	繰越利益剰余金
×7年4月1日残高	1,000,000	100,000	53,500	－	36,000
当期変動額					
新株発行及び自己株式の処分	①				
任意積立金の積立					
任意積立金の取崩				③	
剰余金の配当			②		
当期純利益					
株主資本以外の項目の当期変動額（純額）					
当期変動額合計					
×8年3月31日残高					

	株　主　資　本		評価・換算差額等		
	自　己株　式	株主資本合　計	その他有価証券評　価差 額 金	新　株予 約 権	純資産合　計
×7年4月1日残高	△　22,800	1,166,700	④	－	
当期変動額					
新株発行及び自己株式の処分					
任意積立金の積立					
任意積立金の取崩					
剰余金の配当					
当期純利益					
株主資本以外の項目の当期変動額（純額）					
当期変動額合計					
×8年3月31日残高			⑤		

〔資料Ⅵ〕　貸借対照表（単位：千円）

貸 借 対 照 表

TAC株式会社　　　　　　　　　　　　　　　　　×8年3月31日

（資産の部）			（負債の部）		
Ⅰ 流 動 資 産			Ⅰ 流 動 負 債		
現 金 及 び 預 金		（　　　）	支 払 手 形		60,000
受 取 手 形	94,000		買 掛 金		196,334
貸 倒 引 当 金	（　　　）	（　　　）	リ ー ス 債 務		（　　　）
売 掛 金	（　　　）		未 払 金	（⑧	）
貸 倒 引 当 金	（　　　）	（① ）	未 払 費 用		（　　　）
有 価 証 券		（　　　）	未 払 法 人 税 等		81,700
商 品		（② ）	役 員 賞 与 引 当 金		（　　　）
流 動 資 産 合 計		（　　　）	流 動 負 債 合 計		（　　　）
Ⅱ 固 定 資 産			Ⅱ 固 定 負 債		
有 形 固 定 資 産			長 期 借 入 金		250,000
建 物	300,000		リ ー ス 債 務		（⑨ ）
減価償却累計額	（　　　）	（③ ）	繰 延 税 金 負 債		（⑩ ）
機 械 装 置	70,000		固 定 負 債 合 計		（　　　）
減価償却累計額	（　　　）	（　　　）	負 債 合 計		（　　　）
車 両	120,000		（純資産の部）		
減価償却累計額	（　　　）	（④ ）	Ⅰ 株 主 資 本		
土 地		900,000	資 本 金		（　　　）
リ ー ス 資 産	52,000		資 本 剰 余 金		
減価償却累計額	（　　　）	（⑤ ）	資 本 準 備 金	（　　　）	
有 形 固 定 資 産 合 計		（　　　）	資 本 剰 余 金 合 計		（　　　）
投資その他の資産			利 益 剰 余 金		
投 資 有 価 証 券		（⑥ ）	利 益 準 備 金	（　　　）	
関 係 会 社 株 式		（⑦ ）	その他利益剰余金		
投資その他の資産合計		（　　　）	任 意 積 立 金	（　　　）	
固 定 資 産 合 計		（　　　）	繰 越 利 益 剰 余 金	（　　　）	
			利 益 剰 余 金 合 計		（　　　）
			株 主 資 本 合 計		（　　　）
			Ⅱ 評 価・換 算 差 額 等		
			その他有価証券評価差額金	（⑪	）
			評 価・換 算 差 額 等 合 計		（　　　）
			Ⅲ 新 株 予 約 権		（　　　）
			純 資 産 合 計		（　　　）
資 産 合 計		（　　　）	負 債 純 資 産 合 計		（　　　）

〔MEMO〕

【解　答】

問1

①	2,009,900	②	1,366,200	③	2,700	④	46,900
⑤	1,136	⑥	17,133	⑦	220	⑧	3,400
⑨	90,700						

問2

①	43,600	②	400	③	△　1,500	④	216
⑤	6,000						

問3

①	279,422	②	102,490	③	252,750	④	66,000
⑤	42,250	⑥	38,767	⑦	41,540	⑧	12,750
⑨	40,019	⑩	9,700	⑪	1,050		

【採点基準】

4点×25箇所＝100点

【解答時間及び得点】

	日 付	解答時間	得 点	ＭＥＭＯ
1	／	分	点	
2	／	分	点	
3	／	分	点	
4	／	分	点	
5	／	分	点	

【チェック・ポイント】

出題分野	出題論点	日 付				
		／	／	／	／	／
個 別 論 点	商品売買の記帳方法（九分法）					
	約 定 日 基 準					
	有価証券の保有目的区分の変更					
	新株予約権（取得者側の処理）					
	圧 縮 記 帳（ 積 立 金 方 式 ）					
	所有権移転外ファイナンス・リース取引					
	新株予約権（発行者側の処理）					
	増資（新株発行と自己株式処分の併用）					
	役 員 賞 与 引 当 金					
	税 効 果 会 計					

【解答への道】（単位：千円）

Ⅰ．〔資料Ⅰ〕の空欄推定

　営 業 費： 357,477 ← 貸借差額

　有価証券利息： 1,136 ← 後述（Ⅱ．2．(2)参照）

II．決算整理仕訳等

1．商品売買

（借）	売	上	6,200	（貸）	売 上 値 引	6,200
（借）	仕 入 割 戻	3,500	（貸）	仕 入	3,500
（借）	仕 入	121,900	（貸）	繰 越 商 品	121,900
（借）	繰 越 商 品	103,000	（貸）	仕 入	103,000
（借）	棚 卸 減 耗 費	510(*1)	（貸）	繰 越 商 品	510

(*1) 期末商品帳簿棚卸高103,000－期末商品実地棚卸高102,490＝510

2．有価証券

(1) 甲社株式（その他有価証券）

① 取 得（未処理）

（借）	投 資 有 価 証 券	12,750	（貸）	未 払 金	12,750

(注) 有価証券の売買に係る会計処理に関して特段の指示がないことから，原則的処理である約定日基準を採用していると判断する。

② 決算整理

（借）	投 資 有 価 証 券	350(*1)	（貸）	繰 延 税 金 負 債	140(*2)
				その他有価証券評価差額金	210(*3)

(*1) 当期末時価13,100－取得原価12,750＝350

(*2) 350(*1)×実効税率40％＝140

(*3) 350(*1)×（1－実効税率40％）＝210

(2) 乙社社債（満期保有目的の債券）

仕　訳　な　し

(注)　償却原価法（利息法）を適用している場合には，償却額の計上は利払日において以下のように処理されている。

(借) 現　金　預　金	800(*2)	(貸) 有　価　証　券　利　息	1,136(*1)
投　資　有　価　証　券	336(*3)		

(*1)　×7年3月31日償却原価18,931(*4)×実効利子率年6％＝1,135.86 → 1,136（四捨五入）

　◎　前T/B 有価証券利息：1,136(*1)

(*2)　額面20,000×券面利子率年4％＝800

(*3)　1,136(*1)－800(*2)＝336

(*4)　×6年3月31日償却原価18,614(*5)＋317(*6)＝18,931

(*5)　取得原価18,315＋299(*7)＝18,614

(*6)　1,117(*8)－800(*2)＝317

(*7)　1,099(*9)－800(*2)＝299

(*8)　×6年3月31日償却原価18,614(*5)×実効利子率年6％＝1,116.84 → 1,117（四捨五入）

(*9)　取得原価18,315×実効利子率年6％＝1,098.9 → 1,099（四捨五入）

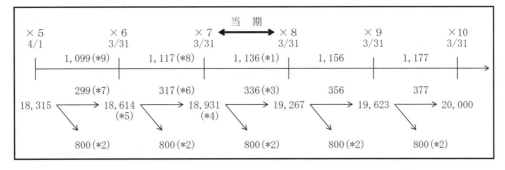

(3) 丙社株式（その他有価証券から関係会社株式への変更）

① 前期決算整理

(借)	投 資 有 価 証 券	300(*1)	(貸)	繰 延 税 金 負 債	120(*2)
				その他有価証券評価差額金	180

(*1) 前期末時価3,500－取得原価3,200＝300

(*2) 300(*1)×実効税率40％＝120

② 期 首（処理済）

(借)	繰 延 税 金 負 債	120(*2)	(貸)	投 資 有 価 証 券	300(*1)
	その他有価証券評価差額金	180			

③ 追加取得（未処理）

(借)	関 係 会 社 株 式	18,000	(貸)	現 金 預 金	18,000

④ 保有目的区分の変更（未処理）

(借)	関 係 会 社 株 式	3,200(*3)	(貸)	投 資 有 価 証 券	3,200

(*3) 帳簿価額

⑤ 決算整理

仕 訳 な し

(4) A社株式（売買目的有価証券から関係会社株式への変更）

① 期 首（処理済）

(借)	有 価 証 券 評 価 損 益	239(*1)	(貸)	有 価 証 券	239

(*1) 1,904(*2)－1,665(*3)＝239

(*2) 前期末時価17千ドル×前期ＣＲ112円／ドル＝1,904

(*3) 取得原価15千ドル×取得時レート111円／ドル＝1,665

② 追加取得（未処理）

(借)	関 係 会 社 株 式	18,306(*4)	(貸)	現 金 預 金	18,306

(*4) 追加取得時の時価@180ドル×900株×追加取得時レート113円／ドル＝18,306

③ 保有目的区分の変更（未処理）

(借)	関 係 会 社 株 式	2,034(*5)	(貸)	有 価 証 券	1,665(*3)
				有 価 証 券 評 価 損 益	369

(*5) 追加取得時の時価@180ドル×100株×追加取得時レート113円／ドル＝2,034

④ 決算整理

仕 訳 な し

(5) 丁社新株予約権及び丁社株式

① 前期決算整理

(借)	投 資 有 価 証 券	60(*1)	(貸)	繰 延 税 金 負 債	24(*2)
	（丁 社 新 株 予 約 権）			その他有価証券評価差額金	36

(*1) 前期末時価1,410-取得原価1,350=60

(*2) 60(*1)×実効税率40％=24

② 期 首（処理済）

(借)	繰 延 税 金 負 債	24(*2)	(貸)	投 資 有 価 証 券	60(*1)
	その他有価証券評価差額金	36		（丁 社 新 株 予 約 権）	

③ 権利行使時（未処理）

(借)	有 価 証 券	76,350(*5)	(貸)	現 金 預 金	75,000(*3)
	（丁 社 株 式）			投 資 有 価 証 券	1,350(*4)
				（丁 社 新 株 予 約 権）	

(*3) 権利行使価格@5×取得株式数15,000株(*6)=75,000

(*4) 取得原価@90×15個=1,350

(*5) 75,000(*3)+1,350(*4)=丁社株式取得原価76,350

(注) 権利行使時において，新株予約権をその他有価証券として保有していた場合には「帳簿価額」で株式に振り替える。

(*6) @1,000株×15個=15,000株

④ 決算整理

(借)	有 価 証 券 評 価 損 益	350(*7)	(貸)	有 価 証 券	350
				（丁 社 株 式）	

(*7) 取得原価76,350(*5)-当期末時価76,000=350

(6) B社株式（関係会社株式からその他有価証券への変更）

① 売 却（未処理）

(借)	現 金 預 金	23,400	(貸)	関 係 会 社 株 式	20,000
				関 係 会 社 株 式 売 却 益	3,400(*1)

(*1) 23,400-20,000=3,400

② 保有目的区分の変更（未処理）

(借)	投 資 有 価 証 券	5,000(*2)	(貸)	関 係 会 社 株 式	5,000

(*2) 25,000-20,000=5,000

③ 決算整理

(借)	投 資 有 価 証 券	1,400(*3)	(貸)	繰 延 税 金 負 債	560(*4)
				その他有価証券評価差額金	840

(*3) 当期末時価6,400-5,000(*2)=1,400

(*4) 1,400(*3)×実効税率40％=560

(7) 株主資本等変動計算書上のその他有価証券評価差額金

当期首残高： ④ 216 ← 丙社株式に係るもの180＋丁社新株予約権に係るもの36

当期変動額：∴ 834

当期末残高： 1,050 ← 甲社株式に係るもの210＋B社株式に係るもの840

（参考１） 有価証券の発生及び消滅の認識

１．約定日基準（原則的処理）

（1）約定日

有価証券の発生を認識する。

（借）有 価 証 券	×　×　×	（貸）未 　 払 　 金	×　×　×

（2）決算整理

（借）有 価 証 券	×　×　×	（貸）有 価 証 券 評 価 損 益	×　×　×

（3）受渡日

（借）未 　 払 　 金	×　×　×	（貸）現 　 金 　 預 　 金	×　×　×

２．修正受渡日基準（容認処理）

（1）約定日

仕 　 訳 　 な 　 し

（2）決算整理

有価証券自体は認識せず，約定日から決算日までの時価の変動のみ認識する。

（借）有 価 証 券	×　×　×	（貸）有 価 証 券 評 価 損 益	×　×　×

（3）受渡日

有価証券の発生を認識する。

（借）有 価 証 券	×　×　×	（貸）現 　 金 　 預 　 金	×　×　×

（参考２）　有価証券の保有目的区分の変更

変　更　前	変　更　後		振　替　価　額		振替時の評価差額
売買目的有価証券	子会社株式及び関連会社株式		振　替　時　の　時　価		損益としてP/L 計上
	その他有価証券				
満期保有目的の債券	売買目的有価証券		振替時の償却原価		―
	その他有価証券				
子会社株式及び関連会社株式	売買目的有価証券		帳　簿　価　額		―
	その他有価証券				
その他有価証券	売買目的有価証券		振　替　時　の　時　価		損益としてP/L 計上
	子会社株式及び関連会社株式	全部	帳　簿　価　額		―
		部分	評価益	帳　簿　価　額	
			評価損	前　期　末　時　価	

３．有形固定資産

(1) 建　物

（借）	減　価　償　却　費	6,750(*1)	（貸）	建物減価償却累計額	6,750

(*1) 　300,000×0.9÷40年＝6,750

(2) 機械装置

① 減価償却

（借）	減　価　償　却　費	7,000(*1)	（貸）	機械装置減価償却累計額	7,000

(*1) 　$70,000 \div 5年 \times \dfrac{6ヶ月（X7.10～X8.3）}{12ヶ月} = 7,000$

② 税効果会計

（借）	法　人　税　等　調　整　額	9,000	（貸）	繰　延　税　金　負　債	9,000(*2)

(*2) 　当期末（会計上の簿価63,000(*3)－税務上の簿価40,500(*4)）×実効税率40％＝9,000

(*3) 　70,000－7,000(*1)＝会計上の簿価63,000

(*4) 　45,000(*5)－4,500(*6)＝税務上の簿価40,500

(*5) 　70,000－圧縮記帳額25,000＝税務上の簿価45,000

(*6) 　$45,000(*5) \div 5年 \times \dfrac{6ヶ月（X7.10～X8.3）}{12ヶ月} = 4,500$

③ 圧縮積立金の積立及び取崩

（借）	繰　越　利　益　剰　余　金	15,000	（貸）	機　械　装　置　圧　縮　積　立　金	15,000(*7)
（借）	機　械　装　置　圧　縮　積　立　金	1,500(*8)	（貸）	繰　越　利　益　剰　余　金	1,500

(*7) 　機械取得時（会計上の簿価70,000－税務上の簿価45,000(*5)）×（１－実効税率40％）＝15,000

(*8) 　$15,000(*7) \div 5年 \times \dfrac{6ヶ月（X7.10～X8.3）}{12ヶ月} = 1,500$

④ 株主資本等変動計算書上の任意積立金

　　当 期 首 残 高：　　　一

　　当 期 変 動 額

　　任意積立金の積立：　　　15,000(*7)

　　任意積立金の取崩：③ △ 1,500(*8)

　　当 期 末 残 高：　　　13,500

(3) 車 両

| (借) | 減 価 償 却 費 | 23,400(*1) | (貸) | 車 両 減 価 償 却 累 計 額 | 23,400 |

(*1) $120,000 \times 0.9 \times \dfrac{1,300千km}{6,000千km} = 23,400$

(4) リース資産（所有権移転外ファイナンス・リース取引）

(借)	支 払 利 息	2,133(*1)	(貸)	未 払 利 息	2,133
(借)	リ ー ス 債 務	52,000	(貸)	リ ー ス 債 務 （ 流 動 ）	11,981(*2)
				リ ー ス 債 務 （ 固 定 ）	40,019(*3)
(借)	減 価 償 却 費	9,750(*4)	(貸)	リース資産減価償却累計額	9,750

(*1) $2,844(*5) \times \dfrac{9ヶ月 (X7.7〜X8.3)}{12ヶ月} = 2,133$

(*2) $14,825 - 2,844(*5) = 11,981$

(*3) $52,000 - 11,981(*2) = 40,019$

(*4) $52,000 \div リース期間4年 \times \dfrac{9ヶ月 (X7.7〜X8.3)}{12ヶ月} = 9,750$

(*5) $52,000 \times 5.47\% = 2,844.4 \rightarrow 2,844$ （四捨五入）

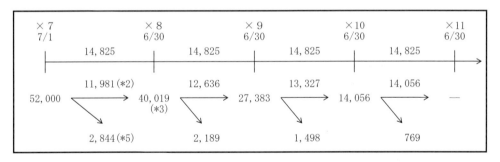

（参考３）圧縮記帳に係る税効果会計

１．圧縮記帳を積立金方式により処理している場合

(1) 税務上の処理（圧縮記帳）

　　　圧縮記帳とは，固定資産の取得に関して国から補助金の交付を受ける場合等に，交付を受けた補助金等が一時に課税されるのを防止するために，新たに取得した固定資産の取得価額を減額し，同額を損金に算入することを認めるものである。

　　　ただし，翌期以降には，圧縮記帳しなかった場合に比べて損金に算入される減価償却費が小さくなるので，結果として課税所得が大きくなり，法人税等も大きくなる。したがって，圧縮記帳は非課税措置ではなく，あくまで課税の繰延措置である。

(2) 会計上の処理

　　　税務上，圧縮記帳を行うためには，会計上，以下の①直接減額方式，又は，②積立金方式を採用する必要がある。

①　直接減額方式

　　　直接減額方式とは，取得資産の帳簿価額から圧縮額等を直接減額し，同額を費用処理する方法をいう。

②　積立金方式

　　　積立金方式とは，取得資産の帳簿価額は取得原価のままで計上し，圧縮額等は株主総会等において任意積立金として積み立てる方法をいう。直接減額方式によると，取得資産は購入価額から圧縮額等を控除した価額で評価され，取得原価主義に照らして問題がある。そこで，取得資産を取得原価で評価できる積立金方式が認められている。

　　　なお，**税法上の積立金（例えば，圧縮積立金）は，法人税等の税額計算を含む決算手続として会計処理することになる。**具体的には，当期末の個別貸借対照表に税法上の積立金の積立て及び取崩しを反映させるとともに，個別株主資本等変動計算書に税法上の積立金の積立額と取崩額を記載し，株主総会又は取締役会で当該財務諸表を承認することになる。

(3) 税効果会計の適用

①　直接減額方式による場合

　　　直接減額方式による場合，会計上の簿価も税務上の簿価も圧縮額を控除した後の金額であるため，会計上の簿価と税務上の簿価との間に差異は生じない。したがって，**税効果会計を適用する必要はない。**

② 積立金方式による場合

　　積立金方式により任意積立金等を積み立てた場合，会計上の簿価は取得原価のままであるが，税務上の簿価は圧縮額等を控除した後の金額であるため，会計上の簿価と税務上の簿価との間に将来加算一時差異が生じる。したがって，当該差異について税効果会計を適用し，繰延税金負債を計上するとともに，同額を法人税等調整額として処理する。

　　i　国庫補助金受入時

| (借) | 現　金　預　金 | ×××　| (貸) | 国庫補助金受贈益 | ××× |

　　ii　固定資産取得時

| (借) | 固　定　資　産 | ×××　| (貸) | 現　金　預　金 | ××× |

　　iii　税効果会計（決算整理）

　　　　圧縮額（将来加算一時差異）について税効果会計を適用し，繰延税金負債を計上するとともに，同額を法人税等調整額として処理する。

| (借) | 法人税等調整額 | ×××　| (貸) | 繰延税金負債 | ××× |

　　iv　任意積立金の積立時（決算整理）

　　　　積立金方式では，圧縮額等を繰越利益剰余金から減額する必要がある。ここで，繰越利益剰余金の金額は，法人税等調整額の金額だけ税効果会計を適用する前に比べて減少している。そこで，**任意積立金等は，圧縮額等から繰延税金負債を控除後の金額をもって純資産の部に計上する。**

| (借) | 繰越利益剰余金 | ×××　| (貸) | 固定資産圧縮積立金 | ××× |

　　v　減価償却（決算整理）

　　　　取得原価に基づいて減価償却費を計上する。

| (借) | 減価償却費 | ×××　| (貸) | 減価償却累計額 | ××× |

　　vi　税効果会計（決算整理）

　　　　将来加算一時差異の解消額について繰延税金負債を取り崩す。

| (借) | 繰延税金負債 | ×××　| (貸) | 法人税等調整額 | ××× |

　　vii　任意積立金の取崩時（決算整理）

　　　　積み立てた任意積立金を取り崩す。

| (借) | 固定資産圧縮積立金 | ×××　| (貸) | 繰越利益剰余金 | ××× |

4．新株予約権

(1) 発行時（処理済）

(借)	現 金 預 金	16,000	(貸)	新 株 予 約 権	16,000(*1)

(*1) 払込金額@400×40個＝16,000

(2) 権利行使時

(借)	仮 受 金	100,000(*2)	(貸)	資 本 金	43,600(*4)
	新 株 予 約 権	10,000(*3)		資 本 準 備 金	43,600(*4)
				自 己 株 式	22,800

(*2) 行使価額@8×交付株式数12,500株(*5)＝100,000

(*3) 払込金額@400×25個＝10,000

(*4) $\{$新株に対する払込金額(80,000(*6)＋8,000(*7))－自己株式処分差損相当額800(*8)$\} \times \dfrac{1}{2} ＝43,600$

(*5) @500株×25個＝12,500株

(*6) $100,000(*2) \times \dfrac{新株発行数10,000株(*9)}{交付株式数12,500株(*5)} ＝80,000$

(*7) $10,000(*3) \times \dfrac{新株発行数10,000株(*9)}{交付株式数12,500株(*5)} ＝8,000$

(*8) 帳簿価額22,800－自己株式の処分の対価22,000(*10)＝自己株式処分差損相当額800

(*9) 交付株式数12,500株(*5)－自己株式処分数2,500株＝新株発行数10,000株

(*10) 20,000(*11)＋2,000(*12)＝22,000

(*11) $100,000(*2) \times \dfrac{自己株式処分数2,500株}{交付株式数12,500株(*5)} ＝20,000$

(*12) $10,000(*3) \times \dfrac{自己株式処分数2,500株}{交付株式数12,500株(*5)} ＝2,000$

(注) 自己株式処分差損相当額が発生する場合，資本金等増加限度額は新株に対する払込金額から自己株式処分差損相当額を控除した金額となる。

なお，払込金額総額から自己株式の帳簿価額を控除した金額$\{$(100,000(*2)＋10,000(*3))－自己株式の帳簿価額22,800＝87,200$\}$として算定することもできる。

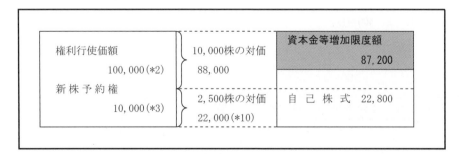

(3) 株主資本等変動計算書上の資本金及び新株予約権

① 資本金

　　当 期 首 残 高：1,000,000

　　当 期 変 動 額

　　新株発行及び自己株式の処分：① **43,600**(*4)

　　当 期 末 残 高：1,043,600

② 新株予約権

　　当 期 首 残 高：　　—

　　当 期 変 動 額：　6,000 ← 発行16,000(*1)－権利行使10,000(*3)

　　当 期 末 残 高：⑤ **6,000**

5．貸倒引当金

(借) 貸 倒 引 当 金 繰 入 額	3,840(*1)	(貸) 貸 倒 引 当 金	3,840

(*1) (受取手形94,000＋売掛金286,000)×貸倒実績率2.3％－前T/B 4,900＝3,840

6．株主総会決議

(1) 仕訳処理

(借) 繰 越 利 益 剰 余 金	4,400	(貸) 利 益 準 備 金	400(*1)
		未 払 配 当 金	4,000
(借) 未 払 配 当 金	4,000	(貸) 仮 払 金	6,500
役 員 賞 与 引 当 金	2,500		

(*1) 配当金4,000×$\dfrac{1}{10}$＝400

　　資本金1,000,000×$\dfrac{1}{4}$－(資本準備金100,000＋利益準備金53,500)＝96,500

　　→ 400

(2) 株主資本等変動計算書上の利益準備金

　　当 期 首 残 高：53,500

　　当 期 変 動 額

　　剰余金の配当：② **400**(*1)

　　当 期 末 残 高：53,900

7．役員賞与引当金

(借) 役 員 賞 与 引 当 金 繰 入 額	2,700	(貸) 役 員 賞 与 引 当 金	2,700

8．法人税，住民税及び事業税

(借) 法人税，住民税及び事業税	81,700	(貸) 未 払 法 人 税 等	81,700

Ⅲ. 決算整理後残高試算表

残 高 試 算 表

×8年3月31日

現 金 預 金	129,060	支 払 手 形	60,000
受 取 手 形	94,000	買 掛 金	196,534
売 掛 金	286,000	リ ー ス 債 務 (流 動)	11,981
有 価 証 券	76,000	未 払 金	12,750
繰 越 商 品	102,490	未 払 利 息	2,133
建 物	300,000	未 払 法 人 税 等	81,700
機 械 装 置	70,000	役 員 賞 与 引 当 金	2,700
車 両	120,000	貸 倒 引 当 金	8,740
土 地	900,000	長 期 借 入 金	250,000
リ ー ス 資 産	52,000	リ ー ス 債 務 (固 定)	40,019
投 資 有 価 証 券	38,767	繰 延 税 金 負 債	9,700
関 係 会 社 株 式	41,540	建 物 減 価 償 却 累 計 額	47,250
仕 入	1,385,100	機 械 装 置 減 価 償 却 累 計 額	7,000
棚 卸 減 耗 費	510	車 両 減 価 償 却 累 計 額	54,000
営 業 費	357,477	リ ー ス 資 産 減 価 償 却 累 計 額	9,750
役 員 賞 与 引 当 金 繰 入 額	2,700	資 本 金	1,043,600
貸 倒 引 当 金 繰 入 額	3,840	資 本 準 備 金	143,600
減 価 償 却 費	46,900	利 益 準 備 金	53,900
支 払 利 息	17,133	機 械 装 置 圧 縮 積 立 金	13,500
有 価 証 券 評 価 損 益	220	繰 越 利 益 剰 余 金	18,100
法人税, 住民税及び事業税	81,700	その他有価証券評価差額金	1,050
法 人 税 等 調 整 額	9,000	新 株 予 約 権	6,000
		売 上	2,009,900
		受 取 利 息 配 当 金	994
		有 価 証 券 利 息	1,136
		関 係 会 社 株 式 売 却 益	3,400
		国 庫 補 助 金 受 贈 益	25,000
	4,114,437		4,114,437

Ⅳ. 繰延税金資産及び繰延税金負債の相殺

仕　訳　な　し

繰延税金資産	繰延税金負債

繰延税金負債

	甲社株式	140
9,700 {	B社株式	560
	機械圧縮積立金	9,000

Ⅴ．損益計算書，株主資本等変動計算書及び貸借対照表

損 益 計 算 書

自×7年4月1日　至×8年3月31日

Ⅰ	売　　上　　高		①	2,009,900
Ⅱ	売　上　原　価			
	1 商品期首棚卸高	121,900		
	2 当期商品仕入高	② 1,366,200		
	合　　計	1,488,100		
	3 商品期末棚卸高	103,000		
	差　　引	1,385,100		
	4 棚卸減耗費	510	1,385,610	
	売　上　総　利　益		624,290	
Ⅲ	販売費及び一般管理費			
	営　業　費	357,477		
	役員賞与引当金繰入額	③ 2,700		
	貸倒引当金繰入額	3,840		
	減価償却費	④ 46,900	410,917	
	営　業　利　益		213,373	
Ⅳ	営　業　外　収　益			
	受取利息配当金	994		
	有価証券利息	⑤ 1,136	2,130	
Ⅴ	営　業　外　費　用			
	支　払　利　息	⑥ 17,133		
	有価証券評価損	⑦ 220	17,353	
	経　常　利　益		198,150	
Ⅵ	特　別　利　益			
	関係会社株式売却益	⑧ 3,400		
	国庫補助金受贈益	25,000	28,400	
	税引前当期純利益		226,750	
	法人税，住民税及び事業税	81,700		
	法人税等調整額	9,000	⑨ 90,700	
	当　期　純　利　益		135,850	

株 主 資 本 等 変 動 計 算 書

自×7年4月1日　至×8年3月31日

	株　主　資　本				
		資本剰余金	利　益　剰　余　金		
				その他利益剰余金	
	資 本 金	資　本準 備 金	利　益準 備 金	任　意積 立 金	繰越利益剰 余 金
×7年4月1日残高	1,000,000	100,000	53,500	—	36,000
当期変動額					
新株発行及び自己株式の処分	① 43,600	43,600			
任意積立金の積立				15,000	△ 15,000
任意積立金の取崩				③△ 1,500	1,500
剰 余 金 の 配 当			② 400		△ 4,400
当 期 純 利 益					135,850
株主資本以外の項目の当期変動額（純額）					
当期変動額合計	43,600	43,600	400	13,500	117,950
×8年3月31日残高	1,043,600	143,600	53,900	13,500	153,950

	株　主　資　本		評価・換算差額等		
			その他有価証券評 価差 額 金	新　株予 約 権	純資産合　計
	自　己株　式	株主資本合　計			
×7年4月1日残高	△ 22,800	1,166,700	④ 216	—	1,166,916
当期変動額					
新株発行及び自己株式の処分	22,800	110,000			110,000
任意積立金の積立		0			0
任意積立金の取崩		0			0
剰 余 金 の 配 当		△ 4,000			△ 4,000
当 期 純 利 益		135,850			135,850
株主資本以外の項目の当期変動額（純額）			834	6,000	6,834
当期変動額合計	22,800	241,850	834	6,000	248,684
×8年3月31日残高	—	1,408,550	1,050	⑤ 6,000	1,415,600

貸 借 対 照 表

×8年3月31日

(資産の部)				(負債の部)		
I 流 動 資 産				I 流 動 負 債		
現 金 及 び 預 金			129,060	支 払 手 形		60,000
受 取 手 形		94,000		買 掛 金		196,534
貸 倒 引 当 金	△	2,162	91,838	リ ー ス 債 務		11,981
売 掛 金		286,000		未 払 金	⑧	12,750
貸 倒 引 当 金	△	6,578	① 279,422	未 払 費 用		2,133
有 価 証 券			76,000	未 払 法 人 税 等		81,700
商 品			② 102,490	役 員 賞 与 引 当 金		2,700
流 動 資 産 合 計			678,810	流 動 負 債 合 計		367,798
II 固 定 資 産				II 固 定 負 債		
有 形 固 定 資 産				長 期 借 入 金		250,000
建 物		300,000		リ ー ス 債 務	⑨	40,019
減価償却累計額	△	47,250	③ 252,750	繰 延 税 金 負 債	⑩	9,700
機 械 装 置		70,000		固 定 負 債 合 計		299,719
減価償却累計額	△	7,000	63,000	負 債 合 計		667,517
車 両		120,000		(純資産の部)		
減価償却累計額	△	54,000	④ 66,000	I 株 主 資 本		
土 地			900,000	資 本 金		1,043,600
リ ー ス 資 産		52,000		資 本 剰 余 金		
減価償却累計額	△	9,750	⑤ 42,250	資 本 準 備 金	143,600	
有 形 固 定 資 産 合 計			1,324,000	資 本 剰 余 金 合 計		143,600
投 資 そ の 他 の 資 産				利 益 剰 余 金		
投 資 有 価 証 券		⑥	38,767	利 益 準 備 金	53,900	
関 係 会 社 株 式		⑦	41,540	そ の 他 利 益 剰 余 金		
投資その他の資産合計			80,307	任 意 積 立 金	13,500	
固 定 資 産 合 計			1,404,307	繰 越 利 益 剰 余 金	153,950	
				利 益 剰 余 金 合 計		221,350
				株 主 資 本 合 計		1,408,550
				II 評 価 ・ 換 算 差 額 等		
				その他有価証券評価差額金	⑪	1,050
				評価・換算差額等合計		1,050
				III 新 株 予 約 権		6,000
				純 資 産 合 計		1,415,600
資 産 合 計			2,083,117	負 債 純 資 産 合 計		2,083,117

問題❸ 税効果会計①

商品売買業を営むTAC商事株式会社の当期（自×7年4月1日　至×8年3月31日）に関する下記の〔資料〕を参照して、問1 及び 問2 について答えなさい。

（注）　1．解答数値の単位はすべて千円とし、計算の結果生じた千円未満の端数は百円の位を四捨五入する。

　　　　2．決算日における直物為替相場は 114円／ドルであった。

　　　　3．その他有価証券の評価差額は、部分純資産直入法により処理している。

　　　　4．法人税等の実効税率は前々期及び前期は38％、当期は40％とする。なお、現行の法人税法等の規定と異なるところがあっても本問の指示に従うこと。また、特段の指示がない限り、会計上と税務上の資産及び負債に差異は生じていない。

問1 　　〔資料Ⅲ〕に示す損益計算書を完成し、①～⑳の金額を答案用紙の所定の欄に記入しなさい。

問2 　　〔資料Ⅲ〕に示す貸借対照表を完成し、①～⑬の金額を答案用紙の所定の欄に記入しなさい。

〔資料Ⅰ〕　決算整理事項等

　1．現金預金

　（1）決算日において当社の金庫を実査した結果、以下のものが保管されていた。

　　　日本国紙幣・硬貨　　米 ド ル 紙 幣　　株主配当金領収証　　他人振出小切手
　　　　9,130千円　　　　　　10千ドル　　　　　2,300千円　　　　　17,600千円

　　　自己振出小切手　　郵 便 為 替 証 書　　収 入 印 紙
　　　　9,230千円　　　　　220千円　　　　　　60千円

　　　なお、米ドル紙幣は×8年3月25日（直物為替相場：113円／ドル）に取得したものである。

　（2）決算に際して現金の帳簿残高と実際有高との不一致の原因を調査した結果、次の事項が判明した。なお、原因不明なものについては雑損失または雑収入として処理する。

　　　①　得意先から売上代金として受け取った×8年4月15日を振出日とする同得意先振出小切手 870千円が現金預金勘定で処理されていた。なお、当該小切手は上記(1)における他人振出小切手の金額に含まれている。

　　　②　株主配当金領収証 2,300千円（配当原資は利益剰余金）が未処理であった。

　（3）当社の当座預金の帳簿残高は　？　千円であるのに対して、取引銀行から取り寄せた決算日現在における銀行残高証明書の残高は 147,000千円であった。不一致の原因を調査した結果、次の事項が判明した。

　　　①　かねて銀行に取り立てを依頼していた得意先振出当社宛約束手形 5,500千円が期日に決済され、手形代金が当座預金に振り込まれたが、銀行からその通知が当社に未達であった。

　　　②　営業費の支払いのために振り出した小切手 680千円が、未渡しであった。

　　　③　買掛金の支払いのために振り出した小切手 4,900千円が、未取付けであった。

④　決算日に現金 1,700千円を当座預金に預け入れたが，銀行の営業時間外であったために翌日の預入とされた。

(4)　当社の現金預金勘定は，現金と当座預金のみで構成されている。

2．債　権

(1)　売上債権は，経営状態に重大な問題が生じていない得意先に対する債権である。売上債権の回収期間は1年未満であり，以下の表から算定される過去2算定期間の貸倒実績率の平均値に基づき，貸倒見積高を算定する。また，決算整理前残高試算表における貸倒引当金は，売上債権に係るものである。

一般債権に係る貸倒実績

	×5年度	×6年度	×7年度
元本期末残高	190,000千円	209,000千円	？　千円
当期貸倒損失	3,990千円	4,180千円	2,926千円

(2)　長期貸付金は，経営破綻の状態には至っていないが，債務の弁済に重大な問題が生じているKK社に対する債権である。当該貸付金は，×4年4月1日に一定の条件（債権額：40,000千円，返済期日：×9年3月31日，年利率：3％，利払日：毎年3月末，元金は返済期日に一括返済）で貸し付けられたものを以前に取得したものである。債権額と取得価額の差額は金利の調整と認められたため，償却原価法（利息法，実効利子率：年5％）により処理している。当該貸付金について，×7年度末（利払後）にKK社から元金及び利息の支払延期の要請があり，これを受け入れて，×9年3月31日に受け取るべき元金及び利息の金額を×10年3月31日に受け取ることとしたため，キャッシュ・フロー見積法により貸倒引当金を設定する。

3．商品売買

当期末における帳簿数量は 800個（原価@ 172千円）であり，実地数量は 780個（正味売却価額@ 171千円）であった。

4．有価証券及び投資有価証券

銘　　　柄	取得価額	前期末時価	当期末時価
ＸＸ社普通株式	？千円	18,500千円	99,000千円
ＹＹ社普通株式	？千円	23,000千円	26,800千円

(1) ＸＸ社普通株式は前期にその他有価証券として 1,000株を19,000千円で取得したものである。当期においてＸＸ社との資本関係を強化する目的で，ＸＸ社普通株式 4,000株を80,800千円で追加取得し，保有目的を関係会社株式に変更したが，当該支払額を仮払金勘定で処理したのみである。なお，保有目的変更時におけるＸＸ社普通株式の時価は20,200千円である。

(2) ＹＹ社普通株式は前期にその他有価証券として 500株を24,000千円で取得したものである。当期において資金管理方針を変更し，ＹＹ社普通株式の保有目的を売買目的有価証券に変更したが，未処理である。保有目的変更時におけるＹＹ社普通株式の時価は26,000千円である。なお，保有目的変更に伴い生じた評価差額は投資有価証券評価損益勘定で処理する。

5．有形固定資産

(1) 当期首に建物（耐用年数：40年，残存価額：10%，定額法，前期末まで35年経過）のすべてについて大規模な修繕を行った。その結果，耐用年数が10年延長したが，その際に支出した60,000千円をすべて修繕費として処理している。そこで，延長後の残存耐用年数のうち延長耐用年数に相当する金額を資本的支出とし，延長後の残存耐用年数を用いて定額法で減価償却費を計上する。また，資本的支出部分についてもその10%を残存価額として見積もるものとする。

(2) 当期首に車両（耐用年数：8年，残存価額：10%，定額法，×5年4月1日に一括取得）のすべてについてセール・アンド・リースバック取引を行ったが，売却価額19,320千円を仮受金勘定で処理し，リース料支払額を仮払金勘定で処理したのみである。当該リース契約の内容は，所有権移転ファイナンス・リース取引，リース期間5年，リース料年額 4,219千円を毎年3月末に後払い，計算利子率年率3%であった。リースバック以後の経済的耐用年数は6年であり，残存価額 2,400千円，定額法により減価償却を行う。

(3) ×5年度期首に取得原価 250,000千円の備品（耐用年数：7年，残存価額：10%，定率法，年償却率：0.280）を取得した。当該備品は，税法上，初年度に取得原価のうち40%の特別償却が認められるため，×5年度分の申告において特別償却準備金として 100,000千円を損金に算入した。この特別償却準備金は，翌年度分（×6年度分）の申告から5年間にわたって取り崩し，益金に算入する。なお，会計上は積立金方式により処理している。

6．借入金

　　決算整理前残高試算表における短期借入金（返済期日：×8年7月31日，利息：24千ドル，利払日：元金の返済日）は×8年2月1日（直物為替相場：115円／ドル）に借り入れた1,200千ドルの円換算額である。×8年3月4日（直物為替相場：112円／ドル）に，借入金の元金返済資金について為替予約を行ったが，未処理である。予約日における×8年7月31日決済の先物為替相場は116円／ドルである。なお，為替予約については振当処理を行っている。また，為替予約差額及び利息は月割計算する。

7．社　債

　　×2年4月1日に額面総額500,000千円の社債（払込価額：額面100円につき98.8円，年利率：5％，利払日：3月末，償還期限：10年）を発行した。×7年9月30日に当該社債について臨時買入償還を行い，端数利息とともに490,000千円を支払ったが，当該支払額を仮払金勘定で処理したのみである。なお，当該社債については償却原価法（定額法）を適用している。また，利息は月割計算する。

8．役員賞与

　　×8年6月28日開催予定の定時株主総会で15,000千円の役員賞与を支給する決議を提案する予定である。そのため，役員賞与引当金を設定する。

9．事業税

　　前期の事業税額は10,000千円（所得割7,400千円，資本割2,000千円，付加価値割600千円）であり，当期の事業税額は18,900千円（所得割15,750千円，資本割2,000千円，付加価値割1,150千円）である。

10．税効果会計

　　一時差異の内訳は以下のとおりである。

　(1) 前期末（実効税率38%）

将来減算一時差異		将来加算一時差異	
未払事業税	（　　　　）千円	特別償却準備金	（　　　　）千円
貸倒引当金	2,000千円		
投資有価証券評価損	1,500千円		

　(2) 当期末（実効税率40%）

将来減算一時差異		将来加算一時差異	
未払事業税	（　　　　）千円	特別償却準備金	（　　　　）千円
商品評価損	（　　　　）千円		
貸倒引当金	3,030千円		
投資有価証券評価損	（　　　　）千円		

〔資料Ⅱ〕　決算整理前残高試算表（単位：千円）

借　　　方	金　　額	貸　　　方	金　　額
現　金　預　金	166,680	支　払　手　形	43,000
受　取　手　形	64,630	買　　掛　　金	40,411
売　　掛　　金	94,000	短　期　借　入　金	138,000
繰　越　商　品	124,000	仮　　受　　金	19,320
仮　　払　　金	575,019	貸　倒　引　当　金	1,254
建　　　　　物	170,000	社　　　　　債	497,000
車　　　　　両	24,000	長　期　借　入　金	300,000
備　　　　　品	250,000	繰　延　税　金　負　債	30,400
土　　　　　地	943,398	車両減価償却累計額	5,400
投　資　有　価　証　券	43,000	備品減価償却累計額	120,400
長　期　貸　付　金	39,238	資　　本　　金	1,000,000
繰　延　税　金　資　産	5,130	資　本　準　備　金	50,000
売　　上　　戻　　り	2,500	利　益　準　備　金	20,970
売　　上　　値　　引	3,700	特　別　償　却　準　備　金	49,600
仕　　　　　入	690,000	繰　越　利　益　剰　余　金	67,852
営　　業　　費	151,554	売　　　　　上	1,029,500
租　　税　　公　　課	720	受　取　利　息　配　当　金	1,962
修　　　繕　　　費	60,000	投資有価証券評価損益	1,500
支　　払　　利　　息	9,000		
合　　　　　計	3,416,569	合　　　　　計	3,416,569

〔資料Ⅲ〕 損益計算書及び貸借対照表（単位：千円）

損 益 計 算 書

自×7年4月1日 至×8年3月31日

Ⅰ 売 上 高 （①　　　　　　）

Ⅱ 売 上 原 価
　　期 首 商 品 棚 卸 高 （　　　　　　）
　　当 期 商 品 仕 入 高 （　　　　　　）
　　　　合　　計 （　　　　　　）
　　期 末 商 品 棚 卸 高 （②　　　　　　）
　　　　差　　引 （　　　　　　）
　　棚 卸 減 耗 費 （③　　　　　　）
　　商 品 低 価 評 価 損 （④　　　　　　）（　　　　　　）
　　　　売 上 総 利 益 （　　　　　　）

Ⅲ 販売費及び一般管理費
　　営　業　費 151,554
　　役員賞与引当金繰入額 （⑤　　　　　　）
　　租 税 公 課 （⑥　　　　　　）
　　貸 倒 引 当 金 繰 入 額 （⑦　　　　　　）
　　建 物 減 価 償 却 費 （　　　　　　）
　　備 品 減 価 償 却 費 （⑧　　　　　　）
　　リース資産減価償却費 （⑨　　　　　　）
　　修　繕　費 （⑩　　　　　　）（　　　　　　）
　　　　営 業 利 益 （　　　　　　）

Ⅳ 営 業 外 収 益
　　受 取 利 息 配 当 金 （⑪　　　　　　）
　　有 価 証 券 評 価 益 （⑫　　　　　　）
　　投資有価証券評価益 （⑬　　　　　　）
　　為　替　差　益 （⑭　　　　　　）（　　　　　　）

Ⅴ 営 業 外 費 用
　　支 払 利 息 （⑮　　　　　　）
　　社 債 利 息 （⑯　　　　　　）
　　貸 倒 引 当 金 繰 入 額 （⑰　　　　　　）
　　雑 損 失 （⑱　　　　　　）（　　　　　　）
　　　　経 常 利 益 （　　　　　　）

Ⅵ 特 別 利 益
　　社 債 償 還 益 （⑲　　　　　　）（　　　　　　）
　　　　税引前当期純利益 （　　　　　　）
　　法人税, 住民税及び事業税 55,502
　　法 人 税 等 調 整 額 （　　　　　　）（⑳　　　　　　）
　　　　当 期 純 利 益 （　　　　　　）

貸 借 対 照 表

×8年3月31日

資 産 の 部			負 債 の 部		
I 流 動 資 産			I 流 動 負 債		
現 金 及 び 預 金	① (	)	支 払 手 形		43,000
受 取 手 形 ② (		)	買 掛 金		40,411
売 掛 金	94,000		短 期 借 入 金	⑧ (	)
貸 倒 引 当 金 (	)(	)	リ ー ス 債 務	(	)
有 価 証 券	(	)	未 払 金	⑨ (	)
商 品	(	)	未 払 費 用	⑩ (	)
貯 蔵 品	(	)	未 払 法 人 税 等		58,652
前 払 費 用	③ (	)	役 員 賞 与 引 当 金	(	)
流 動 資 産 合 計	(	)	流 動 負 債 合 計	(	)
II 固 定 資 産			II 固 定 負 債		
1 有 形 固 定 資 産			長 期 借 入 金		300,000
建 物 (		)	リ ー ス 債 務	⑪ (	)
減価償却累計額 (	)④(	)	長 期 前 受 収 益	(	)
備 品	250,000		繰 延 税 金 負 債	⑫ (	)
減価償却累計額 (	)(	)	固 定 負 債 合 計	(	)
土 地		943,398	負 債 合 計	(	)
リ ー ス 資 産 (		)	純 資 産 の 部		
減価償却累計額 (	)⑤(	)	I 株 主 資 本		
有 形 固 定 資 産 合 計	(	)	1 資 本 金		1,000,000
2 投資その他の資産			2 資 本 剰 余 金		
関 係 会 社 株 式	⑥ (	)	資 本 準 備 金	50,000	
長 期 貸 付 金 (		)	資 本 剰 余 金 合 計		50,000
貸 倒 引 当 金 (	)⑦(	)	3 利 益 剰 余 金		
投資その他の資産合計	(	)	利 益 準 備 金		20,970
固 定 資 産 合 計	(	)	その他利益剰余金		
			特 別 償 却 準 備 金 ⑬ (		)
			繰 越 利 益 剰 余 金 (		)
			利 益 剰 余 金 合 計	(	)
			株 主 資 本 合 計	(	)
			純 資 産 合 計	(	)
資 産 合 計	(	)	負 債 純 資 産 合 計	(	)

〔MEMO〕

【解　答】

問1

①	②	③	④	⑤
1,023,300	137,600	3,440	780	15,000
⑥	⑦	⑧	⑨	⑩
3,810	1,518	36,288	2,700	20,000
⑪	⑫	⑬	⑭	⑮
4,262	800	3,000	2,650	10,492
⑯	⑰	⑱	⑲	⑳
12,800	1,868	980	19,800	44,948

問2

①	②	③	④	⑤
173,320	60,000	3,840	201,600	16,500
⑥	⑦	⑧	⑨	⑩
99,300	37,370	139,200	680	912
⑪	⑫	⑬		
11,932	14,716	36,000		

【採点基準】

3点×33箇所＋1点（全部正解の場合のみ加点）＝100点

【解答時間及び得点】

	日 付	解答時間	得 点	M E M O
1	／	分	点	
2	／	分	点	
3	／	分	点	
4	／	分	点	
5	／	分	点	

【チェック・ポイント】

出題分野	出題論点	日 付				
		／	／	／	／	／
個 別 論 点	現 金 の 範 囲					
	銀 行 勘 定 調 整 表					
	商 品 の 期 末 評 価					
	債 権 の 評 価					
	有 価 証 券 の 保 有 目 的 区 分 の 変 更					
	資 本 的 支 出 ・ 収 益 的 支 出					
	セ ー ル ・ ア ン ド ・ リ ー ス バ ッ ク 取 引					
	特 別 償 却 準 備 金					
	為 替 予 約 （ 振 当 処 理 ）					
	社 債 の 臨 時 買 入 償 還					
	税 効 果 会 計					

【解答への道】（単位：千円）

Ⅰ．決算整理仕訳等

1．現金預金

(1) 現金等

(借)	現 金 預 金	10(*1)	(貸)	為 替 差 損 益	10
(借)	貯 蔵 品(注)	60	(貸)	租 税 公 課	60
(借)	受 取 手 形	870(*2)	(貸)	現 金 預 金	870
(借)	現 金 預 金	2,300(*3)	(貸)	受 取 利 息 配 当 金	2,300
(借)	雑 損 失	980	(貸)	現 金 預 金	980(*4)

(*1) 10千ドル×（ＣＲ114円／ドル－113円／ドル）＝10

(注) 決算整理前残高試算表上，租税公課勘定があること及び貯蔵品勘定がないことから収入印紙は費用主義により処理されていると判断する。

(*2) 先日付小切手

(*3) 株主配当金領収証

(*4) 帳簿残高30,500(*5)－実際有高29,520(*6)＝980

(*5) 前T/B 現金預金166,680－当座預金137,620(*7)＋10(*1)－870(*2)＋2,300(*3)＝30,500

(*6) 9,130＋10千ドル×ＣＲ114円／ドル＋2,300＋（17,600－870）＋220＝29,520

(2) 当座預金

(借)	現 金 預 金	5,500	(貸)	受 取 手 形	5,500
(借)	現 金 預 金	680	(貸)	未 払 金	680

(*7)

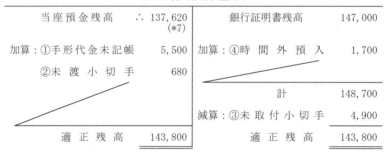

銀 行 勘 定 調 整 表

当座預金残高 ∴	137,620 (*7)	銀行証明書残高	147,000
加算：①手形代金未記帳	5,500	加算：④時 間 外 預 入	1,700
②未 渡 小 切 手	680		
		計	148,700
		減算：③未 取 付 小 切 手	4,900
適 正 残 高	143,800	適 正 残 高	143,800

2．債　権

(1) 一般債権

| (借) | 貸 倒 引 当 金 繰 入 額 (販 売 費 及 び 一 般 管 理 費) | 1,518 | (貸) | 貸 倒 引 当 金 | 1,518(*1) |

(*1) (受取手形60,000(*2)＋売掛金94,000)×当期貸倒実績率1.8%(*3)－前T/B 貸倒引当金1,254＝1,518

(*2) 前T/B 64,630＋先日付小切手870－未処理5,500＝60,000

(*3) (2.2%(*4)＋1.4%(*5))÷2＝1.8%

(*4) $\dfrac{\times6年度貸倒損失4,180}{\times5年度元本期末残高190,000}=2.2\%$

(*5) $\dfrac{\times7年度貸倒損失2,926}{\times6年度元本期末残高209,000}=1.4\%$

(2) 貸倒懸念債権

| (借) | 貸 倒 引 当 金 繰 入 額 (営 業 外 費 用) | 1,868 | (貸) | 貸 倒 引 当 金 | 1,868(*1) |

(*1) 前T/B 長期貸付金39,238－37,370(*2)＝1,868

(注) 償却原価法（利息法）を採用しているため，償却額の計上は期中（利払日）に行われている。

(*2) 41,200(*3)÷(1＋0.05)²＝37,369.614… → 37,370（四捨五入）

(*3) 40,000＋1,200(*4)＝41,200

(*4) 40,000×3％＝1,200

(注) 取得価額と債権額が異なる債権については，取得当初の実効利子率で将来キャッシュ・フローを割り引く。

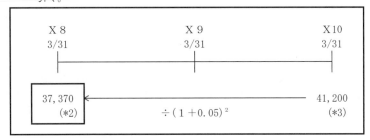

(3) 税効果会計

| (借) | 繰 延 税 金 資 産 | 452(*1) | (貸) | 法 人 税 等 調 整 額 | 452 |

(*1) 当期末繰延税金資産1,212(*2)－前期末繰延税金資産760(*3)＝452

(*2) 当期末将来減算一時差異3,030×当期実効税率40%＝1,212

(*3) 前期末将来減算一時差異2,000×前期実効税率38%＝760

3．商品売買

(1) 売上原価の算定等

(借)	売 上	6,200	(貸)	売 上 戻 り	2,500
				売 上 値 引	3,700
(借)	仕 入	124,000	(貸)	繰 越 商 品	124,000
(借)	繰 越 商 品	137,600(*1)	(貸)	仕 入	137,600
(借)	棚 卸 減 耗 費	3,440(*2)	(貸)	繰 越 商 品	4,220
	商 品 低 価 評 価 損	780(*3)			

(*1) 原価@172×帳簿数量800個＝137,600

(*2) 原価@172×（帳簿数量800個－実地数量780個）＝3,440

(*3) （原価@172－正味売却価額@171）×実地数量780個＝780

(2) 商品低価評価損に係る税効果会計

(借)	繰 延 税 金 資 産	312(*4)	(貸)	法 人 税 等 調 整 額	312

(*4) 当期末繰延税金資産312(*5)－前期末繰延税金資産0＝312

(*5) （税務上の簿価134,160(*6)－会計上の簿価133,380(*7)）×当期実効税率40％＝312

又は，（費用780(*3)－損金0）×実効税率40％＝312

(*6) 137,600(*1)－3,440(*2)＝134,160

(*7) 134,160(*6)－780(*3)＝133,380

4．有価証券

(1) ＸＸ社株式（その他有価証券から関係会社株式への変更）

① 前期決算整理

(借)	投資有価証券評価損益	500(*1)	(貸)	投資有価証券	500
(借)	繰延税金資産	190(*2)	(貸)	法人税等調整額	190

(*1) 取得価額19,000－前期末時価18,500＝500

(*2) 500(*1)×前期実効税率38％＝190

② 期首

(借)	投資有価証券	500	(貸)	投資有価証券評価損益	500(*1)

③ 振替

i 追加取得

(借)	関係会社株式	80,800	(貸)	仮払金	80,800

ii 振替

(借)	関係会社株式	18,500(*3)	(貸)	投資有価証券	19,000
	投資有価証券評価損益	500(*1)			

(*3) 前期末時価

(注) 部分純資産直入法を採用しており，当該有価証券について前期末に評価差損を計上している場合には，**前期末時価による評価後の価額**で振り替える。

④ 決算整理（税効果会計）

(借)	繰延税金資産	10(*4)	(貸)	法人税等調整額	10

(注) 税務上，その他有価証券は取得原価で評価するため，取得原価により関係会社株式に振り替えられ，その金額は99,800(*5)となる。しかし，会計上，関係会社株式の金額は，99,300(*6)である。したがって，会計上と税務上の差異が解消しないため期首における繰延税金資産 190(*2)が残ることとなるが，税率の変更により，10(*4)だけ追加計上される。

(*4) 当期末繰延税金資産200(*7)－前期末繰延税金資産190(*2)＝10

(*5) 19,000＋追加取得80,800＝税務上の簿価99,800

(*6) 18,500(*3)＋追加取得80,800＝会計上の簿価99,300

(*7) 当期末将来減算一時差異500(*1)×当期実効税率40％＝200

(2) ＹＹ社株式（その他有価証券から売買目的有価証券への変更）

① 前期決算整理

(借)	投資有価証券評価損益	1,000(*1)	(貸)	投資有価証券	1,000
(借)	繰延税金資産	380(*2)	(貸)	法人税等調整額	380

(*1) 取得価額24,000－前期末時価23,000＝1,000

(*2) 1,000(*1)×前期実効税率38％＝380

② 期首

(借)	投資有価証券	1,000	(貸)	投資有価証券評価損益	1,000(*1)

③ 振替時（未処理）

(借)	有価証券	26,000(*3)	(貸)	投資有価証券	24,000
				投資有価証券評価損益	2,000

(*3) 振替時の時価

(注) 振替時の評価差額は，その他有価証券の評価差額について採用していた会計処理方法にかかわらず，損益計算書に計上する。なお，当該差額を「有価証券評価損益」勘定で処理する場合も考えられるが，本問では問題文の指示より「投資有価証券評価損益」勘定で処理する。

④ 時価評価

(借)	有価証券	800	(貸)	有価証券評価損益	800(*4)

(*4) 当期末時価26,800－26,000(*3)＝800

⑤ 税効果会計

(借)	法人税等調整額	380	(貸)	繰延税金資産	380(*2)

（参考１） 有価証券の保有目的区分の変更

変更前	変更後		振替価額	振替時の評価差額
売買目的有価証券	子会社株式及び関連会社株式		振替時の時価	損益としてP/L計上
	その他有価証券			
満期保有目的の債券	売買目的有価証券		振替時の償却原価	―
	その他有価証券			
子会社株式及び関連会社株式	売買目的有価証券		帳簿価額	―
	その他有価証券			
その他有価証券	売買目的有価証券		振替時の時価	損益としてP/L計上
	子会社株式及び関連会社株式	全部	帳簿価額	―
		部分 評価益	帳簿価額	
		部分 評価損	前期末時価	

5．有形固定資産

(1) 建　物

(借)	建　　　　　　　　　物	630,000(*1)	(貸)	建物減価償却累計額	630,000
(借)	建　　　　　　　　　物	40,000(*2)	(貸)	修　　　　繕　　　　費	40,000
(借)	建物減価償却費	8,400(*3)	(貸)	建物減価償却累計額	8,400

(*1)　取得原価800,000(*4)－前T/B 建物170,000＝630,000

(注)　決算整理前残高試算表に建物減価償却累計額勘定がないため，直接法により記帳していると判断する。

(*2)　$60,000 \times \dfrac{\text{延長耐用年数10年}}{\text{残存耐用年数15年(*5)}} = 40,000$

(*3)　要償却額126,000(*6)÷残存耐用年数15年(*5)＝8,400

(*4)　建物の取得原価をＡとおくと，以下の式が成り立つ。

$$A - A \times 0.9 \div 40\text{年} \times 35\text{年} = 170,000 \;\rightarrow\; \therefore\; A = 800,000$$

(*5)　(耐用年数40年－前期末までの経過年数35年)＋延長耐用年数10年＝15年

(*6)　(800,000(*4)＋40,000(*2))×0.9－630,000(*1)＝126,000

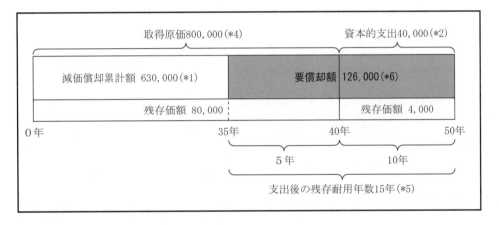

(2) 車　　両

　① セール・アンド・リースバック取引

(借)	車両減価償却累計額	5,400	(貸)	車　　　　　　両	24,000
	仮　　受　　金	19,320(*1)		長期前受収益	720(*2)
(借)	リ　ー　ス　資　産	19,320(*1)	(貸)	リ　ー　ス　債　務	19,320
(借)	支　払　利　息	580(*3)	(貸)	仮　　払　　金	4,219
	リ　ー　ス　債　務	3,639(*4)			

(*1)　売却価額＝貸手の購入価額

(*2)　貸借差額

(*3)　19,320(*1)×3％＝579.6 → 580（四捨五入）

(*4)　リース料4,219－580(*3)＝3,639

　② 決算整理

(借)	リ　ー　ス　債　務	15,681(*5)	(貸)	リース債務（流動）	3,749(*6)
				リース債務（固定）	11,932(*7)
(借)	リース資産減価償却費	2,820(*8)	(貸)	リース資産減価償却累計額	2,820
(借)	長　期　前　受　収　益	120(*9)	(貸)	リース資産減価償却費	120

(*5)　19,320(*1)－3,639(*4)＝15,681

(*6)　リース料4,219－470(*10)＝3,749

(*7)　15,681(*5)－3,749(*6)＝11,932

(*8)　(19,320(*1)－残存価額2,400)÷6年＝2,820

(*9)　720(*2)÷6年＝120

(*10)　15,681(*5)×3％＝470.43→ 470（四捨五入）

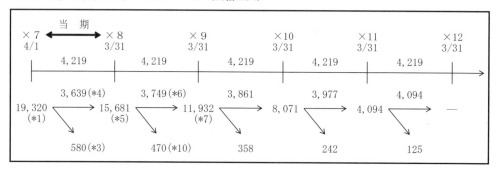

(3) 備 品

① ×5年度（前々期）

　　i　備品取得時

| (借) 備　　　　　　　　品 | 250,000 | (貸) 現　金　預　金 | 250,000 |

　　ii　普通償却

| (借) 備 品 減 価 償 却 費 | 70,000(*1) | (貸) 備 品 減 価 償 却 累 計 額 | 70,000 |

(*1)　250,000×0.280＝70,000

　　iii　税効果会計

| (借) 法 人 税 等 調 整 額 | 38,000 | (貸) 繰 延 税 金 負 債 | 38,000(*2) |

(*2)　特別償却額100,000×前々期実効税率38％＝38,000

　　iv　特別償却準備金の積立

| (借) 繰 越 利 益 剰 余 金 | 62,000 | (貸) 特 別 償 却 準 備 金 | 62,000(*3) |

(*3)　特別償却額100,000×（1－前々期実効税率38％）＝62,000

② ×6年度（前期）

　　i　普通償却

| (借) 備 品 減 価 償 却 費 | 50,400(*4) | (貸) 備 品 減 価 償 却 累 計 額 | 50,400 |

(*4)　(250,000－70,000(*1))×0.280＝50,400

　　ii　税効果会計

| (借) 繰 延 税 金 負 債 | 7,600(*5) | (貸) 法 人 税 等 調 整 額 | 7,600 |

(*5)　$38,000(*2) \times \dfrac{1年}{5年} = 7,600$

　　iii　特別償却準備金の取崩

| (借) 特 別 償 却 準 備 金 | 12,400(*6) | (貸) 繰 越 利 益 剰 余 金 | 12,400 |

(*6)　62,000(*3)÷5年＝12,400

③ ×7年度（当期）

 i 普通償却

| (借) | 備品減価償却費 | 36,288(*7) | (貸) | 備品減価償却累計額 | 36,288 |

(*7) (250,000－前T/B 備品減価償却累計額120,400)×0.280＝36,288

 ii 税効果会計

 a．一時差異の解消に係る繰延税金負債の取崩

| (借) | 繰 延 税 金 負 債 | 7,600(*5) | (貸) | 法 人 税 等 調 整 額 | 7,600 |

 b．税率の変更による繰延税金負債の調整

| (借) | 法 人 税 等 調 整 額 | 1,200 | (貸) | 繰 延 税 金 負 債 | 1,200(*8) |

(*8) 当期末将来加算一時差異60,000(*9)×（当期実効税率40％－前期実効税率38％）＝1,200

(*9) 特別償却額100,000× $\dfrac{3年（X8.4〜X11.3）}{5年（X6.4〜X11.3）}$ ＝60,000

 iii 特別償却準備金の取崩

| (借) | 特 別 償 却 準 備 金 | 13,600(*10) | (貸) | 繰 越 利 益 剰 余 金 | 13,600 |

(*10) 12,400(*6)＋税率の変更による調整1,200(*11)＝13,600

(*11) 当期末将来加算一時差異60,000(*9)×{（1－前期実効税率38％）－（1－当期実効税率40％）}＝1,200

6．借入金

(1) 予約時（未処理）

(借)	前 払 費 用	4,800(*1)	(貸)	短 期 借 入 金	1,200
				為 替 差 損 益	3,600(*2)

(*1)　1,200千ドル×（ＦＲ116円／ドル−112円／ドル）＝4,800

(*2)　1,200千ドル×（115円／ドル−112円／ドル）＝3,600

(2) 決算整理

(借)	為 替 差 損 益	960	(貸)	前 払 費 用	960(*3)
(借)	支 払 利 息	912	(貸)	未 払 利 息	912(*4)

(*3)　$4,800(*1) \times \dfrac{1 \text{ヶ月 (X8.3)}}{5 \text{ヶ月 (X8.3〜X8.7)}} = 960$

(*4)　$24 \text{千ドル} \times \dfrac{2 \text{ヶ月 (X8.2〜X8.3)}}{6 \text{ヶ月 (X8.2〜X8.7)}} \times \text{ＣＲ} 114 \text{円／ドル} = 912$

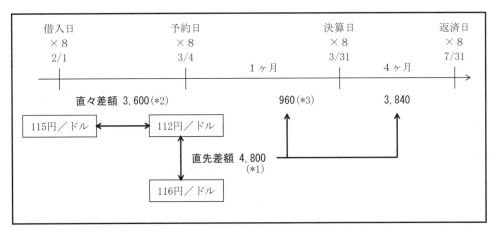

7．社　債

（借）	社 債 利 息	300	（貸）	社　　　　債	300（*1）
（借）	社　　　　債	497,300（*2）	（貸）	仮　払　金	490,000
	社 債 利 息	12,500（*3）		社 債 償 還 益	19,800

(*1)　(額面総額500,000－払込金額494,000(*5))×$\dfrac{6\text{ヶ月}（\text{X7.4}～\text{X7.9}）}{120\text{ヶ月}（\text{X2.4}～\text{X12.3}）}$＝300

(*2)　期首簿価497,000(*4)＋300(*1)＝497,300

(*3)　額面総額500,000×5％×$\dfrac{6\text{ヶ月}（\text{X7.4}～\text{X7.9}）}{12\text{ヶ月}}$＝12,500

(*4)　払込金額494,000(*5)

　　　　＋(額面総額500,000－払込金額494,000(*5))×$\dfrac{60\text{ヶ月}（\text{X2.4}～\text{X7.3}）}{120\text{ヶ月}（\text{X2.4}～\text{X12.3}）}$＝497,000

(*5)　額面総額500,000×$\dfrac{\text{@98.8円}}{\text{@ 100円}}$＝494,000

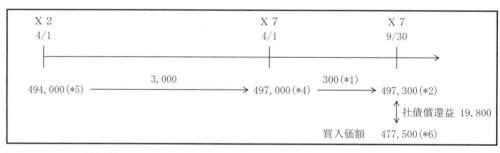

(*6)　490,000－端数利息12,500(*3)＝裸相場477,500

8．役員賞与

（借）	役 員 賞 与 引 当 金 繰 入 額	15,000	（貸）	役 員 賞 与 引 当 金	15,000

9．法人税，住民税及び事業税

(1) 法人税，住民税及び事業税

（借）	租 税 公 課	3,150（*1）	（貸）	未 払 法 人 税 等	58,652
	法人税，住民税及び事業税	55,502（*2）			

(*1)　当期事業税額(資本割2,000＋付加価値割1,150)＝3,150

(*2)　〔資料Ⅲ〕より

(2) 税効果会計

（借）	繰 延 税 金 資 産	3,760（*1）	（貸）	法 人 税 等 調 整 額	3,760

(*1)　当期末繰延税金資産7,560(*2)－前期末繰延税金資産3,800(*3)＝3,760

(*2)　当期末払事業税18,900×当期実効税率40％＝7,560

(*3)　前期末払事業税10,000×前期実効税率38％＝3,800

10. 税効果会計

(1) 一時差異及び繰延税金資産・繰延税金負債の内訳

① 前期末

項　目	将来減算一時差異	繰延税金資産 (一時差異×38%)	項　目	将来加算一時差異	繰延税金負債 (一時差異×38%)
未払事業税	10,000	3,800	特別償却準備金	80,000	30,400
貸倒引当金	2,000	760			
投資有価証券評価損	1,500	570			
合　計	13,500	5,130	合　計	80,000	30,400

② 当期末

項　目	将来減算一時差異	繰延税金資産 (一時差異×40%)	項　目	将来加算一時差異	繰延税金負債 (一時差異×40%)
未払事業税	18,900	7,560	特別償却準備金	60,000	24,000
商品評価損	780	312			
貸倒引当金	3,030	1,212			
投資有価証券評価損	500	200			
合　計	23,210	9,284	合　計	60,000	24,000

(2) 法人税等調整額の計上

本問では解説上，個々に税効果会計を適用しているが，一括して適用した場合には以下のようになる。

(借) 繰　延　税　金　資　産	4,154(*1)	(貸) 法　人　税　等　調　整　額	10,554
繰　延　税　金　負　債	6,400(*2)		

(*1) 当期末合計9,284－前期末合計5,130＝4,154

(*2) 前期末合計30,400－当期末合計24,000＝6,400

（参考2） 税率の変更

1．意　義

　　繰延税金資産又は繰延税金負債の金額は，回収又は支払が行われると見込まれる期の税率に基づいて計算する。法人税等について税率の変更があった場合には，過年度に計上された繰延税金資産及び繰延税金負債を新たな税率に基づき再計算する。

2．税率の変更による修正差額

　　税率の変更が行われた結果生じた繰延税金資産及び繰延税金負債の**修正差額は**，損益計算書上，税率の変更が行われた年度の法人税等調整額に加減して処理する。

　　ただし，資産の評価替えにより生じた評価差額が，損益計算書を経由せずに純資産の部に計上される場合（例：その他有価証券）において，当該評価差額に係る繰延税金資産及び繰延税金負債の金額の**修正差額は評価差額に加減して処理**する。

3．仕訳処理

(1) 法人税等調整額が計上される場合

(借) 繰 延 税 金 資 産	×××	(貸) 法 人 税 等 調 整 額	×××(*1)

（*1）　当期末繰延税金資産(*2)－前期末繰延税金資産(*3)

（*2）　当期末将来減算一時差異×**変更後**実効税率

（*3）　前期末将来減算一時差異×**変更前**実効税率

(2) 資産の評価替えにより生じた評価差額が直接純資産の部に計上される場合

　① 振戻処理

(借) 繰 延 税 金 負 債	×××(*4)	(貸) 投 資 有 価 証 券	×××
その他有価証券評価差額金	×××(*5)		

（*4）　前期末将来加算一時差異×**変更前**実効税率

（*5）　前期末将来加算一時差異×（1－**変更前**実効税率）

　② 時価評価

(借) 投 資 有 価 証 券	×××	(貸) 繰 延 税 金 負 債	×××(*6)
		その他有価証券評価差額金	×××(*7)

（*6）　当期末将来加算一時差異×**変更後**実効税率

（*7）　当期末将来加算一時差異×（1－**変更後**実効税率）

Ⅱ．決算整理後残高試算表

決算整理後残高試算表
×8年3月31日

現　金　預　金	173,320	支　払　手　形	43,000
受　取　手　形	60,000	買　　掛　　金	40,411
売　　掛　　金	94,000	短　期　借　入　金	139,200
有　価　証　券	26,800	リース債務（流動）	3,749
繰　越　商　品	133,380	未　　払　　金	680
貯　　蔵　　品	60	未　払　利　息	912
前　払　費　用	3,840	未　払　法　人　税　等	58,652
建　　　　　物	840,000	役　員　賞　与　引　当　金	15,000
備　　　　　品	250,000	貸　倒　引　当　金	2,772
土　　　　　地	943,398	長　期　借　入　金	300,000
リ　ー　ス　資　産	19,320	リース債務（固定）	11,932
関　係　会　社　株　式	99,300	長　期　前　受　収　益	600
長　期　貸　付　金	39,238	繰　延　税　金　負　債	24,000
繰　延　税　金　資　産	9,284	建物減価償却累計額	638,400
仕　　　　　入	676,400	備品減価償却累計額	156,688
棚　卸　減　耗　費	3,440	リース資産減価償却累計額	2,820
商　品　低　価　評　価　損	780	貸　倒　引　当　金	1,868
営　　業　　費	151,554	資　　本　　金	1,000,000
役員賞与引当金繰入額	15,000	資　本　準　備　金	50,000
租　税　公　課	3,810	利　益　準　備　金	20,970
貸倒引当金繰入額	1,518	特　別　償　却　準　備　金	36,000
建　物　減　価　償　却　費	8,400	繰　越　利　益　剰　余　金	81,452
備　品　減　価　償　却　費	36,288	売　　　　　上	1,023,300
リース資産減価償却費	2,700	受　取　利　息　配　当　金	4,262
修　　繕　　費	20,000	有　価　証　券　評　価　損　益	800
支　払　利　息	10,492	投資有価証券評価損益	3,000
社　債　利　息	12,800	為　替　差　損　益	2,650
貸倒引当金繰入額	1,868	社　債　償　還　益	19,800
雑　　損　　失	980	法　人　税　等　調　整　額	10,554
法人税，住民税及び事業税	55,502		
	3,693,472		3,693,472

Ⅲ．繰延税金資産と繰延税金負債の相殺

（借）繰　延　税　金　負　債	9,284	（貸）繰　延　税　金　資　産	9,284(*1)

（*1）　当期末繰延税金資産合計

Ⅳ. 損益計算書及び貸借対照表

損 益 計 算 書
自×7年4月1日 至×8年3月31日

Ⅰ	売 上 高		(① 1,023,300)
Ⅱ	売 上 原 価		
	期 首 商 品 棚 卸 高 (	124,000)	
	当 期 商 品 仕 入 高 (	690,000)	
	合 計 (	814,000)	
	期 末 商 品 棚 卸 高 ②	137,600)	
	差 引 (	676,400)	
	棚 卸 減 耗 費 ③	3,440)	
	商 品 低 価 評 価 損 ④	780)	(680,620)
	売 上 総 利 益		(342,680)
Ⅲ	販売費及び一般管理費		
	営 業 費	151,554	
	役員賞与引当金繰入額 ⑤	15,000)	
	租 税 公 課 ⑥	3,810)	
	貸倒引当金繰入額 ⑦	1,518)	
	建 物 減 価 償 却 費 (	8,400)	
	備 品 減 価 償 却 費 ⑧	36,288	
	リース資産減価償却費 ⑨	2,700)	
	修 繕 費 ⑩	20,000)	(239,270)
	営 業 利 益		(103,410)
Ⅳ	営 業 外 収 益		
	受 取 利 息 配 当 金 ⑪	4,262)	
	有 価 証 券 評 価 益 ⑫	800)	
	投資有価証券評価益 ⑬	3,000)	
	為 替 差 益 ⑭	2,650)	(10,712)
Ⅴ	営 業 外 費 用		
	支 払 利 息 ⑮	10,492)	
	社 債 利 息 ⑯	12,800)	
	貸倒引当金繰入額 ⑰	1,868)	
	雑 損 失 ⑱	980)	(26,140)
	経 常 利 益		(87,982)
Ⅵ	特 別 利 益		
	社 債 償 還 益 ⑲	19,800)	(19,800)
	税引前当期純利益		(107,782)
	法人税,住民税及び事業税	55,502	
	法 人 税 等 調 整 額 (△	10,554)	⑳ 44,948)
	当 期 純 利 益		(62,834)

貸 借 対 照 表

×8年3月31日

資 産 の 部		負 債 の 部	
I 流 動 資 産		I 流 動 負 債	
現 金 及 び 預 金	(① 173,320)	支 払 手 形	43,000
受 取 手 形 (② 60,000)		買 掛 金	40,411
売 掛 金 94,000		短 期 借 入 金	(⑧ 139,200)
貸 倒 引 当 金 (△ 2,772)	(151,228)	リ ー ス 債 務	(3,749)
有 価 証 券	(26,800)	未 払 金	(⑨ 680)
商 品	(133,380)	未 払 費 用	(⑩ 912)
貯 蔵 品	(60)	未 払 法 人 税 等	58,652
前 払 費 用	(③ 3,840)	役 員 賞 与 引 当 金	(15,000)
流 動 資 産 合 計	(488,628)	流 動 負 債 合 計	(301,604)
II 固 定 資 産		II 固 定 負 債	
1 有 形 固 定 資 産		長 期 借 入 金	300,000
建 物 (840,000)		リ ー ス 債 務	(⑪ 11,932)
減価償却累計額 (△ 638,400)	(④ 201,600)	長 期 前 受 収 益	(600)
備 品 250,000		繰 延 税 金 負 債	(⑫ 14,716)
減価償却累計額 (△ 156,688)	(93,312)	固 定 負 債 合 計	(327,248)
土 地 943,398		負 債 合 計	(628,852)
リ ー ス 資 産 (19,320)		純 資 産 の 部	
減価償却累計額 (△ 2,820)	(⑤ 16,500)	I 株 主 資 本	
有 形 固 定 資 産 合 計	(1,254,810)	1 資 本 金	1,000,000
2 投 資 そ の 他 の 資 産		2 資 本 剰 余 金	
関 係 会 社 株 式	(⑥ 99,300)	資 本 準 備 金 50,000	
長 期 貸 付 金 (39,238)		資 本 剰 余 金 合 計	50,000
貸 倒 引 当 金 (△ 1,868)	(⑦ 37,370)	3 利 益 剰 余 金	
投資その他の資産合計	(136,670)	利 益 準 備 金	20,970
固 定 資 産 合 計	(1,391,480)	その他利益剰余金	
		特別償却準備金 (⑬ 36,000)	
		繰越利益剰余金 (144,286)	
		利 益 剰 余 金 合 計	(201,256)
		株 主 資 本 合 計	(1,251,256)
		純 資 産 合 計	(1,251,256)
資 産 合 計	(1,880,108)	負 債 純 資 産 合 計	(1,880,108)

問題④ ストックオプション・税効果会計①

TAC株式会社の当期（×5年4月1日から×6年3月31日）に関する〔資料Ⅰ〕及び〔資料Ⅱ〕に基づき，以下の 問1 及び 問2 について答えなさい。

(注) 1. 税効果会計は指示がある場合のみ，実効税率を毎期40%として適用する。なお，現行の法人税法等の規定と異なるところがあっても本問の指示に従うこと。

2. 直物為替相場は以下のとおりである。

×5年3月31日： 103円／ドル　　×6年3月31日： 100円／ドル

3. 計算において端数が生じる場合には，最終数値の千円未満を四捨五入すること。

問1 〔資料Ⅰ〕の①の金額を答案用紙の所定の欄に記入しなさい。

問2 損益計算書及び貸借対照表に計上される以下の**ア**から**ム**の金額（単位：千円）を答案用紙の所定の欄に記入しなさい。

損益計算書

ア　当期商品仕入高
イ　棚卸減耗費
ウ　商品低価評価損
エ　営業費
オ　株式報酬費用
カ　建物減価償却費
キ　備品減価償却費
ク　受取利息配当金
ケ　有価証券利息
コ　有価証券評価益
サ　支払利息
シ　貸倒引当金繰入額（営業外費用）
ス　為替差損
セ　関係会社株式売却益
ソ　法人税等（法人税等調整額考慮後）

貸借対照表

タ　現金及び預金
チ　受取手形及び売掛金（貸倒引当金控除後）
ツ　有価証券（流動資産）
テ　親会社株式
ト　商品
ナ　建物（減価償却累計額控除後）
ニ　車両（減価償却累計額控除後）
ヌ　ソフトウェア
ネ　投資有価証券
ノ　長期貸付金（貸倒引当金控除後）
ハ　破産更生債権等（貸倒引当金控除後）
ヒ　繰延税金資産
フ　買掛金
ヘ　短期借入金
ホ　未払法人税等
マ　前受収益
ミ　利益準備金
ム　その他有価証券評価差額金

〔資料 I 〕　決算整理前残高試算表

決算整理前残高試算表

×6年3月31日　　　　　　　　　　　　　（単位：千円）

現　金　預　金	193,541	支　払　手　形	150,000
受　取　手　形	90,000	買　　掛　　金	（　　　　）
売　　掛　　金	160,000	短　期　借　入　金	（　　　　）
有　価　証　券	100	未　　払　　金	20,000
（　　　　　　　）	（　　　　）	前　受　収　益	（　　　　）
繰　越　商　品	50,000	長　期　借　入　金	450,000
建　　　　　物	1,000,000	建物減価償却累計額	56,000
車　　　　　両	35,000	資　　本　　金	1,200,000
備　　　　　品	450,000	資　本　準　備　金	250,000
土　　　　　地	800,000	利　益　準　備　金	45,000
ソ フ ト ウ ェ ア	48,000	繰 越 利 益 剰 余 金	94,000
投　資　有　価　証　券	71,160	新　株　予　約　権	（①　　　）
関　係　会　社　株　式	8,000	売　　　　　上	1,240,000
長　期　貸　付　金	100,000	仕　入　値　引	4,000
繰　延　税　金　資　産	13,800	受 取 利 息 配 当 金	5,500
仕　　　　　入	580,000	有　価　証　券　利　息	100
営　　業　　費	189,199		
支　払　利　息	30,000		
為　替　差　損　益	1,200		
	（　　　　）		（　　　　）

（注）　繰延税金資産の内訳

商 品 に 係 る も の ：　400千円

建 物 に 係 る も の ：13,400千円

〔資料Ⅱ〕　決算整理事項及び参考事項

1. 有価証券

　　有価証券の売買は，修正受渡日基準により処理しており，その他有価証券の評価差額については全部純
　資産直入法により処理している。なお，当社は当期中に下記以外の有価証券を保有していなかった。

銘　　　柄	取 得 原 価	当期末時価	保有目的による分類	取得年月日	備　考
A　社　株　式	8,400千円	―	その他有価証券	×5年11月10日	(注1)
B　社　社　債	500千ドル	500千ドル	満期保有目的の債券	×5年9月1日	(注2)
C社新株予約権	100千円	―	売買目的有価証券	×5年12月10日	(注3)
C　社　株　式	？　千円	5,120千円	売買目的有価証券	×6年3月20日	(注3)
D　社　社　債	9,600千円	9,830千円	その他有価証券	×3年4月1日	(注4)
E　社　株　式	12,000千円	12,050千円	売買目的有価証券	×6年3月29日	(注5)
F　社　株　式	8,000千円	1,900千円	―	×5年8月1日	(注6)
G　社　株　式	11,000千円	11,500千円	その他有価証券	×6年3月1日	(注7)

(注1) 配当金100千円を受け取ったが未処理である。なお，A社は赤字決算であったが配当を維持す
　　るため，その他資本剰余金を原資として配当を行った。

(注2) B社社債（額面金額：500千ドル，券面利子率：年2.4%，利払日：8月末，償還日：×9年
　　8月31日）は×5年9月1日（直物為替相場106円／ドル）に取得したものである。

(注3) 所有している新株予約権のすべてを×6年3月20日に行使し，権利行使価額4,500千円の払い
　　込みを当座により行ったが未処理である。なお，権利行使時の新株予約権の時価は110千円，C
　　社株式の時価は5,000千円であった。

(注4) D社社債（額面金額：10,000千円，券面利子率：年1%，利払日：3月末，償還日：×8年3
　　月31日）は×3年4月1日に取得したものである。なお，取得原価と額面金額との差額は金利の
　　調整額であり，償却原価法（定額法）を適用する。また，税務上は償却原価で評価されるため，
　　税効果会計を適用している。

(注5) ×6年3月29日に12,000千円で購入する契約を締結したが未処理である。なお，株券と代金の
　　受渡は×6年4月2日に行われる予定である。

(注6) 支配獲得目的で取得したものである。×6年3月15日に保有する株式の4分の3を7,000千円
　　で売却することにより支配を解消し，保有目的を売買目的に変更したが未処理である。

(注7) G社はTAC株式会社発行済株式の64%を保有し，TAC株式会社を子会社として支配してい
　　る。なお，G社株式を翌期中に処分する予定である。また，税務上は取得原価で評価されるため，
　　税効果会計を適用している。

2. 商品売買

(1) 前期末商品は次のとおりであった。

帳簿数量： 1,020個（原価@51千円）

実地数量： 1,000個（すべて良品，正味売却価額@50千円）

(2) 当期末商品は次のとおりであった。

帳簿数量： 1,200個（原価@50千円）

実地数量： 1,190個

なお，実地数量の内訳は良品が 1,185個（正味売却価額@48千円）及び品質低下品が5個（正味売却価額@15千円）である。

(3) 良品から生じた評価損については，税務上の損金算入が認められないため，税効果会計を適用している。なお，前期末に否認された評価損は，当期の課税所得計算において損金として認容される。

3. 固定資産

(1) 減価償却を以下のとおり行う。

	償却方法	耐用年数	年償却率	残存価額	事業供用日	備 考
建 物	定率法	40年	0.056	10%	×4年4月1日	（注）
車 両	級数法	5年	—	10%	×4年4月1日	—
備 品	定率法	8年	0.250	10%	×5年4月1日	—

(注) 税務上は定額法（耐用年数：40年，残存価額：10%）を採用しなければならないため，税効果会計を適用している。

(2) 決算整理前残高試算表におけるソフトウェアは×4年4月1日に，社内業務を効率化する目的で外部より購入したものである。当初の利用可能期間は5年であったが，当期末に利用可能期間の見直しを行ったところ，残存利用可能期間が翌期首より2年であることが判明した。

4. 借入金

(1) ×5年10月1日に，次の条件で 1,000千ドルを借り入れた。

返済期日：×6年9月30日

金 利：年利率 2.4%（元金の返済期日に支払う）

借入日の直物為替相場： 105円／ドル

(2) 借入金の元金返済額及び利息支払額について，借入と同時に次の条件で為替予約を行った。為替予約については振当処理を採用している。なお，決算整理前残高試算表における短期借入金及び前受収益は当該借入金及び為替予約に係るものである。

決済期日：×6年9月30日

予約日における×6年9月30日の先物為替相場： 102円／ドル

5. 債権の評価

(1) 一般債権については，過去３年間の貸倒実績率（１％）により貸倒引当金を設定する。

(2) 決算整理前残高試算表における長期貸付金はＹ社に対するものであるが，同社から×６年３月末の利
払後に条件緩和の申し出があり，当社はそれに合意した。なお，当該債権は貸倒懸念債権と認められる
ため，キャッシュ・フロー見積法により貸倒引当金を設定する。また，当該債権に係る税務上の貸倒引
当金の損金算入限度額は，債権期末残高に対して１％であるため，税効果会計を適用する。

〈貸付条件の変更内容〉

項　目	変　更　前	変　更　後
年 利 率	３％	利息は全額免除とする
利 払 日	毎年３月末に後払い	―
元本の返済	×９年３月31日に100,000千円	×９年３月31日に85,000千円 ×10年３月31日に15,000千円

(3) 得意先Ｘ社は経営不振により破産の申立てを行った。なお，決算整理前残高試算表における受取手形
及び売掛金のうち，同社に対するものはそれぞれ20,000千円及び30,000千円であった。また，同社に対
しては土地10,000千円（当期末における処分見込額）が担保として設定されている。

(4) 破産更生債権等については，財務内容評価法により貸倒引当金を設定する。なお，当該債権に係る貸
倒引当金繰入額は，販売費及び一般管理費に計上する。また，当該債権に係る税務上の貸倒引当金の損
金算入限度額は，債権金額から担保の当期末処分見込額を減額した残額の50％であるため，税効果会計
を適用する。

6. 剰余金の配当

×５年６月の株主総会において，繰越利益剰余金からの配当80,000千円が決議され，後日，配当額を小
切手を振り出して支払ったが未処理である。

7. ストック・オプション

　ストック・オプションの状況は次のとおりである。なお，決算整理前残高試算表における新株予約権は
すべて当該ストック・オプションに係るものである。

(1) ストック・オプションの付与

　×4年6月の株主総会において，幹部従業員40人に対し1人当たり100個のストック・オプションを
7月1日付けで付与することを決議した。ストック・オプション1個の行使により1株が与えられる。
ただし，権利確定日は×6年6月30日，権利行使期間は×6年7月1日から×7年6月30日，権利行使
時には1株当たり80,000円の払込を要する。権利付与日におけるストック・オプションの公正な評価単
価は8,000円である。付与されたストック・オプションは他者に譲渡できないものとされている。

(2) 行使条件の変更

　ストック・オプションの権利付与後，当社の株価は大きく下落して一度も行使価格を上回らず，イン
センティブ効果が大幅に失われたと考えられたので，×5年6月の株主総会において，行使時の払込金
額を1株当たり50,000円とする行使条件の変更を行った。条件変更日（×5年7月1日）における条件
変更後のストック・オプションの公正な評価単価は9,800円である。

(3) ストック・オプションを付与された者の退職状況

　権利確定日までに従業員が退職して，ストック・オプションが失効する見込みは当初は2人であった。
しかし，×6年3月31日に5人が退職した。これ以後に追加的に退職する者はいないと見込まれている。

8. 次の手順で算定した当期の課税所得額に税率40%を乗じた額を「法人税，住民税及び事業税」として損
益計算書に計上する。

税引前当期純利益	195,107
（加算）商品評価損否認額	＋（　　　　　）
（加算）減価償却超過額	＋（　　　　　）
（加算）貸倒引当金繰入超過額（貸倒懸念債権）	＋（　　　　　）
（加算）貸倒引当金繰入超過額（破産更生債権等）	＋（　　　　　）
（加算）永久差異	＋　45,273
（減算）前期商品評価損認容額	－（　　　　　）
課税所得額	（　　　　　）

9. その他の事項

(1) 営業費の未経過分が1,000千円ある。

(2) 受取利息の見越分が500千円ある。

【解　答】

問1

①
11,400

問2

ア	イ	ウ	エ	オ
576,000	500	2,545	188,199	17,825
カ	**キ**	**ク**	**ケ**	**コ**
52,864	112,500	6,000	880	470
サ	**シ**	**ス**	**セ**	**ソ**
31,224	8,886	2,700	1,000	96,152
タ	**チ**	**ツ**	**テ**	**ト**
116,141	198,000	7,070	11,500	56,955
ナ	**ニ**	**ヌ**	**ネ**	**ノ**
891,136	23,000	36,000	68,130	91,114
ハ	**ヒ**	**フ**	**ヘ**	**ホ**
10,000	37,452	200,000	102,000	120,000
マ	**ミ**	**ム**		
1,500	50,000	294		

【採点基準】

問1 1点＋ 問2 3点×33箇所＝100点

【解答時間及び得点】

	日 付	解答時間	得 点	Ｍ Ｅ Ｍ Ｏ
1	／	分	点	
2	／	分	点	
3	／	分	点	
4	／	分	点	
5	／	分	点	

【チェック・ポイント】

出題分野	出題論点	日 付				
		／	／	／	／	／
個 別 論 点	その他資本剰余金の処分による配当					
	外 貨 建 有 価 証 券					
	新 株 予 約 権 (取 得 者 側 の 処 理)					
	修 正 受 渡 日 基 準					
	有 価 証 券 の 保 有 目 的 区 分 の 変 更					
	親 会 社 株 式					
	商 品 の 期 末 評 価					
	自 社 利 用 の ソ フ ト ウ ェ ア					
	為 替 予 約 (振 当 処 理)					
	キ ャ ッ シ ュ ・ フ ロ ー 見 積 法					
	財 務 内 容 評 価 法					
	剰 余 金 の 配 当					
	ス ト ッ ク ・ オ プ シ ョ ン					
	税 効 果 会 計					

【解答への道】 （単位：千円）

Ⅰ．〔資料Ⅰ〕の空欄推定（ 問1 の解答）

親会社株式 ： 11,000 ← Ｇ社株式の取得原価

買 掛 金 ： 200,000 ← 貸借差額

短期借入金 ： 102,000 ← 1,000千ドル×ＦＲ102円／ドル

前 受 収 益 ： 3,000 ← 1,000千ドル×(105円／ドル－ＦＲ102円／ドル)

①新株予約権 ： 11,400 ← 後述(Ⅲ．7．(1) 参照)

Ⅱ．決算整理仕訳等

1．有価証券

(1) 売買目的有価証券

① C社新株予約権及びC社株式

ⅰ　新株予約権行使日（未処理）

（借）	有　価　証　券	4,610(*4)	（貸）	現　金　預　金	4,500(*1)
	（C　社　株　式）			有　価　証　券	100(*2)
				（C 社 新 株 予 約 権）	
				有 価 証 券 評 価 損 益	10(*3)

(*1)　権利行使価額

(*2)　新株予約権の取得原価

(*3)　権利行使時の時価110－100(*2)＝10

(*4)　4,500(*1)＋権利行使時の時価110＝4,610

(注)　売買目的有価証券として保有していた新株予約権を権利行使した場合，保有期間の運用損益を明示するために「権利行使時の時価」で株式に振り替える。

ⅱ　決算整理

（借）	有　価　証　券	510(*5)	（貸）	有 価 証 券 評 価 損 益	510

(*5)　当期末時価5,120－取得原価4,610(*4)＝510

（参考１）新株予約権の取得者側の会計処理

１．会計処理

　　他社が発行した新株予約権を取得した場合，当該新株予約権は有価証券に該当する。したがって，新株予約権の取得は，**有価証券の取得**として処理する。なお，権利行使したときは株式に振り替える。

（1）取得時

　　新株予約権は取得時に**取得原価**（時価）をもって，保有目的に応じて「**売買目的有価証券**」又は「**その他有価証券**」として処理する。

　①　売買目的有価証券として保有する場合

（借）有　価　証　券	×××(*1)	（貸）現　金　預　金	×××

(*1)　新株予約権の取得原価

　②　その他有価証券として保有する場合

（借）投　資　有　価　証　券	×××(*1)	（貸）現　金　預　金	×××

（2）権利行使時

　　権利行使した場合，保有目的に応じて，売買目的有価証券の場合には，保有期間の運用損益を明示するために「**権利行使時の時価**」で，その他有価証券の場合には，「**帳簿価額**（取得原価又は減損処理後の簿価）」で株式に振り替える。なお，権利行使により取得した株式は保有目的に従って処理する。以下，株式を売買目的有価証券として保有した場合の処理を示す。

　①　新株予約権を売買目的有価証券として保有していた場合

（借）有　価　証　券	×××(*2)	（貸）現　金　預　金	×××(*3)
（株　　式）		有　価　証　券	×××(*4)
		（新　株　予　約　権）	
		有価証券評価損益	×××(*5)

(*2)　新株の払込金額(*3)＋新株予約権の権利行使時における時価

(*3)　新株の払込金額

(*4)　新株予約権の簿価

(*5)　新株予約権の権利行使時における時価－新株予約権の簿価(*4)

(注)　上記仕訳は次のように分解して考えると理解し易いであろう。

　　ⅰ　新株予約権を権利行使直前に時価評価を行う（新株予約権の簿価は時価となる）。

（借）有　価　証　券	×××	（貸）有価証券評価損益	×××(*5)
（新　株　予　約　権）			

　　ⅱ　新株予約権を行使して，株式を取得する。

（借）有　価　証　券	×××(*2)	（貸）現　金　預　金	×××(*3)
（株　　式）		有　価　証　券	×××
		（新　株　予　約　権）	

② 新株予約権をその他有価証券として保有していた場合

（借）有　価　証　券	×××(*6)	（貸）現　　金　　預　　金	×××(*3)
（　　株　　　　　式　　）		投　資　有　価　証　券	×××(*4)
		（　新　株　予　約　権　）	

（*6）新株の払込金額(*3)＋新株予約権の簿価(*4)

(3) 譲渡時

（借）現　　金　　預　　金	×××	（貸）有　　価　　証　　券	×××(*4)
		（　新　株　予　約　権　）	
		有　価　証　券　売　却　損　益	×××

(4) 権利行使期間満了時

　　権利が行使されずに権利行使期限が到来したときは「**新株予約権失効損**」等の科目で損益計算書上「**特別損失**」に計上する。

| （借）新　株　予　約　権　失　効　損 | ××× | （貸）有　　価　　証　　券 | ×××(*4) |
| | | （　新　株　予　約　権　） | |

② E社株式（修正受渡日基準）

　　i　契約締結時

仕　　訳　　な　　し

（注）　修正受渡日基準の場合，買手は契約締結時に有価証券の発生を認識しない。

　　ii　決算整理

（借）有　価　証　券	50(*1)	（貸）有価証券評価損益	50

（*1）　当期末時価12,050－取得原価12,000＝50

（注）　修正受渡日基準の場合，買手は契約締結時から決算日までの時価の変動のみを認識する。

（参考２）約定日基準と修正受渡日基準

1．有価証券の売買

（1）約定日基準（原　則）

　　売買約定日（契約締結時）に買手は有価証券の発生を認識する。なお，売手は有価証券の消滅を認識する。

（2）修正受渡日基準（容　認）

　　買手は保有目的区分ごとに約定日から受渡日までの時価の変動のみを認識する。なお，売手は売却損益のみを約定日に認識する。

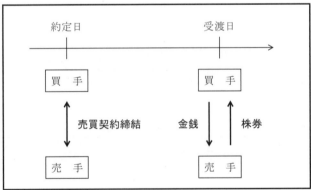

2．約定日基準（原　則）

（注）「売買目的有価証券」を用いて解説を行う。

（1）買　手

① 約定日

　　有価証券の発生を認識する。

（借）有　価　証　券	×××	（貸）未　　払　　金	×××

② 決算整理

（借）有　価　証　券	×××	（貸）有価証券評価損益	×××

③ 受渡日

（借）未　　払　　金	×××	（貸）現　金　預　金	×××

(2) 売　手

① 約定日

有価証券の消滅及び売却損益を認識する。

(借)	未 収 入 金	×××	(貸)	有 価 証 券	×××
				有 価 証 券 売 却 損 益	×××

② 決算整理

仕 訳 な し

③ 受渡日

(借)	現 金 預 金	×××	(貸)	未 収 入 金	×××

３．修正受渡日基準（容　認）

(注)「売買目的有価証券」を用いて解説を行う。

(1) 買　手

① 約定日

仕 訳 な し

② 決算日

有価証券自体は認識せず，約定日から決算日までの**時価の変動のみ**認識する。

(借)	有 価 証 券	×××	(貸)	有 価 証 券 評 価 損 益	×××

③ 受渡日

有価証券の発生を認識する。

(借)	有 価 証 券	×××	(貸)	現 金 預 金	×××

(2) 売　手

① 約定日

有価証券自体の消滅は認識せず，**売却損益のみ**を認識する。

(借)	有 価 証 券	×××	(貸)	有 価 証 券 売 却 損 益	×××

② 決算整理

仕 訳 な し

③ 受渡日

有価証券の消滅を認識する。

(借)	現 金 預 金	×××	(貸)	有 価 証 券	×××

(2) 満期保有目的の債券（B社社債）

(借)	為 替 差 損 益	3,000	(貸)	投 資 有 価 証 券	3,000(*1)
(借)	未 収 収 益 （未 収 有 価 証 券 利 息）	700(*2)	(貸)	有 価 証 券 利 息	700

(*1)　500千ドル×(106円／ドル－当期ＣＲ100円／ドル)＝3,000

(*2)　$500千ドル×2.4\%×\dfrac{7ヶ月(X5.9～X6.3)}{12ヶ月}×当期ＣＲ100円／ドル＝700$

(3) その他有価証券

　①　A社株式（配当金受領時，未処理）

(借)	現 金 預 金	100	(貸)	投 資 有 価 証 券	100

(注)　その他資本剰余金の処分による配当を受け，配当の対象となる有価証券が売買目的有価証券以外である場合，原則として配当受取額を有価証券の帳簿価額から減額する。

　②　D社社債

(借)	投 資 有 価 証 券	80(*1)	(貸)	有 価 証 券 利 息	80
(借)	繰 延 税 金 資 産	4(*3)	(貸)	投 資 有 価 証 券	10(*2)
	その他有価証券評価差額金	6			

(*1)　$(額面10,000－取得原価9,600)×\dfrac{12ヶ月(X5.4～X6.3)}{60ヶ月(X3.4～X8.3)}＝80$

(*2)　(前期末償却原価9,760(*4)＋80(*1))－当期末時価9,830＝10

(*3)　10(*2)×実効税率40%＝4

(*4)　$取得原価9,600＋(額面10,000－取得原価9,600)×\dfrac{24ヶ月(X3.4～X5.3)}{60ヶ月(X3.4～X8.3)}＝9,760$

　③　親会社株式（G社株式）

(借)	親 会 社 株 式	500(*1)	(貸)	繰 延 税 金 負 債	200(*2)
				その他有価証券評価差額金	300

(*1)　当期末時価11,500－取得原価11,000＝500

(*2)　500(*1)×実効税率40%＝200

(注)　親会社株式はB/S 上「親会社株式」として貸借対照表日後１年以内に処分されると認められるものは「流動資産」に，それ以外のものは「投資その他の資産」に表示する。なお，親会社株式は，保有目的（本問ではその他有価証券）に従って期末評価を行う点に注意すること。

(4) 関係会社株式から売買目的有価証券への保有目的区分の変更（F社株式）

① 売却時（未処理）

(借)	現　金　預　金	7,000	(貸)	関　係　会　社　株　式	6,000(*1)
				関　係　会　社　株　式　売　却　益	1,000(*2)

(*1)　取得原価8,000× $\dfrac{3}{4}$ ＝6,000

(*2)　売却価額7,000－6,000(*1)＝1,000

② 振　替（未処理）

(借)	有　価　証　券	2,000	(貸)	関　係　会　社　株　式	2,000(*3)

(*3)　取得原価8,000－売却分6,000(*1)＝2,000

③ 決算整理

(借)	有　価　証　券　評　価　損　益	100(*4)	(貸)	有　価　証　券	100

(*4)　2,000(*3)－当期末時価1,900＝100

2．商品売買

(1) 仕入値引

(借)	仕　入　値　引	4,000	(貸)	仕　入	4,000

(2) 売上原価の算定及び棚卸減耗費等の計上

(借)	仕　入	50,000	(貸)	繰　越　商　品	50,000
(借)	繰　越　商　品	60,000	(貸)	仕　入	60,000(*1)
(借)	棚　卸　減　耗　費	500(*2)	(貸)	繰　越　商　品	3,045
	商　品　低　価　評　価　損	2,545(*3)			

(*1)　原価@50×帳簿数量1,200個＝60,000

(*2)　原価@50×（帳簿数量1,200個－実地数量1,190個）＝500

(*3)　（原価@50－正味売却価額@48）×良品1,185個

　　　　　　　　　＋（原価@50－正味売却価額@15）×品質低下品5個＝2,545

(3) 税効果会計

(借)	繰　延　税　金　資　産	548(*4)	(貸)	法　人　税　等　調　整　額	548

(*4)　当期末繰延税金資産948(*5)－前期末繰延税金資産400(*6)＝548

(*5)　（原価@50－正味売却価額@48）×良品1,185個×実効税率40％＝948

(*6)　（原価@51－正味売却価額@50）×良品1,000個×実効税率40％＝400　又は，前T/B より

３．固定資産

(1) 建　物

　① 減価償却

(借)	建 物 減 価 償 却 費	52,864(*1)	(貸)	建 物 減 価 償 却 累 計 額	52,864

(*1)　前T/B(建物1,000,000－建物減価償却累計額56,000)×0.056＝52,864

　② 税効果会計

(借)	繰 延 税 金 資 産	12,146(*2)	(貸)	法 人 税 等 調 整 額	12,146

(*2)　(52,864(*1)－22,500(*3))×実効税率40%＝12,145.6 → 12,146（四捨五入）

(*3)　前T/B 建物1,000,000×0.9÷40年＝22,500

(2) 車　両（直接法）

(借)	車 両 減 価 償 却 費	12,000(*1)	(貸)	車　　　　　両	12,000

(*1)　取得原価50,000(*2)×0.9× $\dfrac{4 コマ}{15コマ(*3)}$ ＝12,000

(*2)　取得原価をＸとすると，以下の計算式が成り立つ。

$$X-0.9X\times \frac{5コマ}{15コマ(*3)}=35,000 \ \rightarrow \ X=50,000$$

(*3)　$\dfrac{5\times(5+1)}{2}=15コマ$

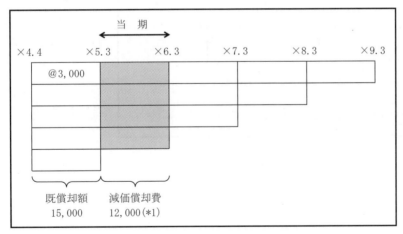

既償却額　　　減価償却費
15,000　　　12,000(*1)

(3) 備　品

(借)	備 品 減 価 償 却 費	112,500(*1)	(貸)	備 品 減 価 償 却 累 計 額	112,500

(*1)　前T/B 備品450,000×0.25＝112,500

(4) ソフトウェア（自社利用のソフトウェア）

(借)	ソフトウェア減価償却費	12,000(*1)	(貸)	ソ フ ト ウ ェ ア	12,000

(*1)　前T/B 48,000÷変更前の残存耐用年数(耐用年数５年－経過年数１年)＝12,000

(注)　当期末に利用可能期間の見直しを行ったが，当期の減価償却費は「変更前の残存耐用年数」を用いて
　　計算する。

4．借入金（振当処理）

(1) 借入日 ＝ 予約日（処理済）

(借)	現　金　預　金	105,000(*1)	(貸)	短　期　借　入　金	102,000(*2)
				前　受　収　益	3,000(*3)

(*1)　1,000千ドル×105円／ドル＝105,000

(*2)　1,000千ドル×ＦＲ102円／ドル＝102,000

(*3)　1,000千ドル×（105円／ドル－ＦＲ102円／ドル）＝3,000

(2) 決算整理

(借)	前　受　収　益	1,500(*4)	(貸)	為　替　差　損　益	1,500
(借)	支　払　利　息	1,224(*5)	(貸)	未　払　費　用	1,224
				（未　払　利　息）	

(*4)　$3,000(*3) \times \dfrac{6 \text{ヶ月}(\text{X5.10}〜\text{X6.3})}{12 \text{ヶ月}(\text{X5.10}〜\text{X6.9})} = 1,500$

(*5)　$1,000 \text{千ドル} \times 2.4\% \times \dfrac{6 \text{ヶ月}(\text{X5.10}〜\text{X6.3})}{12 \text{ヶ月}} \times \text{ＦＲ}102 \text{円／ドル} = 1,224$

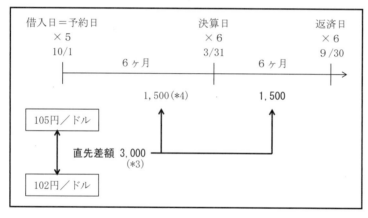

5．債権の評価

(1) 一般債権

(借) 貸 倒 引 当 金 繰 入 額	2,000	(貸) 貸 倒 引 当 金	2,000(*1)
（販売費及び一般管理費）			

(*1) （受取手形70,000(*2)＋売掛金130,000(*3)）×1％＝2,000

(*2) 前T/B 90,000－破産更生債権等20,000＝70,000

(*3) 前T/B 160,000－破産更生債権等30,000＝130,000

(2) 貸倒懸念債権（キャッシュ・フロー見積法）

① 貸倒引当金の設定

(借) 貸 倒 引 当 金 繰 入 額	8,886	(貸) 貸 倒 引 当 金	8,886(*1)
（営 業 外 費 用）			

(*1) 100,000－91,114(*2)＝8,886

(*2) 85,000÷(1＋0.03)³＋15,000÷(1＋0.03)⁴＝91,114.346… → 91,114（四捨五入）

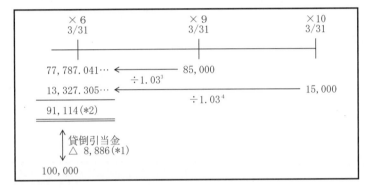

② 税効果会計

(借) 繰 延 税 金 資 産	3,154(*3)	(貸) 法 人 税 等 調 整 額	3,154

(*3) (8,886(*1)－損金算入限度額1,000(*4))×実効税率40％＝3,154.4 → 3,154（四捨五入）

(*4) 100,000×1％＝1,000

(3) 破産更生債権等（財務内容評価法）

① 破産更生債権等への振替

(借) 破 産 更 生 債 権 等	50,000	(貸) 受 取 手 形	20,000
		売 掛 金	30,000

② 貸倒引当金の設定

(借) 貸 倒 引 当 金 繰 入 額	40,000	(貸) 貸 倒 引 当 金	40,000(*1)
（販売費及び一般管理費）			

(*1) 50,000－担保の当期末処分見込額10,000＝40,000

③ 税効果会計

(借) 繰 延 税 金 資 産	8,000(*2)	(貸) 法 人 税 等 調 整 額	8,000

(*2) (40,000(*1)－損金算入限度額20,000(*3))×実効税率40％＝8,000

(*3) (50,000－担保の当期末処分見込額10,000)×50％＝20,000

6．剰余金の配当（未処理）

（借）繰 越 利 益 剰 余 金	85,000	（貸）利 益 準 備 金	5,000（*1）
		未 払 配 当 金	80,000
（借）未 払 配 当 金	80,000	（貸）現 金 預 金	80,000

（*1）配当金80,000×$\dfrac{1}{10}$＝8,000

資本金1,200,000×$\dfrac{1}{4}$－（資本準備金250,000＋利益準備金45,000）＝5,000

∴ 5,000

7．ストック・オプション（公正な評価単価を変動させる条件変更）

(1) 前期決算整理

| （借）株 式 報 酬 費 用 | 11,400 | （貸）新 株 予 約 権 | 11,400（*1） |

（*1）@8,000円×100個×（40人－2人）×$\dfrac{9ヶ月（X4.7〜X5.3）}{24ヶ月（X4.7〜X6.6）}$＝11,400

◎ 前T/B 新株予約権：11,400（*1）

(2) 当期決算整理

| （借）株 式 報 酬 費 用 | 17,825 | （貸）新 株 予 約 権 | 17,825（*2） |

（*2）付与分13,100（*3）＋条件変更による価値増加分4,725（*4）＝17,825

（*3）24,500（*5）－既計上額11,400（*1）＝13,100

（*4）（@9,800円－@8,000円）×100個×（40人－5人）×$\dfrac{9ヶ月（X5.7〜X6.3）}{条件変更後対象勤務期間12ヶ月（X5.7〜X6.6）}$

＝4,725

（*5）@8,000円×100個×（40人－5人）×$\dfrac{21ヶ月（X4.7〜X6.3）}{24ヶ月（X4.7〜X6.6）}$＝24,500

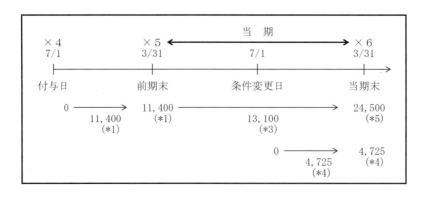

（参考３）　ストック・オプション

１．権利確定日以前の会計処理

(1) 仕訳処理

　　ストック・オプションを付与し，これに応じて企業が従業員等から取得するサービスは，その取得に応じて「**株式報酬費用**」として損益計算書上の**販売費及び一般管理費**として計上し，対応する金額をストック・オプションの権利の行使又は失効が確定するまでの間，貸借対照表の純資産の部に「**新株予約権**」として計上する。

（借） 株 式 報 酬 費 用	×××	（貸） 新 株 予 約 権	×××

２．権利確定日後の会計処理

(1) ストック・オプションの権利行使

① 新株を発行した場合

　　新株予約権として計上した額のうち，当該権利行使に対応する部分を**払込資本（資本金及び資本準備金）**に振り替える。

（借） 現 金 預 金	×××	（貸） 資 本 金	×××
新 株 予 約 権	×××	資 本 準 備 金	×××

② 自己株式を処分した場合

　　自己株式の取得原価と新株予約権の帳簿価額及び権利行使に伴う払込金額の合計額との差額は「**その他資本剰余金**」として処理する。

（借） 現 金 預 金	×××	（貸） 自 己 株 式	×××
新 株 予 約 権	×××	そ の 他 資 本 剰 余 金	×××

(2) 権利不行使による失効が生じた場合

　　当該失効に対応する新株予約権部分を「**新株予約権戻入益**」として特別利益に計上する。この会計処理は，当該失効が確定した期に行う。

（借） 新 株 予 約 権	×××	（貸） 新 株 予 約 権 戻 入 益	×××

３．ストック・オプション数の算定及びその見直しによる会計処理

　　ストック・オプション数の算定及びその見直しによる会計処理は，次のように行う。

(1) 費用計上額は，付与されたストック・オプション数（付与数）から，権利不確定による失効の見積数を控除して算定する。

$$費用計上額 = 公正な評価単価 \times (ストック・オプション数 - 失効見積数)$$
$$\times \frac{対象勤務期間のうち当期末までの期間}{対象勤務期間} - 既計上額$$

(2) 付与日から権利確定日の直前までの間に，権利不確定による失効の見積数に重要な変動が生じた場合
（ストック・オプション数を変動させる条件変更による場合を除く）には，これに応じてストック・オプ
ション数を見直す。

　　これによりストック・オプション数を見直した場合には，**見直し後のストック・オプション数に基づく
ストック・オプションの公正な評価額**に基づき，その期までに費用として計上すべき額と，これまでに計
上した額との差額を見直した期の損益として計上する。

(借) 株 式 報 酬 費 用　　　　　×××(*1)	(貸) 新 株 予 約 権　　　　×××

(*1)　その期までに費用として計上すべき額 － 既計上額

(3) **権利確定日**には，**ストック・オプション数を権利の確定したストック・オプション数（権利確定数）と
一致させる。**

　　これによりストック・オプション数を修正した場合には，**修正後のストック・オプション数に基づくス
トック・オプションの公正な評価額**に基づき，権利確定日までに費用として計上すべき額と，これまでに
計上した額との差額を権利確定日の属する期の損益として計上する。

(借) 株 式 報 酬 費 用　　　　　×××(*2)	(貸) 新 株 予 約 権　　　　×××

(*2)　権利確定日までに費用として計上すべき額 － 既計上額

4．ストック・オプションに係る条件変更の会計処理

　　ストック・オプションに係る条件変更とは，付与したストック・オプションに係る条件を事後的に変更し
「ストック・オプションの公正な評価単価」「ストック・オプション数」又は「合理的な費用の計上期間」
のいずれか1つ以上を変動させることをいう。

(1) ストック・オプションの公正な評価単価を変動させる条件変更

　　ストック・オプションにつき，行使価格を変更する等の条件変更により，公正な評価単価を変動させた
場合には，次のように会計処理を行う。

　　なお，新たな条件のストック・オプションの付与と引換えに，当初付与したストック・オプションを取
り消す場合には，実質的に当初付与したストック・オプションの条件変更と同じ経済実態を有すると考え
られる限り，ストック・オプションの条件変更とみなして会計処理を行う。

　① 条件変更日における公正な評価単価が，付与日における公正な評価単価を上回る場合

　　　条件変更前から行われてきた「付与日におけるストック・オプションの公正な評価単価に基づく公正
な評価額による費用計上」を継続して行うことに加え，条件変更日におけるストック・オプションの公
正な評価単価が付与日における公正な評価単価を上回る部分に見合う**「ストック・オプションの公正な
評価額の増加額につき，以後追加的に費用計上」**する。

(借) 株 式 報 酬 費 用　　　×××	(貸) 新 株 予 約 権　　　×××(*1)

(*1)　付与分(*2)＋条件変更による価値増加分(*3)

(*2)　付与日の公正な評価額× $\dfrac{\text{付与日からの対象勤務期間のうち決算日までの期間}}{\text{付与日からの対象勤務期間}}$ －既計上額

(*3)　公正な評価額の増加額× $\dfrac{\text{条件変更後の対象勤務期間のうち決算日までの期間}}{\text{条件変更後の対象勤務期間}}$

② 条件変更日における公正な評価単価が，付与日における公正な評価単価以下となる場合

　条件変更日以後においても，条件変更前から行われてきた「ストック・オプションの付与日における公正な評価単価に基づく公正な評価額による費用計上」を継続する。

　これは，ストック・オプションの条件変更日における公正な評価単価が付与日における公正な評価単価を下回る場合についても上記①と同様の会計処理を行おうとすると，条件変更により費用を減額させることになるが，ストック・オプションの条件を従業員等にとってより価値あるものとすることにより，かえって費用を減額させるというパラドックスを回避するためである。

| (借) | 株 式 報 酬 費 用 | ××× | (貸) | 新 株 予 約 権 | ×××(*1) |

(*1)　付与日の公正な評価額 $\times \dfrac{\text{付与日からの対象勤務期間のうち決算日までの期間}}{\text{付与日からの対象勤務期間}} -$ 既計上額

8．法人税，住民税及び事業税

| (借) | 法人税，住民税及び事業税 | 120,000(*1) | (貸) | 未 払 法 人 税 等 | 120,000 |

(*1)　課税所得額300,000(*2)×税率40％＝120,000

(*2)

税引前当期純利益		195,107
(加算)　商品評価損否認額	＋	2,370(*3)
(加算)　減価償却超過額	＋	30,364(*4)
(加算)　貸倒引当金繰入超過額（貸倒懸念債権）	＋	7,886(*5)
(加算)　貸倒引当金繰入超過額（破産更生債権等）	＋	20,000(*6)
(加算)　永久差異	＋	45,273
(減算)　前期商品評価損認容額	－	1,000(*7)
課税所得額	∴	300,000

(*3)　(原価@50－正味売却価額@48)×良品1,185個＝2,370

(*4)　会計上の費用52,864－税務上の損金算入限度額(1,000,000×0.9÷40年)＝30,364

(*5)　会計上の費用8,886－税務上の損金算入限度額(100,000×1％)＝7,886

(*6)　会計上の費用40,000－税務上の損金算入限度額(50,000－10,000)×50％＝20,000

(*7)　(原価@51－正味売却価額@50)×良品1,000個＝1,000

9．その他の事項

| (借) | 前 払 費 用
(前 払 営 業 費) | 1,000 | (貸) | 営 業 費 | 1,000 |
| (借) | 未 収 収 益
(未 収 利 息) | 500 | (貸) | 受 取 利 息 配 当 金 | 500 |

10. 繰延税金資産及び繰延税金負債の相殺

| (借) 繰 延 税 金 負 債 | 200(*1) | (貸) 繰 延 税 金 資 産 | 200 |

(*1)

繰延税金資産

前T/B	13,800
商　品	548
Ｄ社社債	4
貸倒懸念債権	3,154
破産更生債権等	8,000
建　　物	12,146

} 37,652

繰延税金負債

200(*1) { | Ｇ社株式 | 200 |

Ⅲ. 決算整理後残高試算表

決算整理後残高試算表
×6年3月31日

借方	金額	貸方	金額
現 金 預 金	116,141	支 払 手 形	150,000
受 取 手 形	70,000	買 掛 金	200,000
売 掛 金	130,000	短 期 借 入 金	102,000
有 価 証 券	7,070	未 払 金	20,000
親 会 社 株 式	11,500	未 払 費 用	1,224
繰 越 商 品	56,955	未 払 法 人 税 等	120,000
前 払 費 用	1,000	前 受 収 益	1,500
未 収 収 益	1,200	貸 倒 引 当 金	2,000
建 物	1,000,000	長 期 借 入 金	450,000
車 両	23,000	建 物 減 価 償 却 累 計 額	108,864
備 品	450,000	備 品 減 価 償 却 累 計 額	112,500
土 地	800,000	貸 倒 引 当 金	48,886
ソ フ ト ウ ェ ア	36,000	資 本 金	1,200,000
投 資 有 価 証 券	68,130	資 本 準 備 金	250,000
長 期 貸 付 金	100,000	利 益 準 備 金	50,000
破 産 更 生 債 権 等	50,000	繰 越 利 益 剰 余 金	9,000
繰 延 税 金 資 産	37,452	その他有価証券評価差額金	294
仕 入	566,000	新 株 予 約 権	29,225
棚 卸 減 耗 費	500	売 上	1,240,000
商 品 低 価 評 価 損	2,545	受 取 利 息 配 当 金	6,000
営 業 費	188,199	有 価 証 券 利 息	880
株 式 報 酬 費 用	17,825	有 価 証 券 評 価 損 益	470
貸 倒 引 当 金 繰 入 額	42,000	関 係 会 社 株 式 売 却 益	1,000
建 物 減 価 償 却 費	52,864	法 人 税 等 調 整 額	23,848
車 両 減 価 償 却 費	12,000		
備 品 減 価 償 却 費	112,500		
ソフトウェア減価償却費	12,000		
支 払 利 息	31,224		
貸 倒 引 当 金 繰 入 額	8,886		
為 替 差 損 益	2,700		
法人税, 住民税及び事業税	120,000		
	4,127,691		4,127,691

Ⅳ. 損益計算書，株主資本等変動計算書及び貸借対照表

損 益 計 算 書

自×5年4月1日 至×6年3月31日

Ⅰ	売　　　　上　　　　高			1,240,000
Ⅱ	売　　上　　原　　価			
	期 首 商 品 棚 卸 高		50,000	
	当 期 商 品 仕 入 高	ア	576,000	
	合　　　　　計		626,000	
	期 末 商 品 棚 卸 高		60,000	
	差　　　引		566,000	
	棚 卸 減 耗 費	イ	500	
	商 品 低 価 評 価 損	ウ	2,545	569,045
	売　 上　 総　 利　 益			670,955
Ⅲ	販 売 費 及 び 一 般 管 理 費			
	営　　業　　費	エ	188,199	
	株 式 報 酬 費 用	オ	17,825	
	貸 倒 引 当 金 繰 入 額		42,000	
	建 物 減 価 償 却 費	カ	52,864	
	車 両 減 価 償 却 費		12,000	
	備 品 減 価 償 却 費	キ	112,500	
	ソフトウェア減価償却費		12,000	437,388
	営　 業　 利　 益			233,567
Ⅳ	営　業　外　収　益			
	受 取 利 息 配 当 金	ク	6,000	
	有 価 証 券 利 息	ケ	880	
	有 価 証 券 評 価 益	コ	470	7,350
Ⅴ	営　業　外　費　用			
	支　払　利　息	サ	31,224	
	貸 倒 引 当 金 繰 入 額	シ	8,886	
	為　替　差　損	ス	2,700	42,810
	経　　常　　利　　益			198,107
Ⅵ	特　　別　　利　　益			
	関 係 会 社 株 式 売 却 益	セ	1,000	1,000
	税 引 前 当 期 純 利 益			199,107
	法 人 税 , 住 民 税 及 び 事 業 税		120,000	
	法 人 税 等 調 整 額		23,848	ソ 96,152
	当　 期　 純　 利　 益			102,955

貸 借 対 照 表

×6年3月31日

資 産 の 部				負 債 の 部			
I 流 動 資 産				I 流 動 負 債			
現 金 及 び 預 金		タ	116,141	支 払 手 形			150,000
受 取 手 形	70,000			買 掛 金		フ	200,000
売 掛 金	130,000			短 期 借 入 金		ヘ	102,000
貸 倒 引 当 金 △	2,000	チ	198,000	未 払 金			20,000
有 価 証 券		ツ	7,070	未 払 費 用			1,224
親 会 社 株 式		テ	11,500	未 払 法 人 税 等		ホ	120,000
商 品		ト	56,955	前 受 収 益		マ	1,500
前 払 費 用			1,000	流 動 負 債 合 計			594,724
未 収 収 益			1,200	II 固 定 負 債			
流 動 資 産 合 計			391,866	長 期 借 入 金			450,000
II 固 定 資 産				固 定 負 債 合 計			450,000
有 形 固 定 資 産				負 債 合 計			1,044,724
建 物	1,000,000			純 資 産 の 部			
減価償却累計額 △	108,864	ナ	891,136	I 株 主 資 本			
車 両	50,000			資 本 金			1,200,000
減価償却累計額 △	27,000	ニ	23,000	資 本 剰 余 金			
備 品	450,000			資 本 準 備 金	250,000		
減価償却累計額 △	112,500		337,500	資 本 剰 余 金 合 計			250,000
土 地			800,000	利 益 剰 余 金			
有 形 固 定 資 産 合 計			2,051,636	利 益 準 備 金 ミ	50,000		
無 形 固 定 資 産				その他利益剰余金			
ソ フ ト ウ ェ ア		ヌ	36,000	繰越利益剰余金	111,955		
無 形 固 定 資 産 合 計			36,000	利 益 剰 余 金 合 計			161,955
投資その他の資産				株 主 資 本 合 計			1,611,955
投 資 有 価 証 券		ネ	68,130	II 評価・換算差額等			
長 期 貸 付 金	100,000			その他有価証券評価差額金		ム	294
貸 倒 引 当 金 △	8,886	ノ	91,114	評価・換算差額等合計			294
破 産 更 生 債 権 等	50,000			III 新 株 予 約 権			29,225
貸 倒 引 当 金 △	40,000	ハ	10,000	純 資 産 合 計			1,641,474
繰 延 税 金 資 産		ヒ	37,452				
投資その他の資産合計			206,696				
固 定 資 産 合 計			2,294,332				
資 産 合 計			2,686,198	負 債 純 資 産 合 計			2,686,198

TAC株式会社の当期（×10年4月1日から×11年3月31日まで）に関する下記の〔**資料**〕を参照して，以下の各問に答えなさい。

問1 〔**資料Ⅰ**〕における空欄①～④に該当する金額を答えなさい。

問2 答案用紙に示されている決算整理後残高試算表を完成させなさい。

問3 答案用紙に示されている損益計算書（売上総利益まで）を完成させなさい。

〔**資料Ⅰ**〕 決算整理前残高試算表

決算整理前残高試算表

11年3月31日 （単位：千円）

現 金 預 金	577,330	支 払 手 形	234,200
受 取 手 形	250,000	買 掛 金	220,000
売 掛 金	245,000	貸 倒 引 当 金	7,500
繰 越 A 商 品	44,220	長 期 借 入 金	100,000
C 商 品	109,440	建物減価償却累計額	90,000
D 商 品	（ ① ）	備品減価償却累計額	45,000
建 物	500,000	資 本 金	950,000
備 品	200,000	資 本 準 備 金	100,000
土 地	（ ）	利 益 準 備 金	100,000
A 商 品 仕 入	593,300	任 意 積 立 金	40,000
D 商 品 売 上 原 価	（ ② ）	繰 越 利 益 剰 余 金	90,000
営 業 費	195,400	A 商 品 売 上	930,800
支 払 利 息	7,200	B 商 品	（ ③ ）
		C 商 品 販 売 益	（ ④ ）
		D 商 品 売 上	（ ）
		受 取 利 息 配 当 金	6,900
	（ ）		（ ）

〔資料Ⅱ〕　決算整理事項等

1．A商品（三分法）

(1) 売価還元法により期末商品を評価している。

(2) A商品に係る売価データは次のとおりである。

期 首 棚 卸 高　73,700千円　　　　原 始 値 入 額　279,400千円

値　　上　　額　105,360千円　　　　値 上 取 消 額　 35,720千円

値　　下　　額　 50,360千円　　　　値 下 取 消 額　 15,120千円

期末実地棚卸高　44,000千円

2．B商品（総記法）

(1) 総仕入高は 406,240千円であり，仕入戻し13,920千円，仕入値引 7,320千円があった。

(2) 売上高は 552,400千円であった。

(3) 期首棚卸高は33,360千円，期末実地棚卸高は30,160千円であった。

(4) 当期の売上利益率は30%である。

3．C商品（分記法）

(1) 総仕入高は 695,400千円であり，仕入戻し85,280千円，仕入値引24,640千円があった。

(2) 売上高は 714,000千円であった。

(3) 期末実地棚卸高は 100,000千円であった。

(4) 当期の付加利益率は25%である。

4．D商品（売上原価対立法）

(1) 期首棚卸高は36,900千円であった。

(2) 総仕入高は 500,450千円であり，仕入戻し15,200千円があった。

(3) 売上高は 652,800千円であった。

(4) 期末実地棚卸高は30,000千円であった。

(5) 当期の売上原価率は75%である。

5．有形固定資産

減価償却を以下のとおり行う。

種　　類	償却方法	耐用年数	残存価額
建　　物	定 額 法	30年	10%
備　　品	定 額 法	8年	10%

6．貸倒引当金

売上債権期末残高に対して2%の貸倒引当金を差額補充法により設定する。

7．経過勘定

営業費 7,200千円，支払利息 1,200千円を見越計上する。

8．法人税等については無視すること。

解答 **5** 商品売買の記帳方法

【解 答】

問1

① ★ 32,550	② ★ 489,600	③ ★ 134,040	④ ★ 142,800

問2　(単位：千円)

決算整理後残高試算表
×11年3月31日

勘定科目	借方	勘定科目	貸方
現　金　預　金	(577,330)	支　払　手　形	(234,200)
受　取　手　形	(250,000)	買　　掛　　金	(220,000)
売　　掛　　金	(245,000)	未　払　営　業　費	(7,200)
繰　越　A　商　品	(★ 28,600)	未　払　利　息	(★ 1,200)
B　　商　　品	(30,160)	貸　倒　引　当　金	(9,900)
C　　商　　品	(100,000)	長　期　借　入　金	(100,000)
D　　商　　品	(★ 30,000)	建物減価償却累計額	(105,000)
建　　　　物	(500,000)	備品減価償却累計額	(★ 67,500)
備　　　　品	(200,000)	資　　本　　金	(950,000)
土　　　　地	(★ 600,000)	資　本　準　備　金	(100,000)
A　商　品　仕　入	(★ 605,020)	利　益　準　備　金	(100,000)
D　商　品　売　上　原　価	(489,600)	任　意　積　立　金	(40,000)
営　　業　　費	(★ 202,600)	繰　越　利　益　剰　余　金	(90,000)
(棚　卸　減　耗　費)	(★ 17,410)	A　商　品　売　上	(930,800)
貸倒引当金繰入額	(★ 2,400)	(B　商　品　販　売　益)	(★ 165,720)
建　物　減　価　償　却　費	(★ 15,000)	C　商　品　販　売　益	(142,800)
備　品　減　価　償　却　費	(22,500)	D　商　品　売　上	(★ 652,800)
支　払　利　息	(8,400)	受　取　利　息　配　当　金	(6,900)
	(3,924,020)		(3,924,020)

問3　(単位：千円)

損　益　計　算　書
自×10年4月1日　至×11年3月31日

Ⅰ　売　　　上　　　高			(★2,850,000)
Ⅱ　売　　上　　原　　価			
1　期　首　商　品　棚　卸　高	(★ 209,640)		
2　当　期　商　品　仕　入　高	(★2,049,030)		
合　　　計	(2,258,670)		
3　期　末　商　品　棚　卸　高	(★ 206,170)	(2,052,500)	
売　上　総　利　益		(779,500)	

【採点基準】

★5点×20箇所＝100点

【解答時間及び得点】

	日　付	解答時間	得　点	Ｍ　Ｅ　Ｍ　Ｏ
1	／	分	点	
2	／	分	点	
3	／	分	点	
4	／	分	点	
5	／	分	点	

【チェック・ポイント】

出題分野	出題論点	日　付				
		／	／	／	／	／
商品売買の記帳方法	売　　価　　還　　元　　法					
	総　　　　記　　　　法					
	分　　　　記　　　　法					
	売　上　原　価　対　立　法					

【解答への道】　（単位：千円）

Ⅰ．〔資料Ⅰ〕の空欄推定（ 問1 の解答）

①Ｄ　商　　品：　32,550 ← 後述（Ⅱ．4．参照）

　　土　　　　地：　600,000 ← 貸借差額

②Ｄ商品売上原価：　489,600 ← 後述（Ⅱ．4．参照）

③Ｂ　商　　品：　134,040 ← 後述（Ⅱ．2．参照）

④Ｃ商品販売益：　142,800 ← 後述（Ⅱ．3．参照）

　Ｄ　商　品　売　上：　652,800 ← 売上高

Ⅱ．決算整理仕訳等

1．A商品（三分法）

(借)	A 商 品 仕 入	44,220	(貸)	繰 越 A 商 品	44,220
(借)	繰 越 A 商 品	32,500(*1)	(貸)	A 商 品 仕 入	32,500
(借)	棚 卸 減 耗 費	3,900(*2)	(貸)	繰 越 A 商 品	3,900

(*1)　期末商品帳簿売価50,000(*3)×原価率65%(*4)＝32,500

(*2)　（期末商品帳簿売価50,000(*3)－期末商品実地売価44,000)×原価率65%(*4)＝3,900

(*3)　インプット売価合計980,800(*5)－売上高930,800＝50,000

(*4)　$\dfrac{\text{インプット原価合計（期首44,220＋当期仕入593,300)}}{\text{インプット売価合計980,800(*5)}}$＝原価率65%

(*5)　期首73,700＋仕入売価（前T/B A商品仕入593,300＋279,400)＋純値上額（105,360－35,720)

－純値下額（50,360－15,120)＝980,800

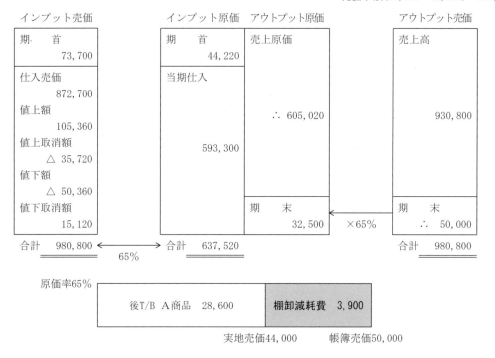

原価率65%

| | |
| 後T/B A商品　28,600 | 棚卸減耗費　3,900 |

実地売価44,000　　　帳簿売価50,000

２．Ｂ商品（総記法）

(借)	Ｂ　　商　　品	165,720	(貸)	Ｂ　商　品　販　売　益	165,720(*1)
(借)	棚　卸　減　耗　費	1,520(*2)	(貸)	Ｂ　　　　商　　　　品	1,520

(*1)　前T/B　Ｂ商品134,040(*3)＋期末帳簿棚卸高31,680(*4)＝165,720

　　　　又は，売上高552,400×利益率30%＝165,720

(*2)　期末帳簿棚卸高31,680(*4)－期末実地棚卸高30,160＝1,520

(*3)

Ｂ　商　品

期　　首　　33,360	売　上　高
当期総仕入	552,400
406,240	
前T/B ∴ 134,040 (*3)	仕入戻し　13,920
	仕入値引　7,320

(*4)

Ｂ　商　品

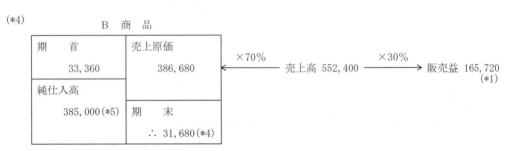

期　　首	売上原価
33,360	386,680
純仕入高	
385,000(*5)	期　　末
	∴ 31,680(*4)

×70%　←　売上高 552,400　→　×30%　販売益 165,720 (*1)

(*5)　総仕入高406,240－仕入戻し13,920－仕入値引7,320＝385,000

◎　前T/B　Ｂ商品：134,040(*3)

（参考１）総記法

1．意　義

　　　総記法とは①商品仕入時に原価（仕入原価）で「商品」勘定の借方に記入し②商品売上時に売価（売上高）で「商品」勘定の貸方に記入する方法である。

　　　総記法では，前T/B 商品勘定が①借方残高のケース，②貸方残高のケース，③貸借が一致し，残高ゼロのケースがある。

2．仕訳処理（掛取引を前提とする）

　　（1）仕入時

（借） 商　　　　　　　　品	×××(*1)	（貸） 買　　掛　　金	×××

　　（*1）原価

　　（2）売上時

（借） 売　　掛　　金	×××	（貸） 商　　　　　　　　品	×××(*2)

　　（*2）売価

　　（3）仕入値引・割戻時

（借） 買　　掛　　金	×××	（貸） 商　　　　　　　　品	×××(*3)

　　（*3）仕入値引・割戻額

　　（4）仕入戻し時

（借） 買　　掛　　金	×××	（貸） 商　　　　　　　　品	×××(*4)

　　（*4）仕入戻し額（原価）

　　（5）決算整理

　　　売上利益を「商品」勘定の借方及び「商品販売益」勘定の貸方に記入する。

（借） 商　　　　　　　　品	×××	（貸） 商　品　販　売　益	×××

　　　なお，棚卸減耗等が生じている場合には，原価で「商品」勘定の貸方に記入する。

（借） 棚　卸　減　耗　費	×××	（貸） 商　　　　　　　　品	×××

3．C商品（分記法）

（借）棚 卸 減 耗 費	9,440（*1）	（貸）C 商 品	9,440

(*1)　期末帳簿棚卸高109,440（*2）－期末実地棚卸高100,000＝9,440

(*2)　前T/B　C商品より

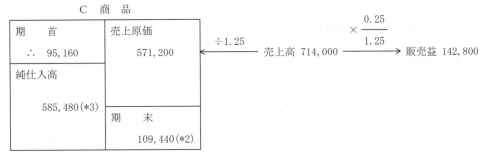

C　商　品

期　　首 ∴ 95,160	売上原価 571,200
純仕入高 585,480（*3）	期　　末 109,440（*2）

÷1.25 ← 売上高 714,000 → ×(0.25/1.25) → 販売益 142,800

(*3)　総仕入高695,400－仕入戻し85,280－仕入値引24,640＝585,480

◎　前T/B　C商品販売益：142,800

（参考2）分記法

1．意　義

分記法とは①商品仕入時に原価（仕入原価）で「商品」勘定の借方に記入し②商品売上時に原価（売上原価）で「商品」勘定の貸方に記入するとともに，売上利益（販売益）を「商品販売益」勘定の貸方に記入する方法である。

2．仕訳処理（掛取引を前提とする）

（1）仕入時

（借）商　　　　　品	×××(*1)	（貸）買　　掛　　金	×××

（*1）原価

（2）売上時

（借）売　　掛　　金	×××(*2)	（貸）商　　　　　品	×××(*3)
		商　品　販　売　益	×××(*4)

（*2）売価

（*3）原価

（*4）利益

（3）仕入値引・割戻時

（借）買　　掛　　金	×××	（貸）商　　　　　品	×××(*5)

（*5）仕入値引・割戻額

（4）仕入戻し時

（借）買　　掛　　金	×××	（貸）商　　　　　品	×××(*6)

（*6）仕入戻し額（原価）

（5）決算整理

決算整理前の「商品」勘定残高が期末商品の原価を示し，「商品販売益」勘定残高が売上利益を示すため，仕訳を行う必要はない。

仕　訳　な　し

なお，棚卸減耗等が生じている場合には，原価で「商品」勘定の貸方に記入する。

（借）棚　卸　減　耗　費	×××	（貸）商　　　　　品	×××

4．D商品（売上原価対立法）

（借）	棚 卸 減 耗 費	2,550(*1)	（貸）	D 商 品	2,550

(*1)　期末帳簿棚卸高32,550(*2)－期末実地棚卸高30,000＝2,550

(*2)

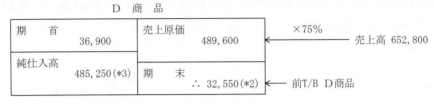

(*3)　総仕入高500,450－仕入戻し15,200＝485,250

◎　前T/B　D商品：32,550(*2)

◎　前T/B　D商品売上原価：489,600

（参考３）売上原価対立法について

1．意　義

売上原価対立法とは，(1) 商品仕入時に原価（仕入原価）で「商品」勘定の借方に記入し，(2) 商品売上時に売価（売上高）で「売上」勘定の貸方に記入するとともに，原価（売上原価）で「商品」勘定の貸方及び「売上原価」勘定の借方に記入する方法である。

2．仕訳処理

(1) 掛仕入時

（借）商　　　　　品	×××(*1)	（貸）買　掛　金	×××

(*1) 原価（仕入原価）

(2) 掛売上時

（借）売　掛　金	×××	（貸）売　　　　　上	×××(*2)
（借）売　上　原　価	×××(*3)	（貸）商　　　　　品	×××

(*2) 売価

(*3) 原価（売上原価）

(3) 仕入値引・割戻時

（借）買　掛　金	×××	（貸）商　　　　　品	×××(*4)

(*4) 仕入値引・割戻額

(4) 仕入戻し時

（借）買　掛　金	×××	（貸）商　　　　　品	×××(*5)

(*5) 仕入戻し額（原価）

(5) 決算整理

仕　訳　な　し

なお，棚卸減耗等が生じている場合には，原価で「商品」勘定の貸方に記入する。

（借）棚　卸　減　耗　費	×××	（貸）商　　　　　品	×××

5．有形固定資産

(1) 建　物

| (借) | 建物減価償却費 | 15,000(*1) | (貸) | 建物減価償却累計額 | 15,000 |

(*1)　500,000×0.9÷30年＝15,000

(2) 備　品

| (借) | 備品減価償却費 | 22,500(*1) | (貸) | 備品減価償却累計額 | 22,500 |

(*1)　200,000×0.9÷8年＝22,500

6．貸倒引当金

| (借) | 貸倒引当金繰入額 | 2,400 | (貸) | 貸倒引当金 | 2,400(*1) |

(*1)　(受取手形250,000＋売掛金245,000)×2％－前T/B 貸倒引当金7,500＝2,400

7．経過勘定

| (借) | 営業費 | 7,200 | (貸) | 未払営業費 | 7,200 |
| (借) | 支払利息 | 1,200 | (貸) | 未払利息 | 1,200 |

Ⅲ．損益計算書（売上総利益まで，棚卸減耗費は販売費及び一般管理費とする）

損　益　計　算　書

自×10年4月1日　至×11年3月31日

Ⅰ	売　上　高		2,850,000(*1)
Ⅱ	売　上　原　価		
	1　期首商品棚卸高	209,640(*2)	
	2　当期商品仕入高	2,049,030(*3)	
	合　計	2,258,670	
	3　期末商品棚卸高	206,170(*4)	2,052,500
	売　上　総　利　益		797,500

(*1)　A商品930,800＋B商品552,400＋C商品714,000＋D商品652,800＝2,850,000

(*2)　A商品 44,220＋B商品 33,360＋C商品 95,160＋D商品 36,900＝209,640

(*3)　A商品593,300＋B商品385,000＋C商品585,480＋D商品485,250＝2,049,030

(*4)　A商品 32,500＋B商品 31,680＋C商品109,440＋D商品 32,550＝206,170

問題**6** 特殊商品売買①

TAC株式会社の当期（×5年4月1日から×6年3月31日まで）に関する下記の〔資料〕を参照して，以下の各問に答えなさい。

問1 〔資料Ⅰ〕の空欄①～⑥を答えなさい。

問2 答案用紙に示した損益計算書及び貸借対照表を作成しなさい。

問3 決算整理後残高試算表における「仕入」勘定の金額を答えなさい。

〔資料Ⅰ〕 決算整理前残高試算表

決算整理前残高試算表

×6年3月31日 （単位：千円）

現 金 預 金	322,466	支 払 手 形	195,000
受 取 手 形	234,000	買 掛 金	150,000
売 掛 金	160,000	受 託 販 売	（ ）
積 送 売 掛 金	95,000	貸 倒 引 当 金	3,080
繰 越 商 品	59,500	試 用 仮 売 上	150,000
未 着 品	（ ① ）	建物減価償却累計額	160,000
試 用 品	（ ② ）	備品減価償却累計額	168,750
積 送 品	77,700	資 本 金	1,800,000
試 用 未 収 金	150,000	資 本 準 備 金	100,000
建 物	600,000	利 益 準 備 金	60,000
備 品	300,000	任 意 積 立 金	70,000
土 地	800,000	繰 越 利 益 剰 余 金	（ ③ ）
長 期 貸 付 金	110,000	一 般 売 上	1,150,000
仕 入	1,430,300	未 着 品 販 売 益	（ ④ ）
営 業 費	509,775	試 用 売 上	366,000
租 税 公 課	4,800	積 送 品 売 上	（ ⑤ ）
		受 託 販 売 受 取 手 数 料	（ ⑥ ）
		受 取 利 息 配 当 金	2,200
（ ）		（ ）	

―116―

〔資料Ⅱ〕 決算整理事項等

1．一般商品売買

(1) 前期の一般販売原価率は72％である。

(2) 期末手許商品実地棚卸高は72,000千円であり，棚卸減耗等は生じていない。

2．未着品売買

(1) 未着品売価は毎期一般売価の5％引であり，分記法により記帳している。

(2) 期中取引の要約は次のとおりである。

　　　貨物引換証期首有高： 45,000千円　　貨物引換証当期取得高： 296,000千円

　　　当期現品引取高： 168,000千円　　現品引取費用： 9,500千円

　　　貨物引換証当期転売高： 171,000千円（売価）

3．試用販売

(1) 試用売価は毎期一般売価の20％増であり，対照勘定法により記帳している。

(2) 当期中の試用未収金の増減明細　　　　　　　　　　　　　　　　（単位：千円）

	期首残高	当期試送高	買取高	返送高	期末残高
前期試送分	108,000	—	96,000	12,000	—
当期試送分	—	435,000	270,000	15,000	150,000

4．委託販売

(1) 受託者に対する指値売価は毎期一般売価の10％増であり，三分法（都度法）により記帳している。

(2) 当期積送高は 　？　 千円であり，その際に支払った発送諸掛14,700千円は積送品原価に算入している。

(3) 積送時に甲銀行で20,000千円の荷為替を取り組み，割引料 300千円が差し引かれた残額を当座預金としたが，未処理である。なお，当該取引に係る積送品は期末現在未販売である。また，保証債務については無視すること。

(4) 期首積送品は51,000千円である。

(5) 当社手取額をもって収益を計上しており，当期において受託者より送付された売上計算書の要約は次のとおりである。

　　　受託者売上金額： 440,000千円　　受託者立替諸掛： 7,800千円

　　　販売手数料：受託者売上金額の2％

5．受託販売

(1) 当期よりA社から商品販売の委託を受け，当社は営業目的として行っている。

(2) 当期においてA社に送付した売上計算書の要約は次のとおりである。

　　　受託品売上金額： 165,000千円　　当社立替諸掛： 9,200千円

　　　委託者への送金高： 145,000千円　　販売手数料：受託品売上金額の3％

6．有形固定資産

（1）×5年11月20日に備品の一部（取得原価20,000千円，期首減価償却累計額 8,750千円）を除却したが，未処理である。なお，当該備品の見積売却価額は 3,000千円である。

（2）減価償却を次のとおり行う。

種　類	償却方法	耐用年数	残存価額	償却率
建　物	定　額　法	40年	10%	—
備　品	定　率　法	8年	10%	0.25

7．期末において，収入印紙の未使用分が 200千円あった。

8．売上債権期末残高に対して2％の貸倒引当金を差額補充法により設定する。

9．税引前当期純利益に対して40％の法人税，住民税及び事業税を計上する。

【MEMO】

【解 答】

問1

①	★ 38,000	②	★ 64,800	③	★ 111,111
④	★ 36,000	⑤	★ 423,400	⑥	★ 4,950

問2 (単位:千円)

損 益 計 算 書

自×5年4月1日 至×6年3月31日

I 売 上 高		(★2,115,350)	IV 営 業 外 収 益			
II 売 上 原 価			1 受取利息配当金	2,200	2,200	
1 期首商品棚卸高	(★ 220,300)		V 営 業 外 費 用			
2 当期商品仕入高	(★1,585,000)		1 (手 形 売 却 損)	(★ 300)	(300)	
合 計	(1,805,300)		経 常 利 益		(26,950)	
3 期末商品棚卸高	(★ 281,450)	(1,523,850)	VI 特 別 損 失			
売 上 総 利 益		(591,500)	1 (備 品 除 却 損)	(★ 6,375)	(6,375)	
III 販売費及び一般管理費			税引前当期純利益		(20,575)	
1 営 業 費	509,775		法人税,住民税及び事業税		(8,230)	
2 租 税 公 課	(★ 4,600)		当 期 純 利 益		(12,345)	
3 貸倒引当金繰入額	(★ 6,700)					
4 建物減価償却費	(13,500)					
5 備品減価償却費	(★ 31,875)	(566,450)				
営 業 利 益		(25,050)				

貸 借 対 照 表

×6年3月31日

現 金 及 び 預 金		(★ 342,166)	支 払 手 形	195,000
受 取 手 形	234,000		買 掛 金	150,000
貸 倒 引 当 金	(4,680)	(229,320)	未 払 法 人 税 等	(★ 8,230)
売 掛 金	(255,000)		前 受 金	(★ 20,000)
貸 倒 引 当 金	(5,100)	(★ 249,900)	(預 り 金)	(★ 5,850)
商 品		(281,450)	資 本 金	1,800,000
(貯 蔵 品)		(★ 3,200)	資 本 準 備 金	100,000
建 物	600,000		利 益 準 備 金	60,000
減価償却累計額	(173,500)	(★ 426,500)	任 意 積 立 金	70,000
備 品	(280,000)		繰 越 利 益 剰 余 金	(★ 123,456)
減価償却累計額	(190,000)	(★ 90,000)		
土 地		800,000		
長 期 貸 付 金		110,000		
		(2,532,536)		(2,532,536)

問3

★ 1,388,850 千円

【採点基準】

★ 4 点×25箇所＝100点

【解答時間及び得点】

	日　付	解答時間	得　点	Ｍ　Ｅ　Ｍ　Ｏ
1	／	分	点	
2	／	分	点	
3	／	分	点	
4	／	分	点	
5	／	分	点	

【チェック・ポイント】

出題分野	出題論点	日　付				
		／	／	／	／	／
特殊商品売買	未 着 品 売 買 （ 分 記 法 ）					
	試 用 販 売 （ 対 照 勘 定 法 ）					
	委 託 販 売 （ 都 度 法 ）					
	受 託 販 売					
個 別 論 点	有 形 固 定 資 産 の 除 却					
	租 税 公 課					

【解答への道】（単位：千円）

Ⅰ．〔資料Ⅰ〕の空欄推定

①未　　　着　　　品： 38,000 ← 期末残高（Ⅱ．2．(1) 参照）

②試　　　用　　　品： 64,800 ← 期首試用未収金108,000×前期試用販売原価率0.6(*1)

　受　　託　　販　　売： 5,850 ← 後述（Ⅱ．5．参照）

③繰 越 利 益 剰 余 金： 111,111 ← 貸借差額

④未 着 品 販 売 益： 36,000 ← 171,000－135,000（Ⅱ．2．(1) 参照）

⑤積 送 品 売 上： 423,400 ← 受託者売上金額440,000

　　　　　　　　　　　　　　　　　　　－{受託者立替諸掛7,800＋販売手数料(440,000×2％)}

⑥受託販売受取手数料： 4,950 ← 受託品売上金額165,000×3％

(*1)　前期一般販売原価率0.72÷1.2＝0.6

Ⅱ．決算整理仕訳等

1．一般商品売買

（借）	仕	入	59,500	（貸）	繰 越 商 品	59,500
（借）	繰 越 商 品		72,000	（貸）	仕　　　入	72,000

2．未着品売買（分記法）

(1) 期中仕訳（処理済）

（借）	未 着 品	296,000	（貸）	買 掛 金	296,000
（借）	仕 入	177,500	（貸）	未 着 品	168,000
				現 金 預 金	9,500
（借）	売 掛 金	171,000	（貸）	未 着 品	135,000(*1)
				未 着 品 販 売 益	36,000

(*1)

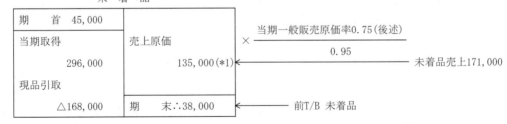

未 着 品

期　首　45,000	売上原価	× 当期一般販売原価率0.75（後述）/0.95
当期取得　296,000	135,000(*1)	← 未着品売上171,000
現品引取　△168,000	期　末 ∴ 38,000	← 前T/B 未着品

(2) 決算整理仕訳

仕　　訳　　な　　し

3．試用販売（対照勘定法）

（借）	仕	入	64,800	（貸）	試	用	品	64,800
（借）	試	用 品	93,750(*1)	（貸）	仕		入	93,750

(*1)　150,000×当期試用販売原価率0.625(*2)＝93,750

(*2)　当期一般販売原価率0.75(後述)÷1.2＝0.625

試用未収金

期　　首　　108,000	売　　上　　96,000	← 前T/B 試用売上 366,000
	返　　送　　12,000	
当期試送　　435,000	売　　上　　270,000	
	返　　送　　15,000	
	期　　末　　150,000	← 前T/B 試用未収金 150,000

4．委託販売（三分法・都度法）

（借）	現 金 預 金	19,700	（貸）	前 受 金	20,000
	手 形 売 却 損	300			
（借）	仕 入	77,700	（貸）	積 送 品	77,700
（借）	積 送 品	77,700	（貸）	仕 入	77,700

積 送 品

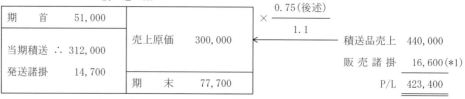

期　　首　　51,000	売上原価　　300,000	× 0.75(後述) / 1.1
当期積送 ∴ 312,000		積送品売上　　440,000
発送諸掛　　14,700		販 売 諸 掛　　16,600(*1)
	期　　末　　77,700	P/L　　423,400

(*1)　7,800＋440,000×2％＝16,600

5．受託販売（処理済・掛取引を仮定して仕訳を示す）

（借）	売 掛 金	165,000	（貸）	受 託 販 売	165,000
（借）	受 託 販 売	9,200	（貸）	現 金 預 金	9,200
（借）	受 託 販 売	145,000	（貸）	現 金 預 金	145,000
（借）	受 託 販 売	4,950	（貸）	受 託 販 売 受 取 手 数 料	4,950(*1)

(*1)　165,000×3％＝4,950

◎　前T/B 受託販売：5,850 ← 165,000－（9,200＋145,000＋4,950(*1)）

6．有形固定資産

(1) 除　却（未処理）

(借)	備品減価償却累計額	8,750	(貸)	備　　　　品		20,000
	備品減価償却費	1,875(*1)				
	貯　蔵　品	3,000				
	備品除却損	6,375				

(*1)　$(20,000-8,750)\times 0.25\times \dfrac{8\text{ヶ月}（\times 5.4\sim\times 5.11）}{12\text{ヶ月}}=1,875$

(2) 減価償却

(借)	建物減価償却費	13,500(*2)	(貸)	建物減価償却累計額	13,500
(借)	備品減価償却費	30,000(*3)	(貸)	備品減価償却累計額	30,000

(*2)　$600,000\times 0.9\div 40\text{年}=13,500$

(*3)　$\{(300,000-20,000)-(168,750-8,750)\}\times 0.25=30,000$

7．租税公課

(借)	貯　蔵　品	200	(貸)	租　税　公　課	200

8．貸倒引当金

(借)	貸倒引当金繰入額	6,700	(貸)	貸　倒　引　当　金	6,700(*1)

(*1)　(受取手形234,000＋売掛金160,000＋積送売掛金95,000)×2％－前T/B 3,080＝6,700

9．法人税，住民税及び事業税

(借)	法人税，住民税及び事業税	8,230(*1)	(貸)	未　払　法　人　税　等	8,230

(*1)　税引前当期純利益20,575×40％＝8,230

Ⅲ. 決算整理後残高試算表

決算整理後残高試算表
×6年3月31日

現 金 預 金	342,166	支 払 手 形	195,000
受 取 手 形	234,000	買 掛 金	150,000
売 掛 金	160,000	未 払 法 人 税 等	8,230
積 送 売 掛 金(*1)	95,000	前 受 金	20,000
繰 越 商 品	72,000	受 託 販 売(*2)	5,850
未 着 品	38,000	貸 倒 引 当 金	9,780
試 用 品	93,750	試 用 仮 売 上	150,000
積 送 品	77,700	建物減価償却累計額	173,500
貯 蔵 品	3,200	備品減価償却累計額	190,000
試 用 未 収 金	150,000	資 本 金	1,800,000
建 物	600,000	資 本 準 備 金	100,000
備 品	280,000	利 益 準 備 金	60,000
土 地	800,000	任 意 積 立 金	70,000
長 期 貸 付 金	110,000	繰 越 利 益 剰 余 金	111,111
仕 入	1,388,850	一 般 売 上	1,150,000
営 業 費	509,775	未 着 品 販 売 益	36,000
租 税 公 課	4,600	試 用 売 上	366,000
貸 倒 引 当 金 繰 入 額	6,700	積 送 品 売 上	423,400
建 物 減 価 償 却 費	13,500	受 託 販 売 受 取 手 数 料	4,950
備 品 減 価 償 却 費	31,875	受 取 利 息 配 当 金	2,200
手 形 売 却 損	300		
備 品 除 却 損	6,375		
法人税，住民税及び事業税	8,230		
	5,026,021		5,026,021

(*1) 積送売掛金は貸借対照表上，「売掛金」に含めて表示する。

(*2) 受託販売の貸方残高は貸借対照表上，「預り金」として表示する。

◎ 後T/B 仕入：1,388,850 ← 問3 の解答

Ⅳ. 勘定連絡図及び当期一般販売原価率の算定

　１．勘定連絡図（当期積送売上原価をＸとする）

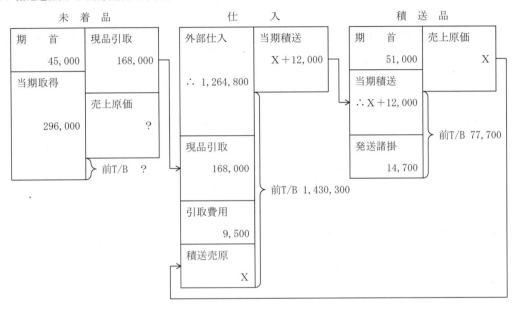

2．当期一般販売原価率の算定

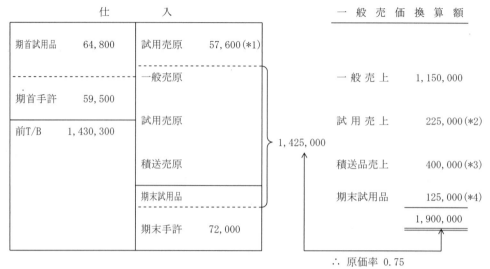

仕	入	
期首試用品 64,800	試用売原 57,600（*1）	
	一般売原	
期首手許 59,500	試用売原	
前T/B 1,430,300	積送売原	1,425,000
	期末試用品	
	期末手許 72,000	

一　般　売　価　換　算　額

一 般 売 上	1,150,000
試 用 売 上	225,000（*2）
積送品売上	400,000（*3）
期末試用品	125,000（*4）
	1,900,000

∴ 原価率 0.75

(*1)　96,000×前期試用販売原価率0.6＝57,600

(*2)　270,000÷1.2＝225,000

(*3)　受託者売上金額440,000÷1.1＝400,000

(*4)　150,000÷1.2＝125,000

V．損益計算書上の数値

売　上　高

一　般　売　上　高：	1,150,000
未　着　品　売　上　高：	171,000
試　用　売　上　高：	366,000
積　送　品　売　上　高：	423,400
受 託 販 売 受 取 手 数 料：	4,950
	2,115,350

期首商品棚卸高

手　許　商　品：	59,500
未　　着　　品：	45,000
試　　用　　品：	64,800
積　　送　　品：	51,000
	220,300

当期商品仕入高

外　部　仕　入　高：	1,264,800
貨物引換証当期取得高：	296,000
現 品 引 取 費 用：	9,500
積 送 発 送 諸 掛：	14,700
	1,585,000

期末商品棚卸高

手　許　商　品：	72,000
未　　着　　品：	38,000
試　　用　　品：	93,750
積　　送　　品：	77,700
	281,450

（参　考）損益計算書における「当期商品仕入高」の算定

以下のようにP/L 当期商品仕入高を算定することができる。

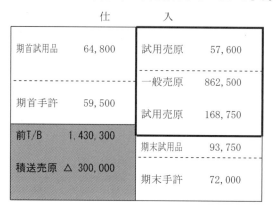

仕　　　入

期首試用品	64,800	試用売原	57,600
期首手許	59,500	一般売原	862,500
		試用売原	168,750
前T/B	1,430,300	期末試用品	93,750
積送売原	△300,000	期末手許	72,000

未　着　品

期首	45,000	売上原価	135,000
当期取得	296,000		
現品引取	△168,000	期末	38,000

積　送　品

期首	51,000	売上原価	300,000
当期積送	312,000		
発送諸掛	14,700	期末	77,700

▨ ：P/L 当期商品仕入高　　　□ ：後T/B 仕　入

（注）後T/B 仕入は三分法（対照勘定法を含む）により記帳している商品の売上原価合計となり，分記法や総記法等により記帳している商品の売上原価は後T/B 仕入には含まれない。したがって，本問における後T/B 仕入は一般販売，試用販売，委託販売に係る売上原価の合計となり，未着品販売に係る売上原価は後T/B 仕入には含まれない。

【MEMO】

特殊商品売買②

商品売買業を営むＴＡＣ株式会社の当事業年度（自×10年4月1日　至×11年3月31日）における下記の〔資料〕を参照して，以下の各問に答えなさい。

問1 答案用紙に示されている決算整理後残高試算表を完成させなさい。

問2 答案用紙に示されている損益計算書（売上総利益まで）を完成させなさい。

〔資料Ⅰ〕　決算整理前残高試算表

決算整理前残高試算表
×11年3月31日
（単位：千円）

現　金　預　金	241,900	支　払　手　形	96,400
受　取　手　形	97,000	買　　掛　　金	103,200
売　　掛　　金	134,000	貸　倒　引　当　金	4,300
繰　越　商　品	58,600	試　用　販　売	（　　　）
未　　着　　品	91,800	建物減価償却累計額	246,000
試　　用　　品	29,050	備品減価償却累計額	124,000
試　用　販　売　契　約	（　　　）	資　　本　　金	800,000
建　　　　　物	500,000	利　益　準　備　金	101,200
備　　　　　品	300,000	繰　越　利　益　剰　余　金	102,300
土　　　　　地	（　　　）	一　　般　　売　　上	1,610,000
仕　　　　　入	1,368,850	未　着　品　売　上	（　　　）
営　　業　　費	373,100	試　用　売　上	（　　　）
修　　繕　　費	108,000		
（　　　）		（　　　）	

—132—

〔資料Ⅱ〕 決算整理事項及び解答上の留意事項

1．一般商品売買等

(1) 一般販売原価率は毎期異なるが，4．(8) を除き期中は一定である。

(2) 仕入勘定の貸方に仕入値引10,200千円及び仕入割引 2,500千円が記入されている。

(3) 期末手許商品棚卸高は64,400千円である。なお，棚卸減耗等は生じていない。

2．未着品売買

(1) 三分法（期末一括法）により記帳しており，貨物引換証の一部を原価の20%増で外部に転売している。

(2) 当期における貨物引換証取得高は 192,600千円であり，現品引取高は 114,900千円である。なお，現品引取時に引取費用として 4,400千円を支払っている。

(3) 期末未着品残高は13,800千円である。

3．試用販売

(1) 試用売価は毎期一般販売売価の10%増としている。

(2) 試用販売契約勘定期首残高は45,650千円であり，そのうち41,800千円については買取の意思表示を受け，3,850千円については返送されている。

(3) 当期試送売価は 352,000千円であり，そのうち 269,500千円については買取の意思表示を受け，33,000千円については返送されている。なお，残額については期末現在，何ら意思表示を受けていない。

4．建 物

(1) 当期首において建物（取得原価 300,000千円，当期首より24年前に取得）の補修工事を行い，この工事により耐用年数が当期末より 9年に延長したが，工事代金 108,000千円についてすべて収益的支出として処理していたことが判明したので，決算において修正する。

(2) 建物は定額法（残存価額10%，耐用年数30年）により減価償却を行う。なお，資本的支出部分についても残存価額10%を認めるものとする。

5．備品は定率法（残存価額10%，耐用年数8年）により減価償却を行う。なお，0.1の8乗根は0.75である。

6．売上債権期末残高に対して2%の貸倒引当金を差額補充法により設定する。

7．営業費10,570千円の見越計上を行う。

8．税引前当期純利益に対して50%の法人税等を計上する。

【解 答】

問1

決算整理後残高試算表

×11年3月31日　　　　　　　　　　　　　　　（単位：千円）

現 金 預 金	(241,900)	支 払 手 形	(96,400)
受 取 手 形	(97,000)	買 掛 金	(103,200)
売 掛 金	(134,000)	未 払 営 業 費	(10,570)
繰 越 商 品	(64,400)	未 払 法 人 税 等	(★ 34,561)
未 着 品	(★ 13,800)	貸 倒 引 当 金	(4,620)
試 用 品	(★ 32,400)	試 用 販 売	(★ 49,500)
試 用 販 売 契 約	(★ 49,500)	建物減価償却累計額	(261,288)
建 物	(★ 543,200)	備品減価償却累計額	(★ 168,000)
備 品	(300,000)	資 本 金	(800,000)
土 地	(★ 290,000)	利 益 準 備 金	(101,200)
仕 入	(★1,440,200)	繰 越 利 益 剰 余 金	(102,300)
営 業 費	(★ 383,670)	一 般 売 上	(1,610,000)
貸 倒 引 当 金 繰 入 額	(★ 320)	未 着 品 売 上	(★ 93,600)
修 繕 費	(64,800)	試 用 売 上	(★ 311,300)
建 物 減 価 償 却 費	(★ 15,288)	(仕 入 割 引)	(★ 2,500)
備 品 減 価 償 却 費	(44,000)		
法 人 税 等	(34,561)		
	(3,749,039)		(3,749,039)

問2 （単位：千円）

損 益 計 算 書

自×10年4月1日　至×11年3月31日

Ⅰ　売　　　上　　　高　　　　　　　　　　　　（★　2,014,900 ）

Ⅱ　売　　上　　原　　価

　1　期 首 商 品 棚 卸 高　　（★　　101,750 ）

　2　当 期 商 品 仕 入 高　　（★　1,449,050 ）

　　　　　合　　　計　　　　（　　1,550,800 ）

　3　期 末 商 品 棚 卸 高　　（★　　110,600 ）　（　　1,440,200 ）

　　　売　上　総　利　益　　　　　　　　　　（★　　574,700 ）

【解答時間及び得点】

	日　付	解答時間	得　点	Ｍ　Ｅ　Ｍ　Ｏ
1	／	分	点	
2	／	分	点	
3	／	分	点	
4	／	分	点	
5	／	分	点	

【チェック・ポイント】

出題分野	出題論点	日　付				
		／	／	／	／	／
特殊商品売買	未着品売買（期末一括法）					
	試用販売（対照勘定法）					
個　別　論　点	資本的支出・収益的支出					

【解答への道】（単位：千円）

Ⅰ．〔資料Ⅰ〕の空欄推定

　　試 用 販 売 契 約： 49,500 ← 当期試送高352,000－（買取高269,500＋返送高33,000）

　　土　　　　　　地： 290,000 ← 貸借差額

　　試　用　販　売： 49,500 ← 試用販売契約より

　　未　着　品　売　上： 93,600 ← 後述（Ⅱ．2．参照）

　　試　用　売　上： 311,300 ← 前期試送・当期買取高41,800＋当期試送・当期買取高269,500

Ⅱ．決算整理仕訳等

　1．一般商品売買等

（借）	仕		入	2,500(*1)	（貸）	仕	入	割	引	2,500
（借）	仕		入	58,600	（貸）	繰	越	商	品	58,600
（借）	繰	越	商 品	64,400	（貸）	仕			入	64,400

　（*1）　期中に誤って，仕入勘定の減額処理を行っているので，決算において上記修正仕訳を行う。なお，仕
　　　　　入割引はP/L上，営業外収益に計上される。

　2．未着品売買（期末一括法）

（借）	仕		入	91,800	（貸）	未	着	品	91,800
（借）	未	着	品	13,800	（貸）	仕		入	13,800

未　着　品

期　首 ∴ 14,100(*1)	売上原価 ∴ 78,000(*2)	×1.2 → 前T/B 未着品売上93,600(*3)
当期取得 192,600		
現品引取 △ 114,900	期　末 13,800	

前T/B　91,800

　（*1）　前T/B 未着品91,800－（当期取得高192,600－現品引取高114,900）＝14,100

　（*2）　前T/B 未着品91,800－期末残高13,800＝78,000

　（*3）　78,000(*2)×1.2＝93,600

3．試用販売（対照勘定法）

（借）	仕	入	29,050	（貸）	試	用	品	29,050
（借）	試	用 品	32,400（*1）	（貸）	仕		入	32,400

（*1）　試用販売契約期末残高49,500×$\dfrac{当期一般販売原価率0.72（後述）}{1.1}$＝32,400

試 用 販 売 契 約

期　　首　　45,650	買　　取　　41,800	←
	返　　送　　3,850	← 前T/B 試 用 売 上 311,300
当期試送　352,000	買　　取　　269,500	←
	返　　送　　33,000	
	期　　末 ∴ 49,500	← 前T/B 試用販売契約　49,500

4．建　物

（借）	建	物	43,200（*1）	（貸）	修	繕	費	43,200
（借）	建 物 減 価 償 却 費		15,288（*2）	（貸）	建 物 減 価 償 却 累 計 額			15,288

（*1）　108,000×$\dfrac{延長耐用年数\{10年（*3）-（30年-24年）\}}{10年（*3）}$＝43,200

（*2）　修繕を行った建物9,288（*4）＋修繕を行っていない建物6,000（*5）＝15,288

（*3）　9年＋当期1年＝10年

（注）　修繕により，耐用年数が当期末より9年に延長したため，当期首からは10年使用できる。

（*4）　要償却額（54,000（*6）＋38,880（*7））÷10年（*3）＝9,288

（*5）　（前T/B 建物500,000-300,000）×0.9÷30年＝6,000

（*6）　300,000×0.9-減価償却累計額216,000（*8）＝54,000

（*7）　43,200（*1）×0.9＝38,880

（*8）　300,000×0.9÷30年×24年＝216,000

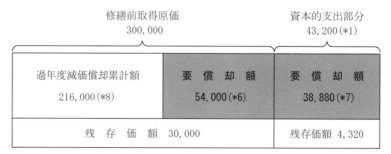

5．備　品

（借）	備 品 減 価 償 却 費		44,000（*1）	（貸）	備 品 減 価 償 却 累 計 額			44,000

（*1）　（300,000-124,000）×年償却率（1-0.75）＝44,000

6. 貸倒引当金

(借)	貸 倒 引 当 金 繰 入 額	320(*1)	(貸)	貸 倒 引 当 金	320

(*1) (前T/B 受取手形97,000＋前T/B 売掛金134,000)×2％－前T/B 貸倒引当金4,300＝320

7. 費用の見越

(借)	営 業 費	10,570	(貸)	未 払 営 業 費	10,570

8. 法人税等

(借)	法 人 税 等	34,561(*1)	(貸)	未 払 法 人 税 等	34,561

(*1) (収益合計2,017,400－費用合計1,948,278)×50％＝34,561

Ⅲ．原価率の算定

1．勘定連絡

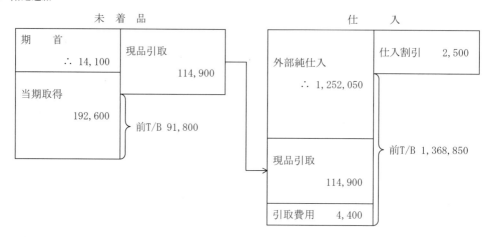

2．原価率算定

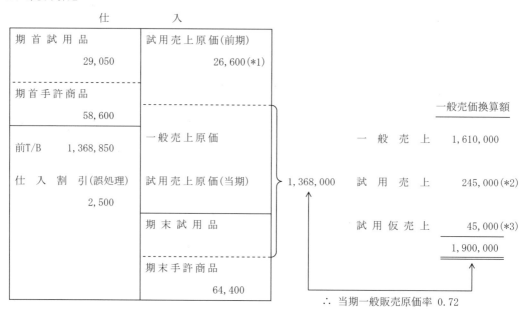

(*1) 前期試送・当期買取高41,800× $\dfrac{\text{前期一般販売原価率0.7}}{1.1}$ ＝26,600

(*2) 当期試送・当期買取高269,500÷1.1＝245,000

(*3) 当期試送・当期末残高49,500÷1.1＝45,000

Ⅳ. 問2 損益計算書上の数値

1. 売 上 高

一 般 売 上 高	1,610,000
未 着 品 売 上 高	93,600
試 用 売 上 高	311,300
	2,014,900

2. 期首商品棚卸高

手 許 商 品	58,600
未 着 品	14,100
試 用 品	29,050
	101,750

3. 当期商品仕入高

外 部 純 仕 入	1,252,050
貨物引換証取得高	192,600
現 品 引 取 費 用	4,400
	1,449,050(*1)

4. 期末商品棚卸高

手 許 商 品	64,400
未 着 品	13,800
試 用 品	32,400
	110,600

(*1) 前T/B 仕入1,368,850＋仕入割引2,500＋貨物引換証取得高192,600－現品引取高114,900＝1,449,050

問題8 減損会計・ストックオプション

TAC株式会社に関する下記の〔資料〕を参照して，以下の各問に答えなさい。なお，当期は×18年3月31日を決算日とする1年間である。

問1 〔資料Ⅰ〕における①及び②の金額を答案用紙の所定の欄に記入しなさい。

問2 〔資料Ⅱ〕4．減損会計における乙資産グループの割引前将来キャッシュ・フローの金額を答案用紙の所定の欄に記入しなさい。

問3 〔資料Ⅳ〕に示した損益計算書，株主資本等変動計算書及び貸借対照表を完成し，**ア～ニ**の金額を答案用紙の所定の欄に記入しなさい。

〔資料Ⅰ〕 決算整理前残高試算表

決算整理前残高試算表
×18年3月31日 (単位：千円)

借方	金額	貸方	金額
現 金 預 金	845,914	支 払 手 形	274,000
受 取 手 形	245,000	買 掛 金	733,600
売 掛 金	655,000	貸 倒 引 当 金	7,350
有 価 証 券	618,780	社 債	（①　　　）
繰 越 商 品	267,000	長 期 借 入 金	300,000
短 期 貸 付 金	150,000	建物減価償却累計額	381,000
建 物	1,500,000	備品減価償却累計額	210,150
備 品	800,000	資 本 金	2,200,000
土 地	1,620,000	資 本 準 備 金	250,000
長 期 貸 付 金	50,000	利 益 準 備 金	140,000
仕 入	4,300,000	任 意 積 立 金	150,000
営 業 費	（　　　　）	繰 越 利 益 剰 余 金	342,995
支 払 利 息	9,000	売 上	6,500,000
社 債 利 息	5,750	受 取 利 息 配 当 金	12,900
		有 価 証 券 利 息	（②　　　）
		有 価 証 券 運 用 損 益	13,200
		為 替 差 損 益	12,200
	（　　　　）		（　　　　）

(注1) 貸倒引当金の内訳は以下のとおりである。

受取手形及び売掛金に係るもの： 6,300千円

短期貸付金に係るもの： 1,050千円

〔資料Ⅱ〕　決算整理事項等

1．棚卸資産

期末商品棚卸高は 317,000千円であり，棚卸減耗等は生じていない。

2．有価証券

有価証券は保有目的を問わず有価証券勘定で一括処理されており，その内訳は次のとおりである。

銘　柄	取　得　日	取得価格	数　　量	前期末の時価	当期末の時価
ＹＹ社株式	×18年2月2日	@25千円	1,500株	―	@ 24千円
ＭＭ社株式	×18年1月23日	@1.3千円	24,000株	―	@1.5千円
ＩＩ社社債	×16年4月1日	@95千ドル	16口	@97.5千ドル	@ 98千ドル
ＤＭ社株式	×10年7月15日	@8千ドル	400株	@7千ドル	@3.5千ドル
ＳＳ社株式	×17年9月1日	@48千円	1,000株	―	@ 46千円
ＮＮ社株式	×18年2月1日	@33千円	800株	―	―

(1) その他有価証券は部分純資産直入法で会計処理し，税務上は取得原価又は償却原価で評価されるため税効果会計を適用する。

(2) 当社は経営資源の集中を図るため，有価証券のトレーディング部門を廃止することにした。これに伴い，×18年3月1日にＹＹ社株式 1,500株の保有目的を，売買目的有価証券からその他有価証券に変更したが未処理である。なお，×18年3月1日におけるＹＹ社株式の時価は@23.6千円であった。

また，当該保有目的区分の変更に伴い発生する損益は有価証券運用損益で処理すること。

(3) ＭＭ社株式は，売買目的有価証券として保有していたものである。なお，上記トレーディング部門の廃止に伴い，すべての株式を@ 1.6千円で売却したが未処理である。

(4) ＩＩ社社債（券面利子率： 2.5%，償還日：×20年3月31日，利払日：3月末）は，@ 100千ドルにつき@95千ドル（取得時の直物為替相場： 100円／ドル）で取得したものであり，その他有価証券として保有している。なお，取得原価と額面金額との差額はすべて金利の調整と認められ，定額法による償却原価法で処理している。また，〔資料Ⅰ〕の有価証券利息は全額当該社債に係るものである。

(5) ＤＭ社株式は関連会社株式として保有している。なお，時価の回復可能性は不明である。また，取得時の直物為替相場は 100.5円／ドルであった。

(6) ＳＳ社株式はその他有価証券として保有しており，配当落ち日は毎年3月28日である。当期の配当落ち日における予想配当金は 140千円（利益剰余金によるもの）であるが未処理である。

(7) ＮＮ社株式はその他有価証券として保有しており，配当落ち日は毎年3月25日である。当期の配当落ち日における予想配当金は70千円（利益剰余金によるもの）であるが未処理である。なお，ＮＮ社株式は時価を把握することが極めて困難な株式である。

３．有形固定資産の減価償却

	取得原価	償却法	耐用年数	残存価額
建　物	1,500,000千円	定額法	50年	10%
備　品	800,000千円	定額法	15年	10%

４．減損会計

(1) 当期末において減損の兆候を検討したところ，ＡＡＡ事業部における甲資産グループ，乙資産グループ及び共用資産に減損の兆候が指摘された。なお，以下の表における各資産グループは，キャッシュ・フローを生み出す最小単位であると判断される。

(2) 各資産グループ及び共用資産の当期末における状況は以下のとおりである。　　　（単位：千円）

		甲資産グループ	乙資産グループ	丙資産グループ	共　用　資　産	ＡＡＡ事業部全体
帳　簿　価　額　合　計		565,000	222,000	373,500	252,000	1,412,500
（内訳）	建　　物	192,000	81,000	144,000	72,000	489,000
	備　　品	93,000	35,000	77,500	—	205,500
	土　　地	280,000	106,000	152,000	180,000	718,000
割引前将来キャッシュ・フロー		570,000	?			1,398,540
正　味　売　却　価　額		480,000	172,050		189,000	1,150,000
使　　用　　価　　値		493,560	162,156			1,262,010

(注) 表中の帳簿価額は当期の減価償却計算を考慮した後の金額である。

(3) 乙資産グループは，主要な資産である建物（帳簿価額：81,000千円，経済的残存使用年数：25年）と主要な資産以外の構成資産である備品Ｘ（帳簿価額：35,000千円，経済的残存使用年数：10年）及び土地（帳簿価額：106,000千円）から構成されている。当期末における割引前将来キャッシュ・フローの計算に必要なデータ（単位：千円）は以下のとおりである。なお，割引率は５％とする。

年数等	1～10 合計	10年経過後 備品Ｘ 売却	10年経過後 備品Ｘ' 取得	11～20 合計	21	22	23	24	25	25年経過後の売却価額 建物	25年経過後の売却価額 備品Ｘ'	25年経過後の売却価額 土地
キャッシュ・フロー	91,185	300	△40,000	64,200	900	900	900	900	900	35,000	400	80,000

(注) 備品Ｘは10年経過時点において売却し，その正味売却価額は 300千円である。また，10年経過後に備品Ｘ'への更新を行う。当該更新に係る投資額は40,000千円であり，25年経過時点での備品Ｘ'の正味売却価額は 400千円である。

(4) 減損損失の配分はすべて帳簿価額を基準として比例配分する。なお，回収可能価額が判明しているものについては，減損損失配分後の各資産グループ及び共用資産の帳簿価額が回収可能価額を下回らないようにすること。また，減損損失は税務上損金に算入されないため，税効果会計を適用する。

5．外貨建社債

　　×16年10月1日（直物為替相場 102円／ドル）に以下の条件で普通社債を発行した。なお，社債については償却原価法（定額法）を適用する。

　　　額面総額：10,000千ドル　　　利払日：9月末　　　償還日：×21年9月30日

　　　払込金額：9,950千ドル　　　年利率：1％

6．債権の貸倒引当金

　(1)　〔資料Ⅰ〕の長期貸付金は，当期にＹＮ社に対して貸し付けたものである。ＹＮ社は未だ経営破綻の状態には至っていないが，債務の弁済に重大な問題が生じる可能性が高い。ＹＮ社の財務状況を考慮すると債権金額から担保の処分見込額を控除した残額の50％が貸倒れになると予想される。なお，担保の処分見込額は19,000千円である。また，税務上の貸倒引当金繰入限度額は 500千円であるため，税効果会計を適用する。

　(2)　受取手形，売掛金及び短期貸付金は一般債権と認められる。一般債権については期末残高の2％を貸倒引当金として設定する（差額補充法）。

7．ストック・オプション

　(1)　×15年6月開催の株主総会において，幹部従業員50名に対して以下の条件の新株予約権を付与することを決議し，同年7月1日に付与した。

　　①　新株予約権の数：100個／名

　　②　新株予約権の行使により与えられる株式数：5,000株（1個につき1株）

　　③　新株予約権の行使時の払込金額：30,000円／株

　　④　権利確定のためには以下の条件をともに達成する必要がある。いったん権利確定した場合，権利行使期間末日（×20年3月31日）まで，無条件に行使可能である。

　　　　ⅰ　勤務条件：×15年7月1日から×18年6月30日まで在籍すること

　　　　ⅱ　権利行使する会計期間の直前会計期間の利益が×15年3月期の利益に比して 115％以上である場合のみ新株予約権の権利行使が各会計年度の7月1日以降に認められる。

　　⑤　×16年3月末時点において，業績条件の達成見込みは×18年3月期であった。

　　⑥　付与日におけるストック・オプションの公正な評価単価は 3,000円／個であった。

　　⑦　各会計期間における従業員の退職による失効見込みはゼロである。

　(2)　×17年3月期において，業績条件の達成見込みはないと見込まれ，インセンティブ効果が完全に失われたと考えられたため，新株予約権をすべて戻し入れている。そこで，×17年6月の株主総会において，業績条件を×15年3月期比 115％以上から 105％以上に変更した。なお，当該決議の効力発生日は×17年7月1日である。当該変更により，業績条件の達成見込みは×18年3月期となった。従業員の退職による失効見込みに変更はなく，実際退職者もゼロである。

8．法人税等

　　法人税，住民税及び事業税として 165,110千円を計上する。

〔資料Ⅲ〕 その他の留意事項

1. 当期の直物為替相場の変動は，以下のとおりであった。

	×17年3月31日	×17年9月30日	×18年3月31日
直物為替相場	105円／ドル	110円／ドル	115円／ドル

2. 前期及び当期の期中平均相場は以下のとおりであった。

	前　　期	当　　期
期中平均相場	104円／ドル	112円／ドル

3. 税効果会計は指示がある場合のみ適用し，その際の法定実効税率は毎期40％とする。

4. 特に指示のないものについては，当座による取引が行われている。

5. 計算過程で生じた千円未満の端数は最終数値の百円の位を四捨五入すること。

〔資料Ⅳ〕　損益計算書，株主資本等変動計算書及び貸借対照表（単位：千円）

損 益 計 算 書
自×17年 4 月 1 日　至×18年 3 月31日

Ⅰ　売　　　　　上　　　　　高　　　　　　　　　　（　　　　　　　　）

Ⅱ　売　　　上　　　原　　　価

　　1　期 首 商 品 棚 卸 高　　　（　　　　　　　　）

　　2　当 期 商 品 仕 入 高　　　（　　　　　　　　）

　　　　　　　合　　　　計　　　（　　　　　　　　）

　　3　期 末 商 品 棚 卸 高　　　（　　　　　　　　）　（　　　　　　　　）

　　　　売　上　総　利　益　　　　　　　　　　　　　（ア　　　　　　　）

Ⅲ　販 売 費 及 び 一 般 管 理 費

　　1　営　　　　業　　　　費　　（　　　　　　　　）

　　2　株 式 報 酬 費 用　　　　（　　　　　　　　）

　　3　貸 倒 引 当 金 繰 入 額　　（　　　　　　　　）

　　4　建 物 減 価 償 却 費　　　（　　　　　　　　）

　　5　備 品 減 価 償 却 費　　　（イ　　　　　　　）　（　　　　　　　　）

　　　　　営　　業　　利　　益　　　　　　　　　　　（　　　　　　　　）

Ⅳ　営　　業　　外　　収　　益

　　1　受 取 利 息 配 当 金　　　（ウ　　　　　　　）

　　2　有 価 証 券 利 息　　　　（エ　　　　　　　）

　　3　有 価 証 券 運 用 益　　　（オ　　　　　　　）　（　　　　　　　　）

Ⅴ　営　　業　　外　　費　　用

　　1　支　　払　　利　　息　　　　　　　　9,000

　　2　社　　債　　利　　息　　　（カ　　　　　　　）

　　3　貸 倒 引 当 金 繰 入 額　　（キ　　　　　　　）

　　4　投 資 有 価 証 券 評 価 損　（ク　　　　　　　）

　　5　為　　替　　差　　損　　　（ケ　　　　　　　）　（　　　　　　　　）

　　　　　経　　常　　利　　益　　　　　　　　　　　（　　　　　　　　）

Ⅵ　特　　別　　損　　失

　　1　減　　損　　損　　失　　　（コ　　　　　　　）

　　2　（　　　　　　　　　　）　（サ　　　　　　　）　（　　　　　　　　）

　　　　税 引 前 当 期 純 利 益　　　　　　　　　　　（　　　　　　　　）

　　　　法 人 税，住 民 税 及 び 事 業 税　（　　　　　　　）

　　　　法 人 税 等 調 整 額　　　（　　　　　　　　）　（シ　　　　　　　）

　　　　当　期　純　利　益　　　　　　　　　　　　　（　　　　　　　　）

株主資本等変動計算書

自×17年4月1日　至×18年3月31日

	株　主　資　本				
		資本剰余金	利　益　剰　余　金		
	資　本　金	資　本準　備　金	利　益準　備　金	その他利益剰余金	
				任　意積　立　金	繰越利益剰　余　金
×17年4月1日残高	2,200,000	250,000	140,000	150,000	342,995
当期変動額					
当　期　純　利　益					（　　　　）
株主資本以外の項目　の当期変動額（純額）					
当期変動額合計	―	―	―	―	（　　　　）
×18年3月31日残高	2,200,000	250,000	140,000	150,000	（　　　　）

	株主資本	評価・換算差額等		
	株主資本合　　計	その他有価証券評　価差額金	新　　株予　約　権	純資産合　　計
×17年4月1日残高	3,082,995	（　　　　）	（　　　　）	（　　　　）
当期変動額				
当　期　純　利　益	（　　　　）			（　　　　）
株主資本以外の項目　の当期変動額（純額）		（　　　　）	（　　　　）	（　　　　）
当期変動額合計	（　　　　）	（**ス**　　　）	（**セ**　　）	（　　　　）
×18年3月31日残高	（　　　　）	（　　　　）	（　　　　）	（　　　　）

貸 借 対 照 表

×18年3月31日

資 産 の 部		負 債 の 部	
I 流 動 資 産		I 流 動 負 債	
現 金 及 び 預 金　　　　（ソ　　　）		支 払 手 形　　　　274,000	
受 取 手 形　　245,000		買 掛 金　　　　733,600	
売 掛 金　　655,000		未 払 費 用　　　　（ナ　　　）	
貸 倒 引 当 金（＿＿＿）（タ　　　）		未 払 法 人 税 等　　　　（　　　）	
商 品　　　　（　　　）		流 動 負 債 合 計　　　　（　　　）	
短 期 貸 付 金　　150,000		II 固 定 負 債	
貸 倒 引 当 金（＿＿＿）（　　　）		社 債　　　　（ニ　　　）	
未 収 配 当 金　　　　（　　　）		長 期 借 入 金　　　　300,000	
流 動 資 産 合 計　　　　（　　　）		固 定 負 債 合 計　　　　（　　　）	
II 固 定 資 産		負 債 合 計　　　　（　　　）	
1 有形固定資産		純 資 産 の 部	
建 物　（　　　）		I 株 主 資 本	
減価償却累計額（＿＿＿）（チ　　　）		1 資 本 金　　　　2,200,000	
備 品　（ツ　　　）		2 資 本 剰 余 金	
減価償却累計額（　　　）（　　　）		資 本 準 備 金　　250,000	
土 地　　　　（　　　）		資 本 剰 余 金 合 計　　250,000	
有形固定資産合計　　　　（　　　）		3 利 益 剰 余 金	
2 投資その他の資産		利 益 準 備 金　　140,000	
投 資 有 価 証 券　　　（テ　　　）		その他利益剰余金	
関 係 会 社 株 式　　　（　　　）		任 意 積 立 金　　150,000	
長 期 貸 付 金　　50,000		繰越利益剰余金（　　　）	
貸 倒 引 当 金（＿＿＿）（　　　）		利 益 剰 余 金 合 計　　　　（　　　）	
繰 延 税 金 資 産　　　（ト　　　）		株 主 資 本 合 計　　　　（　　　）	
投資その他の資産合計　　（　　　）		II 評価・換算差額等	
固 定 資 産 合 計　　　（　　　）		その他有価証券評価差額金　（　　　）	
		評価・換算差額等合計　　（　　　）	
		III 新 株 予 約 権　　　　（　　　）	
		純 資 産 合 計　　　　（　　　）	
資 産 合 計　　　　（　　　）		負 債 純 資 産 合 計　　（　　　）	

【解 答】

問1

①	1,045,275	②	4,600

問2

210,000 千円

問3

ア	2,250,000	イ	48,000	ウ	13,040	エ	6,840
オ	18,300	カ	12,620	キ	17,450	ク	2,000
ケ	87,380	コ	150,490	サ	160,600	シ	98,114
ス	8,928	セ	11,250	ソ	884,314	タ	882,000
チ	1,042,335	ツ	785,305	テ	288,720	ト	57,156
ナ	5,750	ニ	1,145,975				

【採点基準】

　4点×25箇所＝100点

【解答時間及び得点】

	日　付	解答時間	得　点	Ｍ　Ｅ　Ｍ　Ｏ
1	／	分	点	
2	／	分	点	
3	／	分	点	
4	／	分	点	
5	／	分	点	

【チェック・ポイント】

出題分野	出題論点	日　付				
		／	／	／	／	／
個　別　論　点	有　　価　　証　　券					
	有価証券の保有目的区分の変更					
	減　　損　　会　　計					
	社　　　　　　　　債					
	財　務　内　容　評　価　法					
	ス　ト　ッ　ク　・　オ　プ　シ　ョ　ン					
	税　　効　　果　　会　　計					

【解答への道】　（単位：千円）

Ⅰ．〔資料Ⅰ〕の空欄推定（ 問1 の解答）

　　営　業　費：1,510,826 ← 貸借差額

　①社　　　　債：1,045,275 ← 後述（Ⅱ．5．参照）

　②有価証券利息：　　4,600 ← ⅠⅠ社社債＠100千ドル×16口×2.5％×115円／ドル

Ⅱ．決算整理仕訳等

1．棚卸資産

（借）	仕 入	267,000	（貸）	繰 越 商 品	267,000
（借）	繰 越 商 品	317,000	（貸）	仕 入	317,000

2．有価証券

(1) ＹＹ社株式（売買目的有価証券からその他有価証券への変更）

① 売買目的有価証券からその他有価証券への振替（未処理）

（借）	投 資 有 価 証 券	35,400(*1)	（貸）	有 価 証 券	37,500(*2)
	有 価 証 券 運 用 損 益	2,100			

(*1) 保有目的変更時の時価@23.6×1,500株＝35,400

(*2) 取得価格@25×1,500株＝37,500

② 決算整理

（借）	投 資 有 価 証 券	600(*1)	（貸）	繰 延 税 金 負 債	240(*2)
				その他有価証券評価差額金	360(*3)

(*1) （当期末時価@24－保有目的変更時の時価@23.6）×1,500株＝600

(*2) 600(*1)×実効税率40%＝240

(*3) 600(*1)×（1－実効税率40%）＝360

（参考1） 有価証券の保有目的区分の変更

変 更 前	変 更 後		振 替 価 額		振替時の評価差額
売買目的有価証券	子会社株式及び関連会社株式		振 替 時 の 時 価		損益としてP/L 計上
	その他有価証券				
満期保有目的の債券	売買目的有価証券		振替時の償却原価		―
	その他有価証券				
子会社株式及び関連会社株式	売買目的有価証券		帳 簿 価 額		―
	その他有価証券				
その他有価証券	売買目的有価証券		振 替 時 の 時 価		損益としてP/L 計上
	子会社株式及び関連会社株式	全部	帳 簿 価 額		
		部分	評価益	帳 簿 価 額	―
			評価損	前 期 末 時 価	

(2) MM社株式（売買目的有価証券，未処理）

（借）	現 金 預 金	38,400(*1)	（貸）	有 価 証 券	31,200(*2)
				有 価 証 券 運 用 損 益	7,200

(*1) 売却価格@1.6×24,000株＝38,400

(*2) 取得価格@1.3×24,000株＝31,200

(3) II社社債（その他有価証券）

（借）	投 資 有 価 証 券	154,080(*1)	（貸）	有 価 証 券	154,080
（借）	投 資 有 価 証 券	2,240(*2)	（貸）	有 価 証 券 利 息	2,240
（借）	投 資 有 価 証 券	24,000(*3)	（貸）	繰 延 税 金 負 債	9,600(*4)
				その他有価証券評価差額金	14,400(*5)

(*1) 1,520千ドル(*6)×100円／ドル＋前期償却額2,080(*7)＝154,080

(*2) 当期償却額20千ドル(*8)×当期AR112円／ドル＝2,240

(*3) 1,568千ドル(*9)×当期CR115円／ドル－（154,080(*1)＋当期償却額2,240(*2)）＝24,000

(*4) 24,000(*3)×実効税率40％＝9,600

(*5) 24,000(*3)×（1－実効税率40％）＝14,400

(*6) 取得価格@95千ドル×16口＝1,520千ドル

(*7) 前期償却額20千ドル(*10)×前期AR104円／ドル＝2,080

(*8) （@100千ドル－取得価格@95千ドル）×16口×$\dfrac{12 \text{ヶ月 (X17.4〜X18.3)}}{48 \text{ヶ月 (X16.4〜X20.3)}}$＝20千ドル

(*9) 当期末時価@98千ドル×16口＝1,568千ドル

(*10) （@100千ドル－取得価格@95千ドル）×16口×$\dfrac{12 \text{ヶ月 (X16.4〜X17.3)}}{48 \text{ヶ月 (X16.4〜X20.3)}}$＝20千ドル

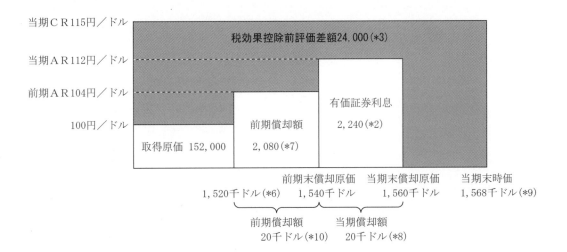

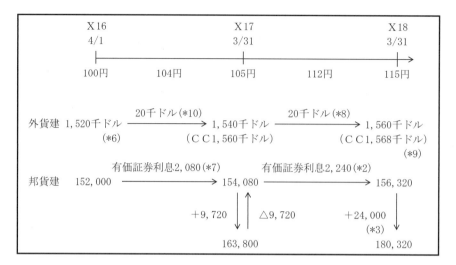

◎ 株主資本等変動計算書上のその他有価証券評価差額金

 ×17年4月1日残高： 5,832(*11)

 当 期 変 動 額 (純 額) ：∴ 8,928

 ×18年3月31日残高： 14,760(*12)

(*11) {1,560千ドル(*13)×前期CR105円／ドル－(152,000＋2,080(*7))}×(1－実効税率40％)＝5,832

(*12) YY社株式360＋II社社債14,400(*5)＝14,760

(*13) 前期末時価@97.5千ドル×16口＝1,560千ドル

(4) DM社株式（関連会社株式）

(借)	関 係 会 社 株 式	321,600(*1)	(貸)	有 価 証 券	321,600
(借)	関 係 会 社 株 式 評 価 損	160,600(*2)	(貸)	関 係 会 社 株 式	160,600

(*1) 3,200千ドル(*3)×100.5円／ドル＝321,600

(*2) 取得原価3,200千ドル(*3)×50％＝1,600千ドル ＞ 当期末時価1,400千ドル(*4) → 減損処理を行う

∴ 321,600(*1)－当期末時価161,000(*5)＝160,600

(注) 時価の著しい下落の判断は外貨ベースで行う。

(*3) 取得価格＠8千ドル×400株＝3,200千ドル

(*4) 当期末時価＠3.5千ドル×400株＝1,400千ドル

(*5) 1,400千ドル(*4)×当期CR115円／ドル＝161,000

(5) SS社株式（その他有価証券）

① 配当落ち日（未処理）

(借)	未 収 配 当 金	140	(貸)	受 取 利 息 配 当 金	140

(注) 市場価格のある株式の配当金については，各銘柄の配当落ち日（配当権利付き最終売買日の翌日）を
もって，前回の配当実績又は公表されている一株当たり予想配当額に基づいて，「未収配当金」を見積
計上する。

② 決算整理

(借)	投 資 有 価 証 券	48,000(*1)	(貸)	有 価 証 券	48,000
(借)	投 資 有 価 証 券 評 価 損 益	2,000(*2)	(貸)	投 資 有 価 証 券	2,000
(借)	繰 延 税 金 資 産	800(*3)	(貸)	法 人 税 等 調 整 額	800

(*1) 取得価格＠48×1,000株＝48,000

(*2) （取得価格＠48－当期末時価＠46）×1,000株＝2,000

(*3) 2,000(*2)×実効税率40％＝800

(6) NN社株式（その他有価証券）

仕 訳 な し

(注) 時価を把握することが極めて困難と認められる株式の配当金については，発行会社の株主総会，取締
役会等，決定権限を有する機関において配当金に関する決議があった日の属する事業年度に計上する。

3．有形固定資産の減価償却

(1) 建　物

(借) 建物減価償却費	27,000(*1)	(貸) 建物減価償却累計額	27,000

(*1)　$1,500,000 \times 0.9 \div 50年 = 27,000$

(2) 備　品

(借) 備品減価償却費	48,000(*1)	(貸) 備品減価償却累計額	48,000

(*1)　$800,000 \times 0.9 \div 15年 = 48,000$

4．減損会計

(1) 乙資産グループにおける割引前将来キャッシュ・フローの算定（ 問2 の解答）

91,185＋備品Xの正味売却価額300－備品X´への更新に係る投資額40,000＋64,200

$$+回収可能価額\left\{ \frac{900}{1.05} + \frac{900}{(1.05)^2} + \frac{900}{(1.05)^3} + \frac{900}{(1.05)^4} \right.$$

$$\left. + \frac{900+建物の正味売却価額35,000+備品X´の正味売却価額400+土地の正味売却価額80,000}{(1.05)^5} \right\}$$

$$=210,000.448\cdots \to 210,000（四捨五入）$$

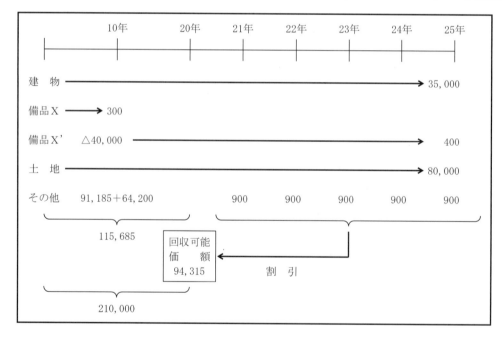

（参考２） 割引前将来キャッシュ・フローの総額の見積

１．割引前将来キャッシュ・フローの見積期間

　　　割引前将来キャッシュ・フローを見積る期間は，①「資産又は資産グループ中の主要な資産（資産グループの将来キャッシュ・フロー生成能力にとって最も重要な構成資産）の経済的残存使用年数」と②「20年」のいずれか短い方とする。

> 資産又は主要な資産の経済的残存使用年数　or　20年 → いずれか短い方が見積期間

２．「正味売却価額」又は「回収可能価額」の取扱い

（1）資産又は資産グループ中の主要な資産の経済的残存使用年数が20年を超えない場合

　　　経済的残存使用年数経過時点における主要な資産の「正味売却価額」を経済的残存使用年数までの割引前将来キャッシュ・フローに加算する。

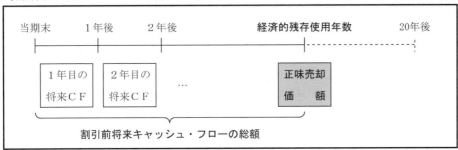

（2）資産又は資産グループ中の主要な資産の経済的残存使用年数が20年を超える場合（本問）

　　　21年目以降に見込まれる将来キャッシュ・フローに基づいて20年経過時点における「回収可能価額」を算定し，20年目までの割引前将来キャッシュ・フローに加算する。

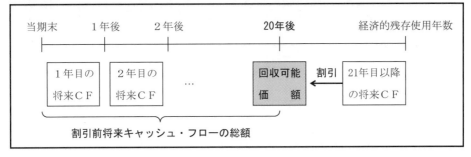

(2) 各資産グループごとの減損損失の認識の判定及び測定

  ① 減損損失の認識の判定

    ⅰ 甲資産グループ

      割引前将来キャッシュ・フロー570,000 ＞ 帳簿価額合計565,000 → 減損処理を行わない

    ⅱ 乙資産グループ

      割引前将来キャッシュ・フロー210,000 ＜ 帳簿価額合計222,000 → 減損処理を行う

  ② 乙資産グループに係る減損損失の測定

    帳簿価額合計222,000－回収可能価額172,050(*1)＝減損損失49,950

(*1) 使用価値162,156 ＜ 正味売却価額172,050 → 回収可能価額172,050

(3) より大きな単位での減損損失の認識の判定及び算定

  ① 減損損失の認識の判定

    割引前将来キャッシュ・フロー1,398,540 ＜ 帳簿価額合計1,412,500 → 減損処理を行う

  ② 減損損失の測定

    帳簿価額合計1,412,500－回収可能価額1,262,010(*2)＝より大きな単位での減損損失150,490

(*2) 使用価値1,262,010 ＞ 正味売却価額1,150,000 → 回収可能価額1,262,010

  ③ 共用資産を加えることによる減損損失の増加額

    より大きな単位での減損損失150,490－乙資産グループに係る減損損失49,950＝100,540

(4) 減損損失の各資産グループへの配分

  ① 共用資産への配分額

    共用資産を加えることによる減損損失増加額100,540

                    ＞（帳簿価額252,000－正味売却価額189,000）＝63,000

    → 63,000は共用資産へ配分し，超過額37,540(*3)を各資産グループに配分する。

      ただし，乙資産グループは回収可能価額まで減損損失を認識しているため，共用資産に係る減損損失を配分しない。

(*3) 100,540－63,000＝37,540

  ② 甲資産グループ及び丙資産グループへの配分額

$$甲：37,540(*3)\times\frac{565,000}{565,000＋373,500}＝22,600$$

$$丙：37,540(*3)\times\frac{373,500}{565,000＋373,500}＝14,940$$

(5) 仕訳処理

(借)	減 損 損 失	150,490	(貸)	建	物	49,665(*4)
				備	品	14,695(*5)
				土	地	86,130(*6)

(*4)～(*6)

	甲資産グループ	乙資産グループ	丙資産グループ	共用資産	ＡＡＡ事業部全体
①帳簿価額合計	565,000	222,000	373,500	252,000	1,412,500
②減 損 損 失	△ 22,600	△ 49,950	△ 14,940	△ 63,000	△150,490
③配 分 比 率	0.04	0.225	0.04	0.25	―
④建物への配分	△ 7,680	△ 18,225	△ 5,760	△ 18,000	△ 49,665 (*4)
⑤備品への配分	△ 3,720	△ 7,875	△ 3,100	―	△ 14,695 (*5)
⑥土地への配分	△ 11,200	△ 23,850	△ 6,080	△ 45,000	△ 86,130 (*6)

(注) 計算方法

②減損損失÷①帳簿価額合計＝③配分比率

建物帳簿価額×③配分比率＝④建物への配分

備品帳簿価額×③配分比率＝⑤備品への配分

土地帳簿価額×③配分比率＝⑥土地への配分

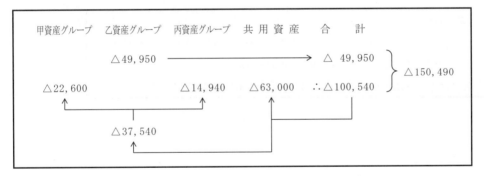

(6) 税効果会計

(借)	繰 延 税 金 資 産	60,196(*7)	(貸)	法 人 税 等 調 整 額	60,196

(*7) 減損損失150,490×実効税率40％＝60,196

（参考３）　共用資産の減損（「より大きな単位」でグルーピングを行う方法（本問））

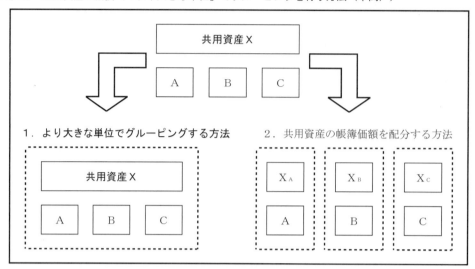

　共用資産に減損の兆候がある場合に，減損損失を認識するかどうかの判定は，共用資産が関連する複数の資産又は資産グループに共用資産を加えた「より大きな単位」で行う。

　なお，この場合，減損の兆候の把握，減損損失を認識するかどうかの判定，及び減損損失の測定は，まず，「資産又は資産グループごと」に行い，その後「より大きな単位」で行う。共用資産を含まない資産又は資産グループに減損の兆候がない場合でも，共用資産に減損の兆候があるときには，より大きな単位で減損損失を認識するかどうかの判定を行う。

> 【計算手順】
> (1)　資産又は資産グループごとの減損処理（共用資産がない場合と同様の処理）
> (2)　共用資産を含む「より大きな単位」の減損処理
> (3)　共用資産を加えることによって算定される減損損失増加額の配分

(1)　資産又は資産グループごとの減損処理

　共用資産に減損の兆候がある場合であっても，まず，通常の減損処理の手続に従い，資産又は資産グループごとに減損の兆候の把握，減損損失を認識するかどうかの判定，減損損失の測定を行う。

> 資産又は資産グループごとの減損損失
> ＝　各資産又は資産グループの帳簿価額　－　回収可能価額

(2) 共用資産を含む「より大きな単位」の減損処理

① 認識の判定

　　共用資産を含む「より大きな単位」について減損損失を認識するかどうかを判定するに際しては共用資産を含まない各資産又は資産グループにおいて算定された減損損失控除前の帳簿価額に共用資産の帳簿価額を加えた金額」と「より大きな単位から得られる割引前将来キャッシュ・フローの総額」とを比較する。

> 割引前将来ＣＦの総額 ＜ 各資産又は資産グループの帳簿価額合計 ＋ 共用資産の帳簿価額
> → 減損損失の認識を行う

② 減損損失の測定

　ⅰ　より大きな単位での減損損失

　　　減損損失を認識すべきであると判定された「より大きな単位」については，帳簿価額を「より大きな単位の回収可能価額」まで減額し，当該減少額を減損損失として当期の損失とする。

> より大きな単位での減損損失
> ＝（各資産又は資産グループの帳簿価額合計 ＋ 共用資産の帳簿価額）－ 回収可能価額

　ⅱ　共用資産を加えることによって算定される減損損失増加額

　　　減損損失の測定は，まず「資産又は資産グループごと」に行い，その後「より大きな単位」で行う。このとき，より大きな単位での減損損失から資産又は資産グループごとの減損損失を差し引いた金額を「共用資産を加えることによって算定される減損損失増加額」という。

> 共用資産を加えることによって算定される減損損失増加額
> ＝ より大きな単位での減損損失 － 資産又は資産グループごとの減損損失

(3) 共用資産を加えることによって算定される減損損失増加額の配分

　　共用資産を加えることによって算定される減損損失増加額は，原則として，共用資産に配分する。

　　ただし，共用資産を加えることによって算定される減損損失増加額が，共用資産の帳簿価額と正味売却価額の差額を超過することが明らかな場合には，「共用資産の帳簿価額と正味売却価額の差額」を共用資産に配分し，共用資産の帳簿価額は正味売却価額とする。また，当該超過額を合理的な基準(*1)により各資産又は資産グループに配分する。

(*1)　各資産又は資産グループの回収可能価額が容易に把握できる場合には，各資産又は資産グループの帳簿価額と回収可能価額の差額の比率等により配分し，各資産又は資産グループの回収可能価額が容易に把握できない場合には，各資産又は資産グループの帳簿価額の比率等により配分する。なお，各資産又は資産グループの一部の回収可能価額が容易に把握できる場合には，当該回収可能価額を下回る結果とならないように配分する。

> ①　共用資産の**正味売却価額**を限度として「**共用資産に配分**」する。
>
> ②　①で配分しきれない場合には，当該超過額を合理的な基準により「**各資産又は各資産グループに配分**」する。

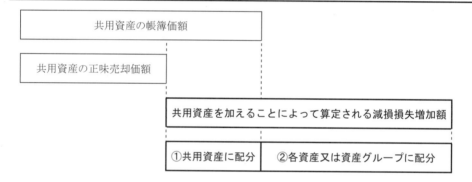

　a　減損損失増加額が共用資産の帳簿価額と正味売却価額の差額を超過しない場合

（借）	減　損　損　失	×××	（貸）	共　用　資　産	×××

　b　減損損失増加額が共用資産の帳簿価額と正味売却価額の差額を超過することが明らかな場合

（借）	減　損　損　失	×××	（貸）	共　用　資　産	×××(*1)
				資　産　グ　ル　ー　プ　1	×××(注)
				資　産　グ　ル　ー　プ　2	×××(注)

(*1)　共用資産の帳簿価額－共用資産の正味売却価額

(注)　各資産グループについて認識された減損損失は，帳簿価額に基づく比例配分等の合理的な方法により，当該資産グループの各構成資産に配分する。

5．外貨建社債

(借)	社　債　利　息	1,120(*1)	(貸)	社　　　　　　　　債	1,120
(借)	為　替　差　損　益	99,580(*2)	(貸)	社　　　　　　　　債	99,580
(借)	社　債　利　息	5,750(*3)	(貸)	未　払　社　債　利　息	5,750

(*1)　当期償却額10千ドル(*4)×当期AR112円／ドル＝1,120

(*2)　当期末償却原価9,965千ドル(*5)×当期CR115円／ドル－(1,045,275(*6)＋1,120(*1))＝99,580

(*3)　額面金額10,000千ドル×1％× $\dfrac{6 \text{ヶ月 (X17.10～X18.3)}}{12 \text{ヶ月}}$ ×当期CR115円／ドル＝5,750

(*4)　(額面金額10,000千ドル－払込金額9,950千ドル)× $\dfrac{12 \text{ヶ月 (X17.4～X18.3)}}{60 \text{ヶ月 (X16.10～X21.9)}}$ ＝10千ドル

(*5)　払込金額9,950千ドル＋(額面金額10,000千ドル－払込金額9,950千ドル)

$$\times \dfrac{18 \text{ヶ月 (X16.10～X18.3)}}{60 \text{ヶ月 (X16.10～X21.9)}} ＝9,965 \text{千ドル}$$

(*6)　前期末償却原価9,955千ドル(*7)×前期CR105円／ドル＝1,045,275

(*7)　払込金額9,950千ドル＋(額面金額10,000千ドル－払込金額9,950千ドル)

$$\times \dfrac{6 \text{ヶ月 (X16.10～X17.3)}}{60 \text{ヶ月 (X16.10～X21.9)}} ＝9,955 \text{千ドル}$$

◎　前T/B 社債：1,045,275(*6)

6．債権の貸倒引当金

(1) 貸倒懸念債権（対YN社貸付金）

(借)	貸 倒 引 当 金 繰 入 額 （営　業　外　費　用）	15,500	(貸)	貸　倒　引　当　金 （固　　　　　　定）	15,500(*1)
(借)	繰　延　税　金　資　産	6,000(*2)	(貸)	法　人　税　等　調　整　額	6,000

(*1)　(債権額50,000－担保の処分見込額19,000)×50％＝15,500

(注)　貸倒懸念債権について，財務内容評価法により貸倒見積高を算定する場合には，債権額から担保の処
　　　分見込額及び保証による回収見込額を減額し，その残額について債務者の財政状態及び経営成績を考慮
　　　して貸倒見積高を算定する。

(*2)　(15,500(*1)－税務上の損金算入限度額500)×実効税率40％＝6,000

(2) 一般債権

(借)	貸 倒 引 当 金 繰 入 額 （販 売 費 及 び 一 般 管 理 費）	11,700(*1)	(貸)	貸　倒　引　当　金 （流　　　　　　動）	11,700
(借)	貸 倒 引 当 金 繰 入 額 （営　業　外　費　用）	1,950(*2)	(貸)	貸　倒　引　当　金 （流　　　　　　動）	1,950

(*1)　(受取手形245,000＋売掛金655,000)×2％－前T/B 6,300＝11,700

(*2)　短期貸付金150,000×2％－前T/B 1,050＝1,950

7．ストック・オプション

　　×17年6月の株主総会における条件変更により，権利確定条件の達成可能性が見込まれることとなり，ストック・オプション数が0個から 5,000(*1)個に増加した。そのため，条件変更によるストック・オプション数の変動 5,000個(*1)に見合うストック・オプションの公正な評価額の変動額を，条件変更日以降の残存期間にわたって費用計上する。なお，勤務条件の達成時期の方が業績条件の達成時期より遅いと見込まれるため，勤務条件月数で費用配分する。

(*1)　100個／名×50名＝5,000個

(借) 株 式 報 酬 費 用	11,250(*2)	(貸) 新 株 予 約 権	11,250

(*2)　@3,000円×(5,000個(*1)－0個)× $\dfrac{9 \text{ヶ月}(X17.7 \sim X18.3)}{\text{残存勤務期間}12\text{ヶ月}(X17.7 \sim X18.6)}$ －既計上額0＝11,250

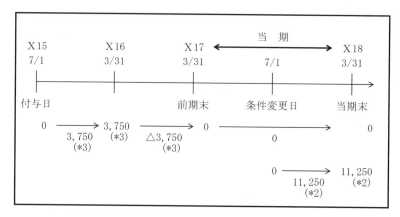

(*3)　@3,000円×5,000個(*1)× $\dfrac{9 \text{ヶ月}(X15.7 \sim X16.3)}{36\text{ヶ月}(X15.7 \sim X18.6)}$ ＝3,750

　◎　株主資本等変動計算書上の新株予約権

　　　　×17年4月1日残高：　　　―

　　　　当期変動額（純額）：∴　11,250

　　　　×18年3月31日残高：　　11,250(*2)

（参考４）　ストック・オプション数を変動させる条件変更

　　ストック・オプションにつき，権利確定条件を変更する等の条件変更により，ストック・オプション数を変動させた場合には，条件変更前から行われてきた費用計上を継続して行うことに加え，条件変更によるストック・オプション数の変動に見合う「ストック・オプションの公正な評価額の変動額を，以後，合理的な方法に基づき残存期間にわたって費用計上」する。

（借）株式報酬費用	×××　（貸）新株予約権	×××(*1)

(*1)　付与分(*2)＋ストック・オプション数の変動による価値増加分(*3)

(*2)　公正な評価額 × $\dfrac{\text{付与日からの対象勤務期間のうち決算日までの期間}}{\text{付与日からの対象勤務期間}}$ － 既計上額

(*3)　公正な評価額の増加額 × $\dfrac{\text{条件変更後の対象勤務期間のうち決算日までの期間}}{\text{条件変更後の対象勤務期間}}$

8．法人税等

（借）法人税，住民税及び事業税	165,110	（貸）未払法人税等	165,110

Ⅲ．決算整理後残高試算表

決算整理後残高試算表

×18年3月31日

現　金　預　金	884,314	支　払　手　形	274,000
受　取　手　形	245,000	買　掛　金	733,600
売　掛　金	655,000	未　払　社　債　利　息	5,750
繰　越　商　品	317,000	未　払　法　人　税　等	165,110
短　期　貸　付　金	150,000	貸　倒　引　当　金	21,000
未　収　配　当　金	140	社　債	1,145,975
建　物	1,450,335	長　期　借　入　金	300,000
備　品	785,305	繰　延　税　金　負　債	9,840
土　地	1,533,870	建物減価償却累計額	408,000
投　資　有　価　証　券	288,720	備品減価償却累計額	258,150
関　係　会　社　株　式	161,000	貸　倒　引　当　金	15,500
長　期　貸　付　金	50,000	資　本　金	2,200,000
繰　延　税　金　資　産	66,996	資　本　準　備　金	250,000
仕　入	4,250,000	利　益　準　備　金	140,000
営　業　費	1,510,826	任　意　積　立　金	150,000
株　式　報　酬　費　用	11,250	繰　越　利　益　剰　余　金	342,995
貸　倒　引　当　金　繰　入　額	11,700	その他有価証券評価差額金	14,760
建　物　減　価　償　却　費	27,000	新　株　予　約　権	11,250
備　品　減　価　償　却　費	48,000	売　上	6,500,000
支　払　利　息	9,000	受　取　利　息　配　当　金	13,040
社　債　利　息	12,620	有　価　証　券　利　息	6,840
貸　倒　引　当　金　繰　入　額	17,450	有　価　証　券　運　用　損　益	18,300
投　資　有　価　証　券　評　価　損　益	2,000	法　人　税　等　調　整　額	66,996
為　替　差　損　益	87,380		
減　損　損　失	150,490		
関　係　会　社　株　式　評　価　損	160,600		
法人税，住民税及び事業税	165,110		
	13,051,106		13,051,106

Ⅳ．繰延税金資産及び繰延税金負債の相殺

(借) 繰 延 税 金 負 債	9,840(*1)	(貸) 繰 延 税 金 資 産	9,840

(*1)

繰延税金資産			繰延税金負債	
ＳＳ社株式	800	9,840(*1)	ＹＹ社株式	240
減 損 損 失	60,196 → 66,996		Ⅰ Ⅰ社社債	9,600
貸倒懸念債権	6,000			

Ⅴ. 損益計算書, 株主資本等変動計算書及び貸借対照表 (問3 の解答)

損 益 計 算 書
自×17年4月1日 至×18年3月31日

Ⅰ	売　　上　　高		6,500,000
Ⅱ	売　上　原　価		
	1　期 首 商 品 棚 卸 高	267,000	
	2　当 期 商 品 仕 入 高	4,300,000	
	合　　計	4,567,000	
	3　期 末 商 品 棚 卸 高	317,000	4,250,000
	売　上　総　利　益	ア	2,250,000
Ⅲ	販 売 費 及 び 一 般 管 理 費		
	1　営　　業　　費	1,510,826	
	2　株 式 報 酬 費 用	11,250	
	3　貸 倒 引 当 金 繰 入 額	11,700	
	4　建 物 減 価 償 却 費	27,000	
	5　備 品 減 価 償 却 費	イ 48,000	1,608,776
	営　　業　　利　　益		641,224
Ⅳ	営 業 外 収 益		
	1　受 取 利 息 配 当 金	ウ 13,040	
	2　有 価 証 券 利 息	エ 6,840	
	3　有 価 証 券 運 用 益	オ 18,300	38,180
Ⅴ	営 業 外 費 用		
	1　支　払　利　息	9,000	
	2　社　債　利　息	カ 12,620	
	3　貸 倒 引 当 金 繰 入 額	キ 17,450	
	4　投 資 有 価 証 券 評 価 損	ク 2,000	
	5　為　替　差　損	ケ 87,380	128,450
	経　　常　　利　　益		550,954
Ⅵ	特　別　損　失		
	1　減　損　損　失	コ 150,490	
	2 (関 係 会 社 株 式 評 価 損)	サ 160,600	311,090
	税 引 前 当 期 純 利 益		239,864
	法 人 税, 住 民 税 及 び 事 業 税	165,110	
	法 人 税 等 調 整 額	66,996	シ 98,114
	当　期　純　利　益		141,750

—168—

株主資本等変動計算書

自×17年4月1日　至×18年3月31日

	株　主　資　本				
		資本剰余金	利　益　剰　余　金		
	資本金	資　本 準備金	利　益 準備金	その他利益剰余金	
				任　意 積立金	繰越利益 剰余金
×17年4月1日残高	2,200,000	250,000	140,000	150,000	342,995
当期変動額					
当期純利益					141,750
株主資本以外の項目 の当期変動額（純額）					
当期変動額合計	—	—	—	—	141,750
×18年3月31日残高	2,200,000	250,000	140,000	150,000	484,745

	株主資本	評価・換算差額等		
	株主資本 合　計	その他 有価証券 評　価 差額金	新　株 予約権	純資産 合　計
×17年4月1日残高	3,082,995	5,832	—	3,088,827
当期変動額				
当期純利益	141,750			141,750
株主資本以外の項目 の当期変動額（純額）		8,928	11,250	20,178
当期変動額合計	141,750	ス　8,928	セ　11,250	161,928
×18年3月31日残高	3,224,745	14,760	11,250	3,250,755

貸 借 対 照 表
×18年3月31日

資 産 の 部				負 債 の 部		
I 流 動 資 産				I 流 動 負 債		
現 金 及 び 預 金		ソ 884,314		支 払 手 形		274,000
受 取 手 形	245,000			買 掛 金		733,600
売 掛 金	655,000			未 払 費 用		ナ 5,750
貸 倒 引 当 金 △	18,000	タ 882,000		未 払 法 人 税 等		165,110
商 品		317,000		流 動 負 債 合 計		1,178,460
短 期 貸 付 金	150,000			II 固 定 負 債		
貸 倒 引 当 金 △	3,000	147,000		社 債		ニ 1,145,975
未 収 配 当 金		140		長 期 借 入 金		300,000
流 動 資 産 合 計		2,230,454		固 定 負 債 合 計		1,445,975
II 固 定 資 産				負 債 合 計		2,624,435
1 有 形 固 定 資 産				純 資 産 の 部		
建 物	1,450,335			I 株 主 資 本		
減 価 償 却 累 計 額 △	408,000	チ 1,042,335		1 資 本 金		2,200,000
備 品	ツ 785,305			2 資 本 剰 余 金		
減 価 償 却 累 計 額 △	258,150	527,155		資 本 準 備 金	250,000	
土 地		1,533,870		資 本 剰 余 金 合 計		250,000
有 形 固 定 資 産 合 計		3,103,360		3 利 益 剰 余 金		
2 投 資 そ の 他 の 資 産				利 益 準 備 金	140,000	
投 資 有 価 証 券		テ 288,720		そ の 他 利 益 剰 余 金		
関 係 会 社 株 式		161,000		任 意 積 立 金	150,000	
長 期 貸 付 金	50,000			繰 越 利 益 剰 余 金	484,745	
貸 倒 引 当 金 △	15,500	34,500		利 益 剰 余 金 合 計		774,745
繰 延 税 金 資 産		ト 57,156		株 主 資 本 合 計		3,224,745
投 資 そ の 他 の 資 産 合 計		541,376		II 評 価 ・ 換 算 差 額 等		
固 定 資 産 合 計		3,644,736		そ の 他 有 価 証 券 評 価 差 額 金		14,760
				評 価 ・ 換 算 差 額 等 合 計		14,760
				III 新 株 予 約 権		11,250
				純 資 産 合 計		3,250,755
資 産 合 計		5,875,190		負 債 純 資 産 合 計		5,875,190

【ＭＥＭＯ】

　　TAC株式会社の第28期（×17年4月1日～×18年3月31日）に関する〔資料〕に基づいて，　問1　～
　問4　に答えなさい。

(注)　1　税効果会計は指示がある場合のみ適用すること。なお，実効税率は毎期40%とする。また，現行の法
　　　　　人税法等の規定と異なるところがあっても本問の指示に従うこと。

　　　2　売買目的有価証券については切放方式，その他有価証券については部分純資産直入法を採用している。

　　　3　為替予約については振当処理を採用している。

　　　4　直物レートに関するデータ（他の〔資料〕より判明するものを除く）

　　　　　　×17年3月31日　$1=¥112　　　×17年12月31日　$1=¥110

　　　　　　×18年3月31日　$1=¥108

　　　　なお，〔資料〕において括弧内に示すレートは当該取引日の直物レートである。

　　　5　金額の計算において端数が生じた場合には，指示がある場合を除き，最終数値の千円未満を四捨五入
　　　　　すること。

〔資料Ⅰ〕　決算整理前残高試算表

決 算 整 理 前 残 高 試 算 表　　　　（単位：千円）

借　　　方		貸　　　方	
勘　定　科　目	金　　額	勘　定　科　目	金　　額
現　　金　　預　　金	229,457	支　　払　　手　　形	115,240
受　　取　　手　　形	178,300	買　　　掛　　　金	246,980
売　　　　掛　　　　金	421,300	短　期　借　入　金	75,000
仮　　　　払　　　　金	125,000	リース債務（流動）	（　　　　）
有　　価　　証　　券	32,300	現　　金　　過　　不　　足	40
繰　　越　　商　　品	128,000	貸　　倒　　引　　当　　金	22,061
建　　　　　　　　物	1,100,000	長　期　借　入　金	450,000
備　　　　　　　　品	315,550	リース債務（固定）	（　　　　）
土　　　　　　　　地	1,000,000	長　期　前　受　収　益	2,310
リ　ー　ス　資　産	160,000	建物減価償却累計額	294,000
建　設　仮　勘　定	175,000	備品減価償却累計額	70,000
投　資　有　価　証　券	（　　　　）	リース資産減価償却累計額	（　　　　）
関　係　会　社　株　式	（　　　　）	資　　　本　　　金	2,000,000
長　期　貸　付　金	300,000	資　本　準　備　金	250,000
繰　延　税　金　資　産	（　　　　）	利　益　準　備　金	100,000
自　　己　　株　　式	（　　　　）	繰　越　利　益　剰　余　金	103,000
仕　　　　　　　　入	3,531,088	新　株　予　約　権	（　　　　）
売　　上　　戻　　り	45,000	売　　　　　　　　上	4,469,100
売　　上　　値　　引	43,875	仕　　入　　戻　　し	40,590
営　　　業　　　費	222,952	仕　　入　　値　　引	27,060
支　　払　　利　　息	13,950	受　　取　　利　　息	6,000
支　払　手　数　料	7,913	受　　取　　配　　当　　金	1,920
為　替　差　損　益	9,228	有　価　証　券　運　用　損　益	3,595
雑　　　損　　　失	666	有　価　証　券　利　息	（　　　　）
		投資有価証券評価損益	（　　　　）
		雑　　　収　　　入	2,118
合　　　　計	（　　　　）	合　　　　計	（　　　　）

（注）貸倒引当金の内訳は，売上債権に係るもの 5,410千円，ＫＯ社貸付金に係るもの16,651千円である。

〔資料Ⅱ〕　決算整理事項及び参考事項

1　現金の処理

(1) 決算整理前における現金出納帳の残高は29,550千円である。

(2) 決算にあたり現金の実査を行ったところ，以下のものが金庫に保管されていた。

内　　容	金　　額	備　　考
紙幣・硬貨	20,450千円	―
他社振出小切手	7,900千円	このうち 400千円は振出日が×18年4月12日となっているが，現金として処理している。
ＢＢ社社債利札	30千ドル	このうち10千ドルは×17年12月31日に期限が到来しており，20千ドルは期末現在期限が到来していない。
ＣＣ社配当金領収証	2,800千円	期中未処理である。

(3) 現金の帳簿残高と実際残高との不一致のうち原因不明のものは，雑収入又は雑損失として処理する。

2　仮払金

決算整理前残高試算表の仮払金は，×17年8月8日完成・引渡の建物に係る建設代金の一部を支払ったものである。なお，これ以外に当該建物に関して建設業者に支払った金額は，決算整理前残高試算表の建設仮勘定に計上されている。

3　商品売買

(1) ×17年8月15日に商品の一部（売価45,000千円，原価35,550千円）を備品に転用している。なお，同日より営業の用に供している。

(2) 棚卸資産の期末棚卸高は以下のとおりである。なお，税務上は評価損が損金と認められないので，税効果会計を適用する。

棚卸資産の種類	原　　価	正味売却価額
手許商品		
（帳簿棚卸高）	164,049千円	157,719千円
（実地棚卸高）	160,969千円	154,769千円

4　有価証券等

(1)　期末において保有する有価証券は以下のとおりである。

銘　　柄	保有目的	取得原価	時　　価
ＡＡ社株式	売買目的	32,300千円	31,230千円
ＢＢ社社債	満期保有	450千ドル	442千ドル
ＣＣ社株式	子会社株式	（　？　）千円	199,300千円
ＤＤ社株式	その他	61,000千円	62,300千円

(2)　ＡＡ社株式は×17年12月25日に取得したものである。

(3)　ＢＢ社社債は×16年4月1日（＄1＝￥113）に取得したもの（額面 500千ドル，満期日×19年12月31日，年利率 2.0％，利払日毎年12月末）である。なお，取得と同時に当該社債の額面金額に対し，為替予約を付している。予約時の先物レートは＄1＝￥108であった。また，決算整理前残高試算表の長期前受収益及び有価証券利息はすべて当該社債に係るものである。

(4)　ＣＣ社株式は当期に実施したＴＯＢ（株式公開買付）により取得したものである。なお，当該ＴＯＢの概要は以下のとおりである。また，ＴＯＢ以前において当社はＣＣ社株式を保有していなかった。

　①　買付価格：ＴＯＢ実施直前のＣＣ社株式の時価＠ 440円にプレミアム＠5円を加算した額

　②　買付予定株式数： 402,000株

　　買付期間終了までに買付予定株式数を上回る 414,000株の応募があったため，これをすべて買い取り，代金は当座により支払った。

(5)　ＤＤ社株式は×14年11月2日に取得したものであり，前期末の時価は59,200千円であった。なお，その他有価証券の評価差額については，税効果会計を適用する。

5　有形固定資産

(1)　過年度に取得した建物については旧定額法（耐用年数40年，残存価額10％）により減価償却を行っている。なお，当期に取得した建物については定額法（耐用年数40年，残存価額ゼロ）により減価償却を行う。

(2)　車両はリース（所有権移転外ファイナンス・リース）により調達したものである。なお，当期においてリース料を当座により支払ったが，未処理である。リース取引の詳細は以下のとおりである。

　①　リース契約開始日：×16年4月1日

　②　リース期間：5年

　③　リース料支払日：毎年3月31日

　④　リース料：37,237千円（うち，維持管理費用 1,800千円）

　⑤　計算利子率：年 3.5％

　⑥　償却方法：定額法

(3)　過年度に取得した備品については旧定率法（耐用年数8年，年償却率25％，残存価額10％）により減価償却を行っている。なお，当期に転用した備品については定率法（耐用年数8年，年償却率31.3％，残存価額ゼロ）により減価償却を行う。

6 減損会計

決算において，以下の資産で構成される当社の営業所に減損の兆候があると判断された。なお，当該営業所はキャッシュ・フローを生み出す最小の単位である。

(1) 当該営業所に属する資産（以下，資産グループ）の詳細

種　類	当期償却後簿価	備　　考
建　物	183,000千円	―
土　地	371,000千円	―
車　両	（　？　）千円	すべて上記5(2)に示すリース物件である。

(2) 資産グループの割引前将来キャッシュ・フローの総額は 634,000千円である。

(3) 資産グループの回収可能価額は 591,500千円である。

(4) 資産グループについて認識された減損損失は，帳簿価額に基づき各資産に比例配分する。

(5) 減損損失は税務上損金算入されないため，税効果会計を適用する。

7 債権の評価

(1) 売上債権はすべて一般債権であり，貸倒実績率法により期末残高の 2.5%の貸倒引当金を設定する。但し，税務上の繰入限度額は債権金額の 1.8%であるため，税効果会計を適用する。

(2) 決算整理前残高試算表の長期貸付金はKO社に対するものである。当該貸付金の貸付当初の諸条件は以下のとおりである。

① 貸 付 日：×15年4月1日

② 返済期限：×18年3月31日

③ 約定利率：年 4.0%

④ 利 払 日：毎年3月31日に後払い

前期末においてKO社より貸付条件緩和の要請を受け，これを承諾し，返済期限を2年間延長するとともに約定利率を 2.0%へと変更している。これに伴い，前期末において当該貸付金を貸倒懸念債権に分類し，キャッシュ・フロー見積法により貸倒引当金を設定している。なお，当期の利息は適正に受け取っている。

8　ストック・オプション

　(1)　×16年6月開催の株主総会において，従業員に対してストック・オプション 1,200個を付与することを決議し，同年7月1日に付与した。当該ストック・オプションの行使条件等は以下のとおりである。なお，付与日におけるストック・オプションの公正な評価単価は1個につき44,000円であった。

ストック・オプション1個の行使に対する株式の交付数	100株
ストック・オプションの行使時の払込金額	1株につき 4,000円
ストック・オプションの権利確定日	×18年6月末日
ストック・オプションの行使期間	×18年7月1日～×20年6月末日

　(2)　当社の株価は景気悪化の影響を受けて低迷し，×17年3月期末において当該ストック・オプションはインセンティブ効果が失われたと考えられた。そこで，×17年6月開催の株主総会において，行使条件等を以下のように変更した。なお，条件変更日におけるストック・オプションの公正な評価単価は1個につき48,000円であった。また，条件変更の効力発生日は×17年7月1日である。

ストック・オプション1個の行使に対する株式の交付数	100株
ストック・オプションの行使時の払込金額	1株につき 2,500円
ストック・オプションの権利確定日	×19年6月末日
ストック・オプションの行使期間	×19年7月1日～×21年6月末日

　(3)　付与日におけるストック・オプションの退職による失効見込数は80個であり，当期末までに当該個数に修正はない。

　(4)　付与されたストック・オプションは，他者に譲渡できない。

　(5)　決算整理前残高試算表の新株予約権はすべて当該ストック・オプションに係るものである。

9　自己株式に関する事項

　決算整理前残高試算表の自己株式は以下の条件で市場より買い付けたものである。

買　付　日	買付株式数	買付単価	備　　考
×17年11月6日	42,000株	@ 2,350円	買付時に手数料 210千円を証券会社に支払っている。

10　税効果会計

　上記の他，未払事業税の否認額が前期に50,200千円，当期に60,730千円ある。

問1 下記に示す税効果会計に関する注記事項における(ア)～(オ)の金額を答案用紙の所定の欄に記入しなさい。

前事業年度	当事業年度
① 繰延税金資産及び繰延税金負債の発生の主な原因別の内訳	① 繰延税金資産及び繰延税金負債の発生の主な原因別の内訳
繰延税金資産	繰延税金資産
貸倒引当金繰入限度超過額　　　　2,208 千円	貸倒引当金繰入限度超過額　　（　(ウ)　）千円
商品低価評価損　　　　　　　　　1,760	商品低価評価損　　　　　　　　（　(エ)　）
未払事業税　　　　　　　（　　　　）	未払事業税　　　　　　　（　　　　）
投資有価証券評価損　　　（　(ア)　）	減損損失　　　　　　　　（　　　　）
繰延税金資産計　　　　　（　(イ)　）千円	繰延税金資産計　　　　　（　　　　）千円
	繰延税金負債
	その他有価証券評価差額金　（　　　　）千円
	繰延税金負債計　　　　　　（　　　　）千円
	繰延税金資産の純額　　　　（　(オ)　）千円
② 法定実効税率と税効果会計適用後の法人税等の負担率との差異	② 法定実効税率と税効果会計適用後の法人税等の負担率との差異
法定実効税率　　　　　　　　　　40.0%	法定実効税率　　　　　　　　　　40.0%
（調整）	（調整）
交際費等永久に損金に算入されない項目　1.1%	交際費等永久に損金に算入されない項目　1.0%
受取配当金の益金不算入　　　　　△ 0.3	受取配当金の益金不算入　　　　　△ 0.4
税効果会計適用後の法人税等の負担率　40.8%	税効果会計適用後の法人税等の負担率　40.6%

問2　下記に示す損益計算書における(カ)～(ト)の金額を答案用紙の所定の欄に記入しなさい。

損 益 計 算 書

自×17年4月1日　至×18年3月31日　　　（単位：千円）

I　売　上　高　　　　　　　　　　（　（カ）　）

II　売 上 原 価

　　1　期首商品棚卸高　　　　128,000

　　2　当期商品仕入高　　（　（キ）　）

　　　　合　　計　　　　　（　　　　）

　　3　期末商品棚卸高　　　（　　　　）

　　4　他勘定振替高　　　　（　（ク）　）

　　　　差　　引　　　　　　（　　　　）

　　5　商品低価評価損　　　（　（ケ）　）　（　　　　　　）

　　　　売 上 総 利 益　　　　　　　　　（　　　　　　）

III　販売費及び一般管理費

　　1　棚 卸 減 耗 費　　　（　　　　）

　　2　営　業　費　　　　　222,952

　　3　株 式 報 酬 費 用　　（　　　　）

　　4　貸倒引当金繰入額　　（　　　　）

　　5　建物減価償却費　　　（　（コ）　）

　　6　備品減価償却費　　　（　（サ）　）

　　7　リース資産減価償却費　（　　　　）

　　8　維 持 管 理 費　　　（　　　　　　）　（　　　　　　）

　　　　営　業　利　益　　　　　　　　　（　　　　　　）

IV　営 業 外 収 益

　　1　受 取 利 息　　　　（　（シ）　）

　　2　受 取 配 当 金　　　（　　　　）

　　3　有価証券運用益　　　（　（ス）　）

　　4　有 価 証 券 利 息　　（　（セ）　）

　　5　投資有価証券評価益　　（　（ソ）　）

　　6　雑　収　入　　　　　（　　　　　　）　（　　　　　　）

V　営 業 外 費 用

　　1　支 払 利 息　　　　（　（タ）　）

　　2　支 払 手 数 料　　　（　　　　）

　　3　為 替 差 損　　　　（　（チ）　）

　　4　雑　損　失　　　　　（　（ツ）　）　（　　　　　　）

　　　　経　常　利　益　　　　　　　　　（　　　　　　）

Ⅵ　特　別　損　失
　　1　減　損　損　失　　　　（　　（テ）　　）　　（　　　　　　　）
　　　　　　税引前当期純利益　　　　　　　　　　　　（　　　　　　　）
　　　　　　法人税, 住民税及び事業税　　　230,084
　　　　　　法人税等調整額　　　（　　　　　　）　　（　　（ト）　　）
　　　　　　当　期　純　利　益　　　　　　　　　　　（　　　　　　　）

問3 下記に示す株主資本等変動計算書における(ナ)～(ヌ)の金額を答案用紙の所定の欄に記入しなさい。

なお，純資産の控除項目については，金額の前に「△」を付すこと。

株主資本等変動計算書

自×17年4月1日 至×18年3月31日 （単位：千円）

	株 主 資 本					
	資本金	資本剰余金	利益剰余金		自己株式	株主資本合計
		資本準備金	利益準備金	繰越利益剰余金		
×17年4月1日残高	2,000,000	250,000	96,000	147,000	—	2,493,000
当期変動額						
剰余金の配当			4,000	△ 44,000		△ 40,000
当期純利益				（　　）		（　　）
自己株式の取得					（ (ナ) ）	（　　）
株主資本以外の項目の当期変動額（純額）						
当期変動額合計	—	—	4,000	（　　）	（　　）	（　　）
×18年3月31日残高	2,000,000	250,000	100,000	（　　）	（　　）	（　　）

	評価・換算差額等		新株予約権	純資産合計
	その他有価証券評価差額金	評価・換算差額等合計		
×17年4月1日残高	（　　）	（　　）	（ (ヌ) ）	（　　）
当期変動額				
剰余金の配当				△ 40,000
当期純利益				（　　）
自己株式の取得				（　　）
株主資本以外の項目の当期変動額（純額）	（ (ニ) ）	（　　）	（　　）	（　　）
当期変動額合計	（　　）	（　　）	（　　）	（　　）
×18年3月31日残高	（　　）	（　　）	（　　）	（　　）

問4　下記に示す貸借対照表における(ネ)〜(モ)の金額を答案用紙の所定の欄に記入しなさい。

貸借対照表

×18年3月31日　　　　　　　　　　　　　　　　（単位：千円）

資　産　の　部			負　債　の　部	
I　流　動　資　産			I　流　動　負　債	
現金及び預金		（　(ネ)　）	支　払　手　形	（　　　）
受　取　手　形	（　　　）		買　掛　金	（　　　）
売　掛　金	（　　　）		短　期　借　入　金	75,000
貸倒引当金	（　　　）	（　(ノ)　）	リ　ー　ス　債　務	（　(ム)　）
有　価　証　券		（　　　）	未払法人税等	（　　　）
商　　　品		（　(ハ)　）	流　動　負　債　合　計	（　　　）
未　収　収　益		（　　　）	II　固　定　負　債	
流　動　資　産　合　計		（　　　）	長　期　借　入　金	450,000
II　固　定　資　産			リ　ー　ス　債　務	（　　　）
1　有形固定資産			長　期　前　受　収　益	（　(メ)　）
建　　　物	（　　　）		固　定　負　債　合　計	（　　　）
減価償却累計額	（　　　）	（　(ヒ)　）	負　債　合　計	（　　　）
備　　　品	（　　　）		純　資　産　の　部	
減価償却累計額	（　　　）	（　　　）	I　株　主　資　本	
土　　　地		（　(フ)　）	1　資　本　金	2,000,000
リ　ー　ス　資　産	（　　　）		2　資　本　剰　余　金	
減価償却累計額	（　　　）	（　(ヘ)　）	(1)　資　本　準　備　金　250,000	
有形固定資産合計		（　　　）	資　本　剰　余　金　合　計	250,000
2　投資その他の資産			3　利　益　剰　余　金	
投　資　有　価　証　券		（　(ホ)　）	(1)　利　益　準　備　金　100,000	
関　係　会　社　株　式		（　(マ)　）	(2)　その他利益剰余金	
長　期　貸　付　金	（　　　）		繰越利益剰余金　（　　　）	
貸倒引当金	（　　　）	（　(ミ)　）	利　益　剰　余　金　合　計	（　　　）
繰　延　税　金　資　産		（　　　）	4　自　己　株　式	（　　　）
投資その他の資産合計		（　　　）	株　主　資　本　合　計	（　　　）
固　定　資　産　合　計		（　　　）	II　評価・換算差額等	
			1　その他有価証券評価差額金	（　　　）
			評価・換算差額等合計	（　　　）
			III　新　株　予　約　権	（　(モ)　）
			純　資　産　合　計	（　　　）
資　産　合　計		（　　　）	負　債　純　資　産　合　計	（　　　）

〔MEMO〕

【解　答】

問1

(ア)	720	(イ)	24,768	(ウ)	1,680	(エ)	2,480
(オ)	51,332						

問2

(カ)	4,380,225	(キ)	3,498,988	(ク)	35,550	(ケ)	6,200
(コ)	29,750	(サ)	59,918	(シ)	11,334	(ス)	2,525
(セ)	1,090	(ソ)	1,800	(タ)	18,506	(チ)	8,408
(ツ)	726	(テ)	58,500	(ト)	203,000		

問3

(ナ)	△ 98,700	(ニ)	780	(ヌ)	18,480

問4

(ネ)	194,500	(ノ)	585,000	(ハ)	154,769	(ヒ)	1,059,780
(フ)	966,610	(ヘ)	87,360	(ホ)	116,300	(マ)	184,230
(ミ)	288,683	(ム)	31,962	(メ)	1,470	(モ)	35,560

【採点基準】

| 問1 | 2点×5箇所＋ | 問2 | ～ | 問4 | 3点×30箇所＝100点 |

【解答時間及び得点】

	日　付	解答時間	得　点	Ｍ　Ｅ　Ｍ　Ｏ
1	／	分	点	
2	／	分	点	
3	／	分	点	
4	／	分	点	
5	／	分	点	

【チェック・ポイント】

出題分野	出題論点	日　付				
		／	／	／	／	／
個　別　論　点	現　　金　　の　　範　　囲					
	他　勘　定　振　替　高					
	株　式　取　得　に　よ　る　買　収					
	所有権移転外ファイナンス・リース取引					
	減　　　損　　　会　　　計					
	キ　ャ　ッ　シ　ュ・フ　ロ　ー　見　積　法					
	ス　ト　ッ　ク・オ　プ　シ　ョ　ン					
	自　　　己　　　株　　　式					
	税　　効　　果　　会　　計					

【解答への道】 （単位：千円）

Ⅰ．〔資料Ⅰ〕 決算整理前残高試算表の空欄推定

投 資 有 価 証 券： 115,000 ← ＢＢ社社債54,000(*1)＋ＤＤ社株式61,000

関 係 会 社 株 式： 184,230 ← ＣＣ社株式取得原価(@440円＋プレミアム@５円)×414,000株

繰 延 税 金 資 産： 24,768 ← 後述（Ⅱ．11．(1) 参照）

自 己 株 式： 98,700 ← 買付単価@2,350円×買付株式数42,000株

リ ー ス 債 務（流動）： 30,881 ← 後述（Ⅱ．5．(2) 参照）

リ ー ス 債 務（固定）： 99,282 ← 後述（Ⅱ．5．(2) 参照）

リース資産減価償却累計額： 32,000 ← リース資産160,000÷５年×経過年数１年

新 株 予 約 権： 18,480 ← @44,000円×(1,200個－80個)× $\dfrac{9 \text{ヶ月}(\text{X16.7}〜\text{X17.3})}{24 \text{ヶ月}(\text{X16.7}〜\text{X18.6})}$

有 価 証 券 利 息： 820 ← 後述（Ⅱ．4．(2) ④参照）

投資有価証券評価損益： .1,800 ← ＤＤ社株式取得原価61,000－前期末時価59,200

(*1) 額面500千ドル×ＦＲ108円／ドル＝54,000

Ⅱ．決算整理仕訳等

1．現金等

(借)	現	金	預	金	2,280(*1)	(貸)	現 金 過 不 足			2,280
(借)	受	取	手	形	400(*2)	(貸)	現 金 過 不 足			400
(借)	為	替	差	損 益	20(*3)	(貸)	現 金 過 不 足			20
(借)	現	金	過	不 足	2,800	(貸)	受 取 配 当 金			2,800(*4)
(借)	雑		損	失	60	(貸)	現 金 過 不 足			60(*5)

(*1) 実際残高31,830(*6)－帳簿残高29,550＝2,280

(*2) 先日付小切手

(*3) ＢＢ社期限到来済社債利札10千ドル(*7)

　　　　　　　　　×(×17年12月31日直物レート110円／ドル－当期ＣＲ108円／ドル)＝20

(*4) ＣＣ社配当金領収書

(*5) 借方2,800(*4)－貸方(前T/B 40＋2,280(*1)＋400(*2)＋20(*3))＝60

(*6) 紙幣・硬貨20,450＋他社振出小切手(7,900－400(*2))

　　　　　　　　＋ＢＢ社期限到来済社債利札(10千ドル(*7)×当期ＣＲ108円／ドル)

　　　　　　　　　　　　　　＋ＣＣ社配当金領収証2,800(*4)＝31,830

(*7) 30千ドル－期限未到来分20千ドル＝10千ドル

2．仮払金

(借)	建	物	300,000(*2)	(貸)	建 設 仮 勘 定	175,000(*1)
					仮 払 金	125,000

(*1) 前T/B より

(*2) 175,000(*1)＋125,000＝300,000

3．商品売買

(1) 期中取引（備品への転用，処理済）

(借)	備	品	35,550	(貸)	仕 入	35,550
					(他 勘 定 振 替 高)	

(2) 決算整理

(借)	売	上	88,875	(貸)	売 上 戻 り	45,000
					売 上 値 引	43,875
(借)	仕 入 戻 し		40,590	(貸)	仕 入	67,650
	仕 入 値 引		27,060			
(借)	仕	入	128,000	(貸)	繰 越 商 品	128,000
(借)	繰 越 商 品		164,049	(貸)	仕 入	164,049
(借)	棚 卸 減 耗 費		3,080(*1)	(貸)	繰 越 商 品	9,280
	商 品 低 価 評 価 損		6,200(*2)			

(*1) 帳簿棚卸高(原価)164,049－実地棚卸高(原価)160,969＝3,080

(*2) 実地棚卸高(原価160,969－正味売却価額154,769)＝6,200

(3) 税効果会計

(借)	繰 延 税 金 資 産	720(*3)	(貸)	法 人 税 等 調 整 額	720

(*3) 当事業年度2,480(*4)－前事業年度1,760＝720

(*4) 商品低価評価損6,200(*2)×実効税率40％＝2,480

(4) 損益計算書上の数値

① 期首商品棚卸高

  手許商品128,000

② 当期商品仕入高

  外部仕入(3,531,088＋備品転用高35,550)－仕入戻し40,590－仕入値引27,060＝3,498,988

③ 期末商品棚卸高

  手許商品164,049

④ 他勘定振替高

  備品転用高35,550

4．有価証券等

(1) ＡＡ社株式（売買目的有価証券）

(借)	有 価 証 券 運 用 損 益	1,070	(貸)	有　　価　　証　　券	1,070(*1)

(*1)　取得原価32,300－時価31,230＝1,070

(2) ＢＢ社社債（満期保有目的の債券）

①　×16年4月1日（前期取得時，端数利息の処理は省略）

(借)	投 資 有 価 証 券	54,000(*1)	(貸)	現　　金　　預　　金	50,850(*2)
				長 期 前 受 収 益	3,150(*3)

(*1)　額面500千ドル×ＦＲ108円／ドル＝54,000

(*2)　取得原価450千ドル×113円／ドル＝50,850

(*3)　貸借差額

②　×17年3月31日（前期決算時）

(借)	長 期 前 受 収 益	840(*4)	(貸)	為 替 差 損 益	840
(借)	未　　収　　収　　益 （未 収 有 価 証 券 利 息）	280(*5)	(貸)	有 価 証 券 利 息	280

(*4)　$3,150(*3) \times \dfrac{12 \text{ヶ月(X16.4〜X17.3)}}{45 \text{ヶ月(X16.4〜X19.12)}} = 840$

(*5)　$500 \text{千ドル} \times 2.0\% \times \dfrac{3 \text{ヶ月(X17.1〜X17.3)}}{12 \text{ヶ月}} \times \text{前期ＣＲ112円／ドル} = 280$

③　×17年4月1日（当期首，再振替仕訳）

(借)	有 価 証 券 利 息	280	(貸)	未　　収　　収　　益 （未 収 有 価 証 券 利 息）	280(*5)

④　×17年12月31日（利払日）

(借)	現　　金　　預　　金	1,100	(貸)	有 価 証 券 利 息	1,100(*6)

(*6)　500千ドル×2.0％×110円／ドル＝1,100

◎　前T/B 有価証券利息：1,100(*6)－280(*5)＝820

⑤　決算整理

(借)	長 期 前 受 収 益	840(*7)	(貸)	為 替 差 損 益	840
(借)	未　　収　　収　　益 （未 収 有 価 証 券 利 息）	270(*8)	(貸)	有 価 証 券 利 息	270

(*7)　$3,150(*3) \times \dfrac{12 \text{ヶ月(X17.4〜X18.3)}}{45 \text{ヶ月(X16.4〜X19.12)}} = 840$

(*8)　$500 \text{千ドル} \times 2.0\% \times \dfrac{3 \text{ヶ月(X18.1〜X18.3)}}{12 \text{ヶ月}} \times \text{当期ＣＲ108円／ドル} = 270$

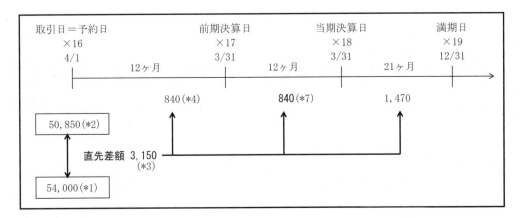

(3) ＣＣ社株式（子会社株式）

① 取得時（処理済）

(借)	関 係 会 社 株 式	184,230(*1)	(貸)	現 金 預 金	184,230

(*1) (@440円＋プレミアム@５円)×414,000株＝184,230

② 決算整理

仕 訳 な し

(4) ＤＤ社株式（その他有価証券）

① 17年３月31日（前期決算時）

(借)	投 資 有 価 証 券 評 価 損 益	1,800	(貸)	投 資 有 価 証 券	1,800(*1)
(借)	繰 延 税 金 資 産	720(*2)	(貸)	法 人 税 等 調 整 額	720

(*1) 取得原価61,000－前期末時価59,200＝1,800

(*2) 1,800(*1)×実効税率40％＝720

② ×17年４月１日（当期首，洗替処理）

(借)	投 資 有 価 証 券	1,800(*1)	(貸)	投 資 有 価 証 券 評 価 損 益	1,800

③ 決算整理

(借)	法 人 税 等 調 整 額	720	(貸)	繰 延 税 金 資 産	720(*2)
(借)	投 資 有 価 証 券	1,300(*3)	(貸)	繰 延 税 金 負 債	520(*4)
				その他有価証券評価差額金	780

(*3) 時価62,300－取得原価61,000＝1,300

(*4) 1,300(*3)×実効税率40％＝520

◎ 株主資本等変動計算書上のその他有価証券評価差額金

　　　×17年４月１日残高：　　　―

　　　当 期 変 動 額（純 額）：∴ 780

　　　×18年３月31日残高：　　780 ← 1,300(*3)－520(*4)

5．有形固定資産

(1) 建　物

　① 新規取得（前述，2．(1) 参照）

(借)	建　　　　　　　　物	300,000(*2)	(貸)	建　設　仮　勘　定	175,000(*1)
				仮　　払　　金	125,000

(*1)　前T/B より

(*2)　175,000(*1)＋125,000＝300,000

　② 決算整理

(借)	建 物 減 価 償 却 費	29,750(*3)	(貸)	建 物 減 価 償 却 累 計 額	29,750

(*3)　24,750(*4)＋5,000(*5)＝29,750

(*4)　前T/B 建物1,100,000×0.9÷40年＝24,750

(*5)　新規取得分300,000(*2)÷40年× $\dfrac{8 ヶ月 (X17.8〜X18.3)}{12ヶ月}$ ＝5,000

(2) 車　両（所有権移転外ファイナンス・リース取引）

　① ×16年4月1日（リース開始時）

(借)	リ　ー　ス　資　産	160,000(*1)	(貸)	リ　ー　ス　債　務	160,000

(*1)　$\dfrac{35,437(*2)}{1+0.035}+\dfrac{35,437(*2)}{(1+0.035)^2}+\dfrac{35,437(*2)}{(1+0.035)^3}+\dfrac{35,437(*2)}{(1+0.035)^4}+\dfrac{35,437(*2)}{(1+0.035)^5}$

$$＝159,999.911 \cdots \rightarrow 160,000（四捨五入）$$

(*2)　リース料37,237－維持管理費用相当額1,800＝35,437

(注)　維持管理費用相当額はリース物件の取得原価に含まれる性質のものではないため，原則として，割引
　　　現在価値の算定に当たり維持管理費用相当額をリース料総額から控除する。

　② ×18年3月31日（リース料支払時，未処理）

(借)	維　持　管　理　費	1,800	(貸)	現　金　預　金	37,237
	支　払　利　息	4,556(*3)			
	リ ー ス 債 務 （ 流 動 ）	30,881(*4)			

(*3)　×18年3月31日返済前元本130,163×3.5％＝4,555.705 → 4,556（四捨五入）

(*4)　リース料37,237－維持管理費用相当額1,800－4,556(*3)＝30,881

　③ 決算整理

(借)	リ ー ス 債 務 （ 固 定 ）	31,962(*5)	(貸)	リ ー ス 債 務 （ 流 動 ）	31,962
(借)	リ ー ス 資 産 減 価 償 却 費	32,000(*6)	(貸)	リ ー ス 資 産 減 価 償 却 累 計 額	32,000

(*5)　リース料37,237－維持管理費用相当額1,800－3,475(*7)＝31,962

(*6)　リース資産160,000(*1)÷5年＝32,000

(*7)　×19年3月31日返済前元本99,282×3.5％＝3,474.87 → 3,475（四捨五入）

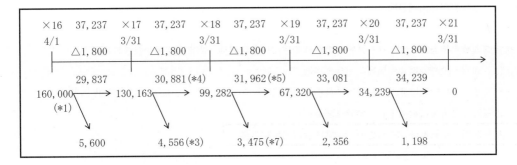

◎　前T/B　リース債務(流動)：30,881(*4)

　　　　　リース債務(固定)：99,282

（参考１） 維持管理費用相当額

１．意　義

　　維持管理費用相当額とは，リース物件の維持管理に伴う諸費用（固定資産税や保険料等）をいい，リース料には，通常，維持管理費用相当額が含まれる。

　　また，リース料総額に通常の保守等の役務提供相当額が含まれる場合には，当該役務提供相当額については，維持管理費用相当額に準じて会計処理を行う。

> リース料 ＝ 元本分 ＋ 利息分 ＋ 維持管理費用相当額

(1) 割引現在価値

　　維持管理費用相当額はリース物件の取得原価に含まれる性質のものではないため，原則として，**割引現在価値の算定に当たり維持管理費用相当額をリース料総額から控除する。**

　　ただし，維持管理費用相当額の金額がリース料に占める割合に重要性が乏しい場合は，これをリース料総額から控除しないことができる。

> リース資産（リース債務）＝ リース料総額 － 利息相当額総額 － 維持管理費用相当額

(2) 会計処理

　　維持管理費用相当額を区分して処理する場合には固定資産税や保険料等に細分化せずに「維持管理費」等で一括して処理する。

（借）リ ー ス 資 産	×××	（貸）リ ー ス 債 務	×××
（借）維 持 管 理 費 　　　（販売費及び一般管理費）	×××	（貸）現 金 預 金	×××(*1)
支 払 利 息	×××		
リ ー ス 債 務	×××		

(*1) 維持管理費用相当額を含んだリース料

(3) 備　品

(借) 備 品 減 価 償 却 費	59,918(*1)	(貸) 備 品 減 価 償 却 累 計 額	59,918

(*1)　52,500(*2)＋7,418(*3)＝59,918

(*2)　{(前T/B 備品315,550－転用分35,550)－前T/B 減価償却累計額70,000}×25%＝52,500

(*3)　転用分35,550×31.3%×$\dfrac{8 \text{ヶ月}(X17.8 \sim X18.3)}{12 \text{ヶ月}}$＝7,418.1 → 7,418（四捨五入）

6．減損会計

(1) 減損損失の認識の判定

帳簿価額合計650,000(*1) ＞ 割引前将来キャッシュ・フローの総額634,000 → ∴ 減損損失を認識する

(*1)　建物183,000＋リース資産96,000(*2)＋土地371,000＝650,000

(*2)　リース資産160,000－リース資産160,000÷5年×経過年数2年＝96,000

(2) 減損損失の測定及び各資産への配分

(借) 減　損　損　失	58,500(*3)	(貸) 建　　　　　物	16,470(*4)
		土　　　　　地	33,390(*5)
		リ　ー　ス　資　産	8,640(*6)

(*3)　帳簿価額合計650,000(*1)－回収可能価額591,500＝58,500

(*4)　建物帳簿価額183,000×配分比率0.09(*7)＝16,470

(*5)　土地帳簿価額371,000×配分比率0.09(*7)＝33,390

(*6)　リース資産帳簿価額96,000(*2)×配分比率0.09(*7)＝8,640

(*7)　減損損失58,500(*3)÷帳簿価額合計650,000(*1)＝0.09

(3) 税効果会計

(借) 繰 延 税 金 資 産	23,400(*8)	(貸) 法 人 税 等 調 整 額	23,400

(*8)　当事業年度23,400(*9)－前事業年度0＝23,400

(*9)　減損損失58,500(*3)×実効税率40%＝23,400

（参考2）　リース資産への減損会計の適用（売買処理を採用している場合）

1．総　論

売買処理を採用している場合，借手側において，リース資産は「自社所有の資産と同様に」貸借対照表に計上されている。当該リース資産は「固定資産の減損に係る会計基準」の対象資産となり減損会計が適用される。したがって，当該リース資産又は当該リース資産を含む資産グループに減損の兆候がある場合には，「**自社所有の資産と同様に**」減損損失の認識及び測定の手続を行う。

2．会計処理

減損損失を計上する場合の会計処理は以下のとおりとなる。

(借) 減　損　損　失	×××	(貸) リ ー ス 資 産	×××

7．債権の評価

(1) 一般債権

① 貸倒引当金

(借) 貸 倒 引 当 金 繰 入 額	9,590	(貸) 貸 倒 引 当 金	9,590(*1)

(*1) 15,000(*2)－前T/B 貸倒引当金(売上債権に係るもの)5,410＝9,590

(*2) 売上債権合計600,000(*3)×2.5%＝15,000

(*3) 受取手形(前T/B 178,300＋先日付小切手400)＋前T/B 売掛金421,300＝600,000

② 税効果会計

(借) 法 人 税 等 調 整 額	528	(貸) 繰 延 税 金 資 産	528(*4)

(*4) 前事業年度2,208－当事業年度1,680(*5)＝528

(*5) (会計上の引当金15,000(*2)－税務上の引当金10,800(*6))×実効税率40%＝1,680

(*6) 売上債権合計600,000(*3)×税務上の貸倒実績率1.8%＝10,800

(2) 貸倒懸念債権（対ＫＯ社貸付金）

① 前期決算整理

(借) 貸 倒 引 当 金 繰 入 額 （営 業 外 費 用）	16,651	(貸) 貸 倒 引 当 金	16,651(*1)

(*1) 300,000－債権に係る将来ＣＦの割引現在価値283,349(*2)＝16,651

(*2) $\dfrac{6,000(*3)}{1+0.04}+\dfrac{6,000(*3)}{(1+0.04)^2}+\dfrac{306,000(*4)}{(1+0.04)^3}＝283,349.453\cdots \rightarrow 283,349$ （四捨五入）

(注) 債権元本及び利息について元本の回収及び利息の受取が見込まれる時点から，期末までの期間にわたり「当初の約定利子率」で割り引いた金額の総額と債権の帳簿価額との差額を貸倒見積高とする。

(*3) 債権金額300,000×条件緩和後の約定利率2.0%＝6,000

(*4) 債権金額300,000＋6,000(*3)＝306,000

② 当期決算整理

(借) 貸 倒 引 当 金	5,334(*5)	(貸) 受 取 利 息	5,334

(*5) 288,683(*6)－283,349(*2)＝5,334

(*6) $\dfrac{6,000(*3)}{1+0.04}+\dfrac{306,000(*4)}{(1+0.04)^2}＝288,683.431\cdots \rightarrow 288,683$ （四捨五入）

(注) 割引効果の時の経過による実現分のうち貸倒見積高の減額分は，原則として，「受取利息」で処理する。

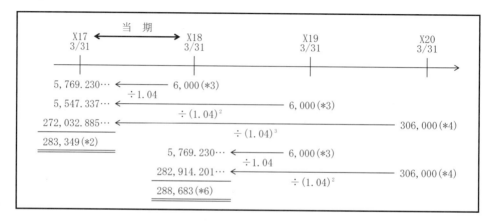

8. ストック・オプション

(1) 前期決算整理

| (借) 株 式 報 酬 費 用 | 18,480(*1) | (貸) 新 株 予 約 権 | 18,480 |

(*1) @44,000円×(1,200個−80個)×$\dfrac{9ヶ月(X16.7〜X17.3)}{24ヶ月(X16.7〜X18.6)}$=18,480

(2) 決算整理

| (借) 株 式 報 酬 費 用 | 17,080(*2) | (貸) 新 株 予 約 権 | 17,080 |

(*2) 付与分条件変更前6,160(*3)＋付与分条件変更後9,240(*4)
＋条件変更による価値増加分1,680(*5)＝17,080

(*3) 24,640(*6)−既計上額18,480(*1)＝6,160

(*4) {@44,000円×(1,200個−80個)−24,640(*6)}

　　×$\dfrac{条件変更日からの対象勤務期間のうち当期末までの期間9ヶ月(X17.7〜X18.3)}{条件変更後の対象勤務期間24ヶ月(X17.7〜X19.6)}$=9,240

(*5) (@48,000円−@44,000円)×(1,200個−80個)

　　×$\dfrac{条件変更日からの対象勤務期間のうち当期末までの期間9ヶ月(X17.7〜X18.3)}{条件変更後の対象勤務期間24ヶ月(X17.7〜X19.6)}$=1,680

(*6) @44,000円×(1,200個−80個)

　　×$\dfrac{当初の対象勤務期間のうち条件変更日までの期間12ヶ月(X16.7〜X17.6)}{当初の対象勤務期間24ヶ月(X16.7〜X18.6)}$=24,640

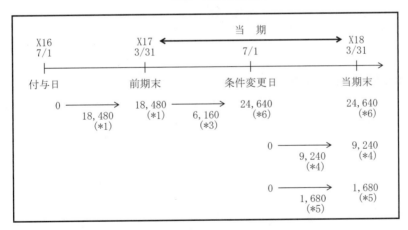

◎ 株主資本等変動計算書上の新株予約権

　　×17年4月1日残高: 18,480 ← (*1)

　　当期変動額(純額): 17,080 ← (*2)

　　×18年3月31日残高: 35,560 ← 24,640(*6)＋9,240(*4)＋1,680(*5)

（参考3）　ストック・オプション

1．ストック・オプション数の算定及びその見直しによる会計処理

　　費用計上額は，付与されたストック・オプション数（付与数）から，権利不確定による失効の見積数を控除して算定する。

$$
\begin{aligned}
\text{費用計上額} = \ &\text{公正な評価単価} \times （\text{ストック・オプション数} - \text{失効見積数}） \\
&\times \frac{\text{対象勤務期間のうち当期末までの期間}}{\text{対象勤務期間}} - \text{既計上額}
\end{aligned}
$$

2．ストック・オプションに係る条件変更の会計処理

（1）ストック・オプションの公正な評価単価を変動させる条件変更（条件変更日における公正な評価単価が，付与日における公正な評価単価を上回る場合）

　　条件変更前から行われてきた「付与日におけるストック・オプションの公正な評価単価に基づく公正な評価額による費用計上」を継続して行うことに加え，条件変更日におけるストック・オプションの公正な評価単価が付与日における公正な評価単価を上回る部分に見合う「ストック・オプションの公正な評価額の増加額につき，以後追加的に費用計上」する。

(借)　株　式　報　酬　費　用　　×××　　(貸)　新　株　予　約　権　　×××(*1)

（*1）　付与分(*2)＋条件変更による価値増加分(*3)

（*2）　付与日の公正な評価額× $\dfrac{\text{付与日からの対象勤務期間のうち決算日までの期間}}{\text{付与日からの対象勤務期間}}$ －既計上額

（*3）　公正な評価額の増加額× $\dfrac{\text{条件変更後の対象勤務期間のうち決算日までの期間}}{\text{条件変更後の対象勤務期間}}$

（2）費用の合理的な計上期間を変動させる条件変更

　　ストック・オプションにつき，対象勤務期間の延長又は短縮に結びつく勤務条件の変更等により費用の合理的な計上期間を変動させた場合には「当該条件変更前の残存期間に計上すると見込んでいた金額を，以後，合理的な方法に基づき新たな残存期間にわたって費用計上」する。

(借)　株　式　報　酬　費　用　　×××　　(貸)　新　株　予　約　権　　×××(*1)

（*1）　付与分条件変更前(*2)＋付与分条件変更後(*3)

（*2）　公正な評価額× $\dfrac{\text{付与日からの対象勤務期間のうち条件変更日までの期間}}{\text{付与日からの対象勤務期間}}$ －既計上額

（*3）　条件変更前の残存期間に計上すると見込んでいた金額

$$
\times \frac{\text{条件変更後の対象勤務期間のうち決算日までの期間}}{\text{条件変更後の残存対象勤務期間}}
$$

9．自己株式

(1) ×17年11月 6 日（買付時，処理済）

(借)	自 己 株 式	98,700(*1)	(貸)	現 金 預 金	98,700
(借)	支 払 手 数 料	210	(貸)	現 金 預 金	210

(*1) ＠2,350円×42,000株＝98,700

(2) 決算整理

仕 訳 な し

◎ 株主資本等変動計算書上の自己株式

×17年 4 月 1 日残高： ―

自 己 株 式 の 取 得： ∴ △ 98,700

×18年 3 月31日残高： △ 98,700 ← (*1)

10．法人税等

(1) 法人税，住民税及び事業税

(借)	法人税，住民税及び事業税	230,084(*1)	(貸)	未 払 法 人 税 等	230,084

(*1) P/L より

(2) 税効果会計

(借)	繰 延 税 金 資 産	4,212(*2)	(貸)	法 人 税 等 調 整 額	4,212

(*2) 当事業年度24,292(*3)－前事業年度20,080(*4)＝4,212

(*3) 当期の未払事業税否認額60,730×実効税率40％＝24,292

(*4) 前期の未払事業税否認額50,200×実効税率40％＝20,080

11. 税効果会計

(1) 税効果会計に関する注記事項 （ 問1 の解答，必要な部分のみ示す）

前事業年度	当事業年度
① 繰延税金資産及び繰延税金負債の発生の主な原因別の内訳 繰延税金資産 　貸倒引当金繰入限度超過額　　　2,208 　商品低価評価損　　　　　　　　1,760 　未払事業税　　　　　　　　　 20,080 　投資有価証券評価損　ア　　　　 720 繰延税金資産計　　　イ　　 24,768	① 繰延税金資産及び繰延税金負債の発生の主な原因別の内訳 繰延税金資産 　貸倒引当金繰入限度超過額　ウ　 1,680 　商品低価評価損　　　　　　エ　 2,480 　未払事業税　　　　　　　　　 24,292 　減損損失　　　　　　　　　　 23,400 繰延税金資産計　　　　　　　　 51,852 繰延税金負債 　その他有価証券評価差額金　　　　520 繰延税金負債計　　　　　　　　　　520 繰延税金資産の純額　　　オ　 51,332

　◎　前T/B 繰延税金資産：24,768

(注)　税効果会計に関する仕訳をまとめると以下のようになる。

(2) 法人税等調整額の計上

　　本問では解説上，個々に税効果会計を適用しているが，一括して適用した場合には以下のようになる。

(借) 繰 延 税 金 資 産　　27,084(*1)　(貸) 法 人 税 等 調 整 額　　27,084

(*1)　当事業年度51,852－前事業年度24,768＝27,084

(3) 純資産の部に直接計上される評価差額（ＤＤ社株式，前述，4．(4) 参照）

(借) 投 資 有 価 証 券　　1,300(*2)　(貸) 繰 延 税 金 負 債　　520(*3)

　　　　　　　　　　　　　　　　　　　　　その他有価証券評価差額金　　780

(*2)　時価62,300－取得原価61,000＝1,300

(*3)　1,300(*2)×実効税率40％＝520

Ⅲ. 決算整理後残高試算表

決算整理後残高試算表
×18年3月31日

現 金 預 金	194,500	支 払 手 形	115,240
受 取 手 形	178,700	買 掛 金	246,980
売 掛 金	421,300	短 期 借 入 金	75,000
有 価 証 券	31,230	リ ー ス 債 務（流 動）	31,962
繰 越 商 品	154,769	未 払 法 人 税 等	230,084
未 収 収 益	270	貸 倒 引 当 金	26,317
建 物	1,383,530	長 期 借 入 金	450,000
備 品	315,550	リ ー ス 債 務（固 定）	67,320
土 地	966,610	繰 延 税 金 負 債	520
リ ー ス 資 産	151,360	長 期 前 受 収 益	1,470
投 資 有 価 証 券	116,300	建物減価償却累計額	323,750
関 係 会 社 株 式	184,230	備品減価償却累計額	129,918
長 期 貸 付 金	300,000	リース資産減価償却累計額	64,000
繰 延 税 金 資 産	51,852	資 本 金	2,000,000
自 己 株 式	98,700	資 本 準 備 金	250,000
仕 入	3,427,389	利 益 準 備 金	100,000
商 品 低 価 評 価 損	6,200	繰 越 利 益 剰 余 金	103,000
棚 卸 減 耗 費	3,080	その他有価証券評価差額金	780
営 業 費	222,952	新 株 予 約 権	35,560
株 式 報 酬 費 用	17,080	売 上	4,380,225
貸 倒 引 当 金 繰 入 額	9,590	受 取 利 息	11,334
建 物 減 価 償 却 費	29,750	受 取 配 当 金	4,720
備 品 減 価 償 却 費	59,918	有 価 証 券 運 用 損 益	2,525
リ ー ス 資 産 減 価 償 却 費	32,000	有 価 証 券 利 息	1,090
維 持 管 理 費	1,800	投 資 有 価 証 券 評 価 損 益	1,800
支 払 利 息	18,506	雑 収 入	2,118
支 払 手 数 料	7,913	法 人 税 等 調 整 額	27,084
為 替 差 損 益	8,408		
雑 損 失	726		
減 損 損 失	58,500		
法人税，住民税及び事業税	230,084		
	8,682,797		8,682,797

Ⅳ. 繰延税金資産と繰延税金負債の相殺

（借）繰 延 税 金 負 債	520(*1)	（貸）繰 延 税 金 資 産	520

(*1) Ⅱ. 11. (1) 参照

V. 損益計算書 (問2 の解答)

損 益 計 算 書

自×17年4月1日　至×18年3月31日

I	売　　上　　高		カ 4,380,225
II	売　上　原　価		
	1　期首商品棚卸高	128,000	
	2　当期商品仕入高	キ 3,498,988	
	合　　計	3,626,988	
	3　期末商品棚卸高	164,049	
	4　他勘定振替高	ク 35,550	
	差　　引	3,427,389	
	5　商品低価評価損	ケ 6,200	3,433,589
	売　上　総　利　益		946,636
III	販売費及び一般管理費		
	1　棚　卸　減　耗　費	3,080	
	2　営　　業　　費	222,952	
	3　株　式　報　酬　費　用	17,080	
	4　貸倒引当金繰入額	9,590	
	5　建物減価償却費	コ 29,750	
	6　備品減価償却費	サ 59,918	
	7　リース資産減価償却費	32,000	
	8　維　持　管　理　費	1,800	376,170
	営　　業　　利　　益		570,466
IV	営　業　外　収　益		
	1　受　取　利　息	シ 11,334	
	2　受　取　配　当　金	4,720	
	3　有価証券運用益	ス 2,525	
	4　有　価　証　券　利　息	セ 1,090	
	5　投資有価証券評価益	ソ 1,800	
	6　雑　　収　　入	2,118	23,587
V	営　業　外　費　用		
	1　支　払　利　息	タ 18,506	
	2　支　払　手　数　料	7,913	
	3　為　替　差　損	チ 8,408	
	4　雑　　損　　失	ツ 726	35,553
	経　　常　　利　　益		558,500
VI	特　別　損　失		
	1　減　損　損　失	テ 58,500	58,500
	税引前当期純利益		500,000
	法人税, 住民税及び事業税	230,084	
	法　人　税　等　調　整　額	27,084	ト 203,000
	当　期　純　利　益		297,000

VI. 株主資本等変動計算書（ 問3 の解答）

株主資本等変動計算書

自×17年 4 月 1 日　至×18年 3 月31日

| | 株　主　資　本 | | | | | |
| | | 資本剰余金 | 利益剰余金 | | | |
	資 本 金	資　本 準 備 金	利　益 準 備 金	繰越利益 剰 余 金	自己株式	株主資本 合　計
×17年 4 月 1 日残高	2,000,000	250,000	96,000	147,000	—	2,493,000
当期変動額						
剰余金の配当			4,000	△ 44,000		△ 40,000
当期純利益				297,000		297,000
自己株式の取得					ナ△98,700	△ 98,700
株主資本以外の項目 　の当期変動額(純額)						
当期変動額合計	—	—	4,000	253,000	△ 98,700	158,300
×18年 3 月31日残高	2,000,000	250,000	100,000	400,000	△ 98,700	2,651,300

| | 評価・換算差額等 | | | |
	その他 有価証券 評　価 差 額 金	評価・換 算差額等 合　計	新　株 予 約 権	純 資 産 合　計
×17年 4 月 1 日残高	—	—	ヌ 18,480	2,511,480
当期変動額				
剰余金の配当				△ 40,000
当期純利益				297,000
自己株式の取得				△ 98,700
株主資本以外の項目 　の当期変動額(純額)	ニ 780	780	17,080	17,860
当期変動額合計	780	780	17,080	176,160
×18年 3 月31日残高	780	780	35,560	2,687,640

Ⅶ. 貸借対照表 (問4 の解答)

貸 借 対 照 表
×18年3月31日

資 産 の 部			負 債 の 部		
Ⅰ 流 動 資 産			Ⅰ 流 動 負 債		
現 金 及 び 預 金		ネ 194,500	支 払 手 形		115,240
受 取 手 形	178,700		買 掛 金		246,980
売 掛 金	421,300		短 期 借 入 金		75,000
貸 倒 引 当 金	△ 15,000	ノ 585,000	リ ー ス 債 務		ム 31,962
有 価 証 券		31,230	未 払 法 人 税 等		230,084
商 品		ハ 154,769	流 動 負 債 合 計		699,266
未 収 収 益		270	Ⅱ 固 定 負 債		
流 動 資 産 合 計		965,769	長 期 借 入 金		450,000
Ⅱ 固 定 資 産			リ ー ス 債 務		67,320
1 有 形 固 定 資 産			長 期 前 受 収 益		メ 1,470
建 物	1,383,530		固 定 負 債 合 計		518,790
減価償却累計額	△ 323,750	ヒ 1,059,780	負 債 合 計		1,218,056
備 品	315,550		純 資 産 の 部		
減価償却累計額	△ 129,918	185,632	Ⅰ 株 主 資 本		
土 地		フ 966,610	1 資 本 金		2,000,000
リ ー ス 資 産	151,360		2 資 本 剰 余 金		
減価償却累計額	△ 64,000	ヘ 87,360	(1) 資 本 準 備 金	250,000	
有 形 固 定 資 産 合 計		2,299,382	資 本 剰 余 金 合 計		250,000
2 投資その他の資産			3 利 益 剰 余 金		
投 資 有 価 証 券		ホ 116,300	(1) 利 益 準 備 金	100,000	
関 係 会 社 株 式		マ 184,230	(2) その他利益剰余金		
長 期 貸 付 金	300,000		繰 越 利 益 剰 余 金	400,000	
貸 倒 引 当 金	△ 11,317	ミ 288,683	利 益 剰 余 金 合 計		500,000
繰 延 税 金 資 産		51,332	4 自 己 株 式		△ 98,700
投資その他の資産合計		640,545	株 主 資 本 合 計		2,651,300
固 定 資 産 合 計		2,939,927	Ⅱ 評価・換算差額等		
			1 その他有価証券評価差額金		780
			評価・換算差額等合計		780
			Ⅲ 新 株 予 約 権		モ 35,560
			純 資 産 合 計		2,687,640
資 産 合 計		3,905,696	負 債 純 資 産 合 計		3,905,696

〔MEMO〕

問題⑩ 税効果会計②

商品売買業を営むＴＡＣ株式会社の決算整理前残高試算表は〔**資料Ⅰ**〕のとおりである。〔**資料Ⅱ**〕の決算整理事項及び参考事項に基づき，次の 問1 から 問3 に答えなさい。当事業年度は×6年4月1日～×7年3月31日である。

注意事項　1　前期末の為替相場は1ドル 115円であり，当期末の為替相場は1ドル 105円である。前期期中平均為替相場は1ドル 120円であり，当期期中平均為替相場は1ドル 110円である。

　　　　　2　金額の計算において端数が生じた場合には，最終数値の千円未満を四捨五入すること。

　　　　　3　利息の計算は月割とする。

　　　　　4　純資産の控除項目及び減少項目については，金額の前に「△」を付すこと。

問1　〔**資料Ⅲ**〕に示す損益計算書を完成させ，①～⑧の金額を答案用紙の所定の欄に記入しなさい。

問2　〔**資料Ⅲ**〕に示す株主資本等変動計算書を完成させ，①～⑧の金額を答案用紙の所定の欄に記入しなさい。

問3　〔**資料Ⅲ**〕に示す貸借対照表を完成させ，①～⑰の金額を答案用紙の所定の欄に記入しなさい。

〔**資料Ⅰ**〕　決算整理前残高試算表（単位：千円）

決算整理前残高試算表

×7年3月31日

現　金　預　金	984,246	支　払　手　形	422,000
受　取　手　形	432,000	買　　掛　　金	510,000
売　　掛　　金	612,000	貸　倒　引　当　金	3,000
繰　越　商　品	439,375	長　期　借　入　金	3,935,907
仮　　払　　金	（　　　　）	建物減価償却累計額	900,000
建　　　　　物	2,000,000	備品減価償却累計額	135,000
備　　　　　品	600,000	資　　本　　金	500,000
土　　　　　地	1,351,000	資　本　準　備　金	80,000
の　　れ　　ん	1,200,000	その他資本剰余金	9,000
投　資　有　価　証　券	279,030	利　益　準　備　金	15,000
繰　延　税　金　資　産	11,685	任　意　積　立　金	94,048
株　式　交　付　費	12,000	繰越利益剰余金	1,006,500
自　己　株　式	（　　　　）	新　株　予　約　権	（　　　　）
仕　　　　　入	3,046,500	売　　　　上	4,680,000
営　　業　　費	595,373	受取利息配当金	15,822
修　　繕　　費	250,000	有価証券利息	6,300
支払リース料	24,226	有価証券運用損益	12,238
支　払　利　息	30,000		
自己株式支払手数料	（　　　　）		
	（　　　　）		（　　　　）

〔資料Ⅱ〕　決算整理事項及び参考事項

1.　当期末手許商品は 398,875千円である。なお，期末において減耗等は生じていない。

2.　前期末においてA社株式（その他有価証券），C社株式（売買目的有価証券），D社社債（その他有価証券）を有していた。なお，その他有価証券の評価差額には，税効果会計を適用する。

銘　　　柄	取得原価	前期末時価	当期末時価	備　　　考
A社株式	63,630千円	64,000千円	346,800千円	（注1）
C社株式	60,000千円	70,000千円	―	（注2）
D社社債	1,800千ドル	1,830千ドル	1,860千ドル	（注3）

（注1）前期に取得した 1,000株である。当期において　？　株を購入している。

（注2）前期に取得した 500株である。当期においてすべて売却している。

（注3）×5年4月1日（直物為替相場 118円／ドル）に 1,800千ドルで購入したものである。当該社債は，発行日×3年4月1日，額面 2,000千ドル，年利率3％，利払日3月31日，償還日×13年3月31日の条件で発行されたものである。なお，償却原価法（定額法）を適用している。

3.　当期においてA社に対しTOB（株式公開買付）を実施し，A社の発行済株式総数10,000株のうち41％を当座により取得して支配権を獲得したが未処理である。なお，買収時におけるA社の貸借対照表は以下のとおりであり，土地の時価は 550,000千円であった。また，A社株式の買収価額は@65千円，買収時の時価は@65千円であった。

貸　借　対　照　表　　　　（単位：千円）

現 金 及 び 預 金	50,000	買　　　　掛　　　　金	200,000
売　　　　掛　　　　金	150,000	資　　　　本　　　　金	400,000
土　　　　　　　　地	500,000	繰 越 利 益 剰 余 金	100,000
	700,000		700,000

4.　当期末においてB社の事業のすべてを 901,860千円で当座により譲り受けたが未処理である。なお，事業譲受時におけるB社の貸借対照表は以下のとおりであり，借地権の時価は 720,000千円であった。また，その他の資産及び負債について，簿価と時価の乖離は生じていない。のれんは，次期より償却する。

貸　借　対　照　表　　　　（単位：千円）

現 金 及 び 預 金	80,000	買　　　　掛　　　　金	100,000
売　　　　掛　　　　金	200,000	資　　　　本　　　　金	800,000
借　　地　　権	700,000	繰 越 利 益 剰 余 金	80,000
	980,000		980,000

5.　建物は過年度に一括取得したものであり，耐用年数40年，残存価額を取得原価の10%として，定額法で前期まで減価償却を行ってきた。当期首に建物について大規模な修繕を行った結果，改修後の耐用年数は45年になったが，その際に支出した改修費用 250,000千円はすべて修繕費として処理されている。そこで，延長後の耐用年数のうち延長耐用年数に相当する金額を資本的支出とし，支出後の残存耐用年数を用いて定額法で減価償却費を計上する。また，資本的支出部分についてもその10%を残存価額として見積もるものとする。

6.　備品は，財務会計上は耐用年数 8 年，残存価額を取得原価の10%として，定額法で減価償却を行っている。これに対して，法人税法上は耐用年数10年，残存価額を取得原価の10%として，定額法で減価償却を行っているため，税効果会計を適用する。

7.　車両はリースにより調達したものを使用している。

(1)　当該リース取引は，所有権移転外ファイナンス・リース取引に該当する。

(2)　リース期間は×6年4月1日から×11年3月31日までである。

(3)　リース料は×7年3月31日を第1回の支払日とし，以後毎年3月31日に24,226千円を支払う。

(4)　リース資産の経済的耐用年数は6年である。

(5)　当該リース契約には，リース期間終了後に借手がリース物件の処分価額を 2,450千円まで保証する条項が付されている。

(6)　リース資産の見積現金購入価額は 105,590千円であり，リース料総額を見積現金購入価額に等しくさせる割引率は年5.41%である。また，当社の追加借入利子率は年5.66%である。当社はリース会社の計算利子率を知り得ない。

(7)　リース資産については，定額法により減価償却を行っている。

(8)　当該リース取引に関して支出額を支払リース料として処理しているため決算にあたり正しく処理する。

8. 決算整理前残高試算表上ののれんについては20年間の定額法で償却を行っている。残存償却期間は当期首より16年である。また，決算整理前残高試算表上の株式交付費については3年間の定額法で償却を行っている。残存償却期間は当期首より2年である。

9. 前期以前にのれんを認識した取引において，内部管理上独立した業績報告が行われる事業Ⅰと事業Ⅱが取得されており，当該事業に関するのれんの当期償却後帳簿価額は 150,000千円，のれんが認識された時点での事業Ⅰと事業Ⅱの時価はそれぞれ 1,250,000千円及び 625,000千円であった。事業Ⅰに属する資産グループはA，B，Cがあり，事業Ⅰ及び資産グループA，B，Cそれぞれに減損の兆候があるため決算にあたり適切に処理する。

のれんの帳簿価額は，各事業ののれんが認識された時点における時価の比率により按分する。減損損失を各資産グループに配分する場合には，帳簿価額と回収可能価額の差額に基づいて配分する。また，各資産グループに配分された減損損失を各資産に配分する場合には，帳簿価額に基づいて配分する。なお，減損損失配分後の各資産及び資産グループの帳簿価額が回収可能価額を下回らないようにすること。

減損損失は法人税法上，損金として計上できないため，税効果会計を適用する。

（事業Ⅰに属する資産グループの内訳等）

	資産グループA	資産グループB	資産グループC
当期減価償却後の帳簿価額			
備　　　　品	77,500千円	116,250千円	38,750千円
土　　　　地	322,500千円	233,750千円	111,250千円
合　　　計	400,000千円	350,000千円	150,000千円
当期末時点の割引前将来キャッシュ・フロー	230,000千円	360,000千円	160,000千円
当期末時点の割引後将来キャッシュ・フロー	180,000千円	322,000千円	138,000千円
当期末時点の正味売却価額	160,000千円	130,000千円	80,000千円

（注）事業Ⅰに属するのれんを含む，より大きな単位での当期末時点の割引前将来キャッシュ・フロー，回収可能価額はそれぞれ 750,000千円， 640,000千円である。

10. ×5年3月1日に新株予約権 300個を@ 200千円で発行した。

(1) 新株予約権1個あたりの目的となる株式数は10株であり，新株予約権の行使に際して払い込みをすべき金額は株式1株あたり 180千円，新株予約権の行使期間は×5年7月1日から×10年6月30日までである。

(2) 新株の発行にあたり，払込金額のうち資本金に組入れる額は，会社法規定の最低限度額とする。

(3) 前期において新株予約権の20％に相当する権利行使があり，新株を発行するとともに払込金を当座に預け入れた。また，×7年2月28日に新株予約権者から新株予約権の30％に相当する権利行使があり，交付株式の60％については新株を発行し，残りについては当社保有の自己株式を交付したが，未処理である。

11. ×6年6月25日に開催された株主総会において，50,000千円の配当金の支払，会社法規定額の利益準備金の積立が承認されている。なお，配当金については後日，当座により支払った。また，経営環境の変化に対応した機動的な資本政策を可能とするため，取得する株式の種類は普通株式，取得する株式総数の上限 1,000株，株式の取得価額総額の上限 200,000千円という内容の自己株式の取得が認められた。

　　×6年12月20日の取締役会により，分配可能額の10%の配当金の支払，会社法規定額の利益準備金の積立が決議され，配当金については後日，当座により支払った。当該事項について支出額を仮払金として処理したのみであり，決算にあたり正しく処理する。

12. 期首における自己株式は 1,000株，平均単価@ 190千円であり，他の資料（10. 新株予約権）で判明する事項を除いた自己株式に関する当期の取引は以下のとおりである。なお，払出単価の計算は移動平均法によっている。

　(1) ×6年4月25日に前期の株主総会決議に基づき自己株式 400株を取得原価@ 197千円（手数料 7,880千円）で購入した。

　(2) ×6年10月25日に当期の株主総会決議に基づき自己株式 700株を取得原価@ 210千円（手数料14,700千円）で購入した。

　(3) ×7年3月16日に開催された取締役会において，募集株式の発行手続により自己株式 200株の処分が決議され，申込期日である×7年3月30日に@ 199千円で 200株分が払い込まれたが，未処理である。なお，払込期日は×7年4月2日である。

13. 当社の債権はすべて一般債権であり，過去3年間の貸倒実績率の平均値である1%により当期末残高に対して貸倒引当金を設定する。一般債権に係る法人税法上の貸倒引当金の損金算入限度額は，債権期末残高に対して 0.9%であるため，税効果会計を適用する。

14. 当期の有価証券報告書における税効果会計に関係する注記は以下のとおりである。なお、繰延税金資産の回収可能性に問題はない。

前事業年度 （×6年3月31日）		当事業年度 （×7年3月31日）	
1．繰延税金資産及び繰延税金負債の発生の主な原 　　因別の内訳　　　　　　　　　（千円）		1．繰延税金資産及び繰延税金負債の発生の主な原 　　因別の内訳　　　　　　　　　（千円）	
繰延税金資産		繰延税金資産	
減価償却超過額	10,800	減価償却超過額	?
減損損失否認額	―	減損損失否認額	?
その他有価証券評価差額金	1,980	その他有価証券評価差額金	?
貸倒引当金繰入超過額	885	貸倒引当金繰入超過額	?
繰延税金資産計	13,665	繰延税金資産計	?
繰延税金負債		繰延税金負債	
その他有価証券評価差額金	148	その他有価証券評価差額金	?
繰延税金負債計	148	繰延税金負債計	?
繰延税金資産の純額	13,517	繰延税金資産の純額	?
2．法定実効税率と税効果会計適用後の法人税等の 　　負担率との差異の原因となった主要な項目別の内 　　訳　　　　　　　　　　　　　（％）		2．法定実効税率と税効果会計適用後の法人税等の 　　負担率との差異の原因となった主要な項目別の内 　　訳　　　　　　　　　　　　　（％）	
法定実効税率	40.0	法定実効税率	40.0
（調整）		（調整）	
交際費の損金不算入額	0.4	交際費の損金不算入額	0.5
その他	△0.2	その他	△0.2
税効果会計適用後の法人税等の負担率	40.2	税効果会計適用後の法人税等の負担率	40.3

〔資料Ⅲ〕 損益計算書，株主資本等変動計算書及び貸借対照表（単位：千円）

損 益 計 算 書

自×6年4月1日 至×7年3月31日

Ⅰ 売 上 高			4,680,000
Ⅱ 売 上 原 価			
1 期首商品棚卸高		439,375	
2 当期商品仕入高		3,046,500	
合 計		3,485,875	
3 期末商品棚卸高		398,875	3,087,000
売 上 総 利 益			1,593,000
Ⅲ 販売費及び一般管理費			
1 営 業 費		595,373	
2 貸倒引当金繰入額	(	)	
3 建物減価償却費	(	)	
4 備品減価償却費	(①	)	
5 リース資産減価償却費	(	)	
6 修 繕 費	(②	)	
7 のれん償却額	(	)	( )
営 業 利 益			( )
Ⅳ 営 業 外 収 益			
1 受取利息配当金		15,822	
2 有価証券利息	(③	)	
3 有価証券運用益		12,238	( )
Ⅴ 営 業 外 費 用			
1 支 払 利 息	(④	)	
2 株式交付費償却	(⑤	)	
3 支 払 手 数 料	(⑥	)	( )
経 常 利 益			( )
Ⅵ 特 別 損 失			
1 減 損 損 失	(⑦	)	( )
税引前当期純利益			( )
法人税，住民税及び事業税		229,613	
法人税等調整額	(	)	(⑧)
当 期 純 利 益			( )

株 主 資 本 等 変 動 計 算 書

自×6年4月1日 至×7年3月31日

	資本金	株 主 資 本					自己株式
		資本剰余金		利益剰余金			
		資 本 準 備 金	その他資 本剰余金	利 益 準 備 金	その他利益剰余金		
					任 意 積 立 金	繰越利益 剰 余 金	
×6年4月1日残高	500,000	80,000	9,000	10,000	94,048	1,061,500	( )
当期変動額							
新株の発行及び自己株式の処分	(①)	( )	( )				( )
剰 余 金 の 配 当				( )		(③)	
当 期 純 利 益						(④)	
自己株式の取得							(⑤)
自己株式の処分							
株主資本以外の項目 の当期変動額(純額)							
当期変動額合計	( )	( )	( )	( )	—	( )	( )
×7年3月31日残高	( )	( )	(②)	( )	94,048	( )	( )

	株 主 資 本		評価・換算差額等		新 株 予約権	純資産 合 計
	自己株式 申 込 証拠金	株主資本 合 計	その他 有価証券 評 価 差額金	評価・換 算差額等 合 計		
6年4月1日残高	—	( )	(⑥)	( )	(⑧)	( )
当期変動額						
新株の発行及び自己株式の処分		( )				( )
剰 余 金 の 配 当		( )				( )
当 期 純 利 益		( )				( )
自己株式の取得		( )				( )
自己株式の処分	( )	( )				( )
株主資本以外の項目 の当期変動額(純額)			(⑦)	( )	( )	( )
当期変動額合計	( )	( )	( )	( )	( )	( )
×7年3月31日残高	( )	( )	( )	( )	( )	( )

貸 借 対 照 表

×7年3月31日

資 産 の 部		負 債 の 部	
I 流 動 資 産		I 流 動 負 債	
現金及び預金 （ ① ）		支 払 手 形　422,000	
受 取 手 形　432,000		買 掛 金 （　）	
売 掛 金 （　）		リ ー ス 債 務 （　）	
貸倒引当金 （　）（ ② ）		未 払 法 人 税 等　229,613	
商 品　398,875		流 動 負 債 合 計 （　）	
流 動 資 産 合 計 （　）		II 固 定 負 債	
II 固 定 資 産		長 期 借 入 金　3,935,907	
1 有 形 固 定 資 産		リ ー ス 債 務 （ ⑫ ）	
建 物 （　）		固 定 負 債 合 計 （　）	
減価償却累計額 （　）（ ③ ）		負 債 合 計 （　）	
備 品 （ ④ ）		純 資 産 の 部	
減価償却累計額 （　）（　）		I 株 主 資 本	
土 地 （ ⑤ ）		1 資 本 金 （　）	
リ ー ス 資 産 （　）		2 資 本 剰 余 金	
減価償却累計額 （　）（ ⑥ ）		資 本 準 備 金 （　）	
有形固定資産合計 （　）		その他資本剰余金 （ ⑬ ）	
2 無 形 固 定 資 産		資 本 剰 余 金 合 計 （　）	
の れ ん （ ⑦ ）		3 利 益 剰 余 金	
借 地 権 （ ⑧ ）		利 益 準 備 金 （ ⑭ ）	
無形固定資産合計 （　）		その他利益剰余金	
3 投資その他の資産		任 意 積 立 金　94,048	
投 資 有 価 証 券 （ ⑨ ）		繰越利益剰余金 （　）	
関 係 会 社 株 式 （ ⑩ ）		利 益 剰 余 金 合 計 （　）	
繰 延 税 金 資 産 （ ⑪ ）		4 自 己 株 式 （　）	
投資その他の資産合計 （　）		5 自己株式申込証拠金 （ ⑮ ）	
固 定 資 産 合 計 （　）		株 主 資 本 合 計 （　）	
II 繰 延 資 産		II 評価・換算差額等	
株 式 交 付 費 （　）		1 その他有価証券評価差額金 （ ⑯ ）	
繰 延 資 産 合 計 （　）		評価・換算差額等合計 （　）	
		III 新 株 予 約 権 （ ⑰ ）	
		純 資 産 合 計 （　）	
資 産 合 計 （　）		負 債 純 資 産 合 計 （　）	

【解 答】

問1

①	67,500	②	200,000	③	9,050	④	35,935
⑤	6,000	⑥	22,580	⑦	360,000	⑧	80,600

問2

①	54,000	②	9,720	③	△128,700	④	119,400
⑤	△225,800	⑥	△ 2,748	⑦	△ 10,962	⑧	48,000

問3

①	97,686	②	1,231,560	③	1,112,200	④	544,975
⑤	1,146,025	⑥	84,378	⑦	1,026,860	⑧	720,000
⑨	195,300	⑩	330,130	⑪	169,838	⑫	67,243
⑬	9,720	⑭	21,700	⑮	39,800	⑯	△ 13,710
⑰	30,000						

【採点基準】

3点×33箇所＋1点（全部正解の場合のみ加点）＝100点

【解答時間及び得点】

	日　付	解答時間	得　点	Ｍ　Ｅ　Ｍ　Ｏ
1	／	分	点	
2	／	分	点	
3	／	分	点	
4	／	分	点	
5	／	分	点	

【チェック・ポイント】

出題分野	出題論点	日　付				
		／	／	／	／	／
個　別　論　点	有価証券の保有目的区分の変更					
	外　貨　建　有　価　証　券					
	事　　業　　譲　　受					
	資　本　的　支　出　・　収　益　的　支　出					
	ファイナンス・リース取引（残価保証）					
	減　損　会　計　（　の　れ　ん　）					
	新　　株　　予　　約　　権					
	分　配　可　能　額　の　算　定					
	自　　己　　株　　式					
	税　　効　　果　　会　　計					

【解答への道】（単位：千円）

Ⅰ．〔資料Ⅰ〕の空欄推定

仮　払　金：67,000 ← 後述（Ⅲ．9．参照）

自　己　株　式：415,800 ← @190×1,000株＋@197×400株＋@210×700株

自己株式支払手数料：22,580 ← 7,880＋14,700

新　株　予　約　権：48,000 ← @200×300個×（1－20%）

Ⅱ．決算整理仕訳等

1．商品売買

| （借） | 仕 | 入 | 439,375 | （貸） | 繰 越 商 品 | 439,375 |
| （借） | 繰 越 商 品 | | 398,875 | （貸） | 仕 入 | 398,875 |

2．有価証券

(1) その他有価証券（D社社債）

（借）	投 資 有 価 証 券	2,750(*1)	（貸）	有 価 証 券 利 息	2,750
（借）	繰 延 税 金 資 産	9,140(*3)	（貸）	投 資 有 価 証 券	22,850(*2)
	その他有価証券評価差額金	13,710			

(*1) 当期償却額25千ドル(*4)×当期ＡＲ110円／ドル＝2,750

(*2) （1,800千ドル×118円／ドル＋前期償却額25千ドル(*5)×前期ＡＲ120円／ドル＋2,750(*1)）

$$-195,300(*6)=22,850$$

(*3) 22,850(*2)×実効税率40％＝9,140

(*4) （額面2,000千ドル－取得原価1,800千ドル）× $\dfrac{12ヶ月（X6.4〜X7.3）}{96ヶ月（X5.4〜X13.3）}$ ＝25千ドル

(*5) （額面2,000千ドル－取得原価1,800千ドル）× $\dfrac{12ヶ月（X5.4〜X6.3）}{96ヶ月（X5.4〜X13.3）}$ ＝25千ドル

(*6) 当期末時価1,860千ドル×当期ＣＲ105円／ドル＝195,300

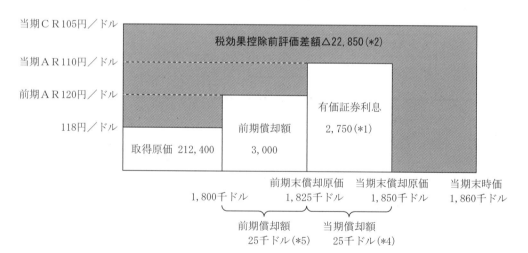

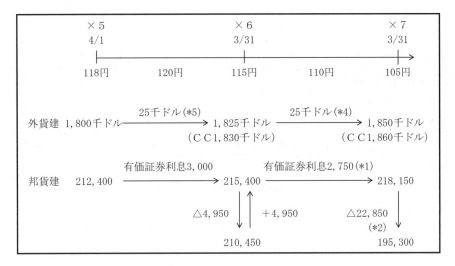

◎ 株主資本等変動計算書上のその他有価証券評価差額金

　　当期首残高：⑥　　△ 2,748 ← A社株式222(*7)－D社社債2,970(*8)

　　当期変動額：⑦　∴　△10,962

　　当期末残高：　　　△13,710 ← D社社債13,710

(*7)　(前期末時価64,000－取得原価63,630)×(1－実効税率40%)＝222

(*8) {(1,800千ドル×118円／ドル＋前期償却額25千ドル(*5)×前期AR120円／ドル)－210,450(*9)}

　　　　　　　　　　　　　　　　　　　　　　　　　×(1－実効税率40%)＝2,970

(*9)　前期末時価1,830千ドル×前期CR115円／ドル＝210,450

(2) その他有価証券から関係会社株式への保有目的区分の変更（A社株式，未処理）

① 追加取得

（借）関 係 会 社 株 式	266,500	（貸）現 金 預 金	266,500(*1)

(*1) @65×4,100株(*2)＝266,500

(*2) 10,000株×41%＝4,100株

② 振 替

（借）関 係 会 社 株 式	63,630(*1)	（貸）投 資 有 価 証 券	63,630

(*1) 帳簿価額

(注) 前T/B にD社社債に係る投資有価証券評価損益が計上されていないため，全部純資産直入法を採用していると判断すること。

（参考１） 有価証券の保有目的区分の変更

変 更 前	変 更 後		振 替 価 額	振替時の評価差額
売買目的有価証券	子会社株式及び関連会社株式		振 替 時 の 時 価	損益としてP/L 計上
	その他有価証券			
満期保有目的の債券	売買目的有価証券		振替時の償却原価	―
	その他有価証券			
子会社株式及び関連会社株式	売買目的有価証券		帳 簿 価 額	―
	その他有価証券			
その他有価証券	売買目的有価証券		振 替 時 の 時 価	損益としてP/L 計上
	子会社株式及び関連会社株式	全部	帳 簿 価 額	―
		部分 評価益	帳 簿 価 額	
		部分 評価損	前 期 末 時 価	

3．事業譲受（未処理）

(借)	現　金　預　金	80,000(*1)	(貸)	買　　掛　　金	100,000(*1)
	売　　掛　　金	200,000(*1)		現　金　預　金	901,860(*2)
	借　　地　　権	720,000(*1)			
	の　　れ　　ん	1,860(*3)			

(*1)　事業譲受時の時価

(*2)　取得原価

(*3)　取得原価901,860(*2)－取得原価の配分額900,000(*4)＝1,860

(*4)　80,000(*1)＋200,000(*1)＋720,000(*1)－100,000(*1)＝900,000

4．有形固定資産

(1) 建　物

(借)	建　　　　　　物	50,000(*1)	(貸)	修　　繕　　費	50,000
(借)	建 物 減 価 償 却 費	37,800(*2)	(貸)	建 物 減 価 償 却 累 計 額	37,800

(*1)　$250,000 \times \dfrac{\text{延長耐用年数(45年－40年)}}{\text{支出後の残存耐用年数25年(*3)}} = 50,000$

(*2)　要償却額945,000(*4)÷25年(*3)＝37,800

(*3)　修繕後耐用年数45年－当期首までの経過年数20年(*5)＝25年

(*4)　(2,000,000＋資本的支出50,000(*1))×0.9－前T/B 減価償却累計額900,000＝945,000

(*5)　前T/B 減価償却累計額900,000÷修繕前の1年あたり減価償却費45,000(*6)＝20年

(*6)　2,000,000×0.9÷40年＝45,000

(2) 備　品

(借)	備 品 減 価 償 却 費	67,500(*1)	(貸)	備 品 減 価 償 却 累 計 額	67,500
(借)	繰 延 税 金 資 産	5,400(*2)	(貸)	法 人 税 等 調 整 額	5,400

(*1)　600,000×0.9÷8年＝67,500

(*2)　(会計上の減価償却費67,500(*1)－税務上の減価償却費54,000(*3))×実効税率40％＝5,400

(*3)　600,000×0.9÷10年＝54,000

(3) リース資産

① リース開始時及びリース料支払

(借)	リース資産	104,860(*1)	(貸)	リース債務	104,860
(借)	支払利息	5,935(*3)	(貸)	支払リース料	24,226
	リース債務	18,291(*4)			

(*1) 見積現金購入価額105,590 ＞ リース料総額の割引現在価値合計104,860(*2)

→ 資産計上額104,860 （いずれか小）

$$(*2) \quad \frac{24,226}{1+0.0566} + \frac{24,226}{(1+0.0566)^2} + \frac{24,226}{(1+0.0566)^3} + \frac{24,226}{(1+0.0566)^4}$$

$$+ \frac{24,226+残価保証2,450}{(1+0.0566)^5} = 104,860.010\cdots \rightarrow 104,860 （四捨五入）$$

(注) リース契約上に残価保証の取決めがある場合は，割引現在価値の算定に当たり，残価保証額をリース料総額に含める。

(*3) 104,860(*1)×追加借入利子率5.66％＝5,935.076 → 5,935 （四捨五入）

(*4) 支払リース料24,226－5,935(*3)＝18,291

② 決算整理

(借)	リース資産減価償却費	20,482(*5)	(貸)	リース資産減価償却累計額	20,482
(借)	リース債務	86,569(*6)	(貸)	リース債務（流動）	19,326(*7)
				リース債務（固定）	67,243(*8)

(*5) （104,860(*1)－残価保証2,450）÷リース期間5年＝20,482

(注) 本問は所有権移転外ファイナンス・リース取引であるため，リース期間5年で減価償却費を計算する。なお，残価保証の取決めがある場合には原則として，残価保証額を残存価額として減価償却を行う点に注意すること。

(*6) 104,860(*1)－18,291(*4)＝86,569

(*7) 支払リース料24,226－4,900(*9)＝19,326

(*8) 86,569(*6)－19,326(*7)＝67,243

(*9) 86,569(*6)×追加借入利子率5.66％＝4,899.8054 → 4,900 （四捨五入）

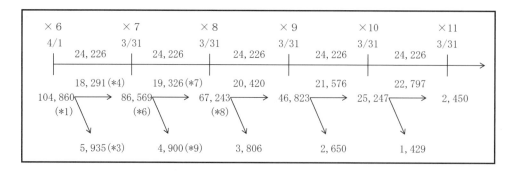

5．のれん

（借）の れ ん 償 却 額	75,000(*1)	（貸）の れ ん	75,000

(*1)　前T/B 1,200,000÷残存償却期間16年＝75,000

6．株式交付費

（借）株 式 交 付 費 償 却	6,000(*1)	（貸）株 式 交 付 費	6,000

(*1)　前T/B 12,000÷残存償却期間2年＝6,000

7．減損会計

(1) のれんの分割

事業Ⅰ：$150,000 \times \dfrac{1,250,000}{1,250,000＋625,000} ＝ 100,000$

事業Ⅱ：$150,000 \times \dfrac{625,000}{1,250,000＋625,000} ＝ 50,000$

(2) 事業Ⅰに属する各資産グループごとの減損損失の認識の判定及び測定

　① 減損損失の認識の判定

　　ⅰ 資産グループA

　　　割引前将来ＣＦ230,000 ＜ 帳簿価額 400,000 → 認識する

　　ⅱ 資産グループB

　　　割引前将来ＣＦ360,000 ＞ 帳簿価額 350,000 → 認識しない

　　ⅲ 資産グループC

　　　割引前将来ＣＦ160,000 ＞ 帳簿価額 150,000 → 認識しない

　② 資産グループAに係る減損損失の測定

　　帳簿価額400,000－回収可能価額180,000(*1)＝減損損失220,000

(*1)　使用価値（割引後将来キャッシュ・フロー）180,000 ＞ 正味売却価額160,000 → 180,000

(3) より大きな単位での減損損失の認識の判定及び測定

　① 減損損失の認識の判定

　　割引前将来ＣＦ750,000 ＜ 帳簿価額1,000,000(*2) → 認識する

(*2)　A400,000（減損損失控除前）＋B350,000＋C150,000＋事業Ⅰに配分されたのれん100,000

　　　　　　　　　　　　　　　　　　　　　　　　　　　　　　　　　　　　　　＝1,000,000

　② 減損損失の測定

　　帳簿価額合計1,000,000(*2)－回収可能価額640,000＝より大きな単位での減損損失360,000

　③ のれんを加えることによる減損損失増加額

　　より大きな単位での減損損失360,000－資産グループAに係る減損損失220,000＝140,000

(4) 減損損失増加額の各資産グループへの配分

　① のれんへの配分額

　　のれんを加えることによる減損損失増加額140,000 ＞ のれんの帳簿価額100,000

　　　→　100,000はのれんへ配分し，当該超過額40,000(*3)を各資産グループに配分する。

　　　　　ただし，資産グループAは回収可能価額まで減損損失を認識しているため，のれんに係る減損

　　　　　損失を配分しない。

(*3)　140,000－のれんの帳簿価額100,000＝40,000

—221—

② 各資産グループへの配分額

$$\text{B} : 40,000(*3) \times \frac{28,000(*4)}{28,000(*4)+12,000(*5)} = 28,000$$

$$\text{C} : 40,000(*3) \times \frac{12,000(*5)}{28,000(*4)+12,000(*5)} = 12,000$$

(*4) 帳簿価額合計350,000−回収可能価額322,000(*6)＝28,000

(*5) 帳簿価額合計150,000−回収可能価額138,000(*7)＝12,000

(*6) 使用価値(割引後将来キャッシュ・フロー)322,000 ＞ 正味売却価額130,000 → 322,000

(*7) 使用価値(割引後将来キャッシュ・フロー)138,000 ＞ 正味売却価額 80,000 → 138,000

(5) 減損損失の各資産への配分

(借) 減 損 損 失	360,000	(貸) の れ ん	100,000
		備 品	55,025(*8)
		土 地	204,975(*9)

(*8) (*9)

	グループA	グループB	グループC	の れ ん	より大きな単位
①帳 簿 価 額 合 計	400,000	350,000	150,000	100,000	1,000,000
②減 損 損 失	△220,000	△ 28,000 (*4)	△ 12,000 (*5)	△100,000	△360,000
③配 分 比 率	0.55	0.08	0.08	―	―
④備 品 へ の 配 分	△ 42,625	△ 9,300	△ 3,100	―	55,025 (*8)
⑤土 地 へ の 配 分	△177,375	△ 18,700	△ 8,900	―	204,975 (*9)

(注) 計算方法

　　②減損損失÷①帳簿価額合計＝③配分比率

　　備品帳簿価額×③配分比率＝④備品への配分

　　土地帳簿価額×③配分比率＝⑤土地への配分

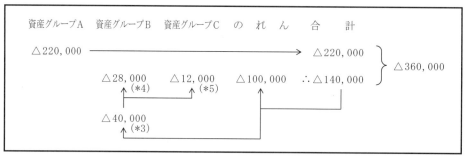

(6) 税効果会計

| (借) 繰 延 税 金 資 産 | 144,000(*10) | (貸) 法 人 税 等 調 整 額 | 144,000 |

(*10) 減損損失360,000×実効税率40％＝144,000

8．新株予約権（未処理）

（借）	現　金　預　金	162,000（*1）	（貸）	資　　　本　　　金	54,000（*3）
	新　株　予　約　権	18,000（*2）		資　本　準　備　金	54,000（*4）
				自　己　株　式	71,280（*5）
				その他資本剰余金	720（*6）

(*1)　払込金額@180×交付株式数900株（*7）＝162,000

(*2)　払込金額@200×300個×30％＝18,000

(*3)　$108,000（*8）× \dfrac{1}{2} ＝54,000$

(*4)　108,000（*8）－54,000（*3）＝54,000

(*5)　@198（*9）×自己株式数360株（*10）＝71,280

(*6)　72,000（*11）－71,280（*5）＝720

(*7)　300個×30％×10株／個＝900株

(*8)　(162,000（*1）＋18,000（*2）)×60％－自己株式処分差損相当額0＝資本金等増加限度額108,000

(注)　自己株式処分差益が発生する場合，資本金等増加限度額は新株に対する払込金額となる。

(*9)　$\dfrac{@190×1,000株＋@197×400株＋@210×700株}{1,000株＋400株＋700株} ＝@198$

(*10)　900株（*7）×(1－60％)＝360株

(*11)　(162,000（*1）＋18,000（*2）)×(1－60％)＝72,000

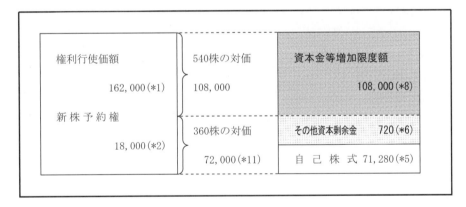

◎ 株主資本等変動計算書上の資本金

    当 期 首 残 高： 500,000

    当 期 変 動 額

      新株の発行及び自己株式の処分：① 54,000(*3)

    当 期 末 残 高： 554,000

◎ 株主資本等変動計算書上の資本準備金

    当 期 首 残 高： 80,000

    当 期 変 動 額

      新株の発行及び自己株式の処分： 54,000(*4)

    当 期 末 残 高： 134,000

◎ 株主資本等変動計算書上のその他資本剰余金

    当 期 首 残 高： 9,000

    当 期 変 動 額

      新株の発行及び自己株式の処分： 720(*6)

    当 期 末 残 高：② 9,720

◎ 株主資本等変動計算書上の自己株式

    当 期 首 残 高： △190,000 ← @190×1,000株

    当 期 変 動 額

      新株の発行及び自己株式の処分： 71,280(*5)

      自己株式の取得：⑤△225,800 ← @197×400株＋@210×700株

    当 期 末 残 高： △344,520

◎ 株主資本等変動計算書上の新株予約権

    当 期 首 残 高：⑧ 48,000 ← @200×300個×（1－20%）

    当 期 変 動 額： △ 18,000(*2)

    当 期 末 残 高： 30,000 ← @200×300個×（1－20%－30%）

9．剰余金の配当

(1) ×6年6月25日（処理済）

| （借）繰越利益剰余金 | 55,000 | （貸）現　金　預　金 | 50,000 |
| | | 利　益　準　備　金 | 5,000(*1) |

(*1) $500,000 \times \dfrac{1}{4} - (80,000 + 10,000) = 35,000$

$50,000 \times \dfrac{1}{10} = 5,000$

∴ 5,000 （いずれか小）

(2) ×6年12月20日

| （借）繰越利益剰余金 | 73,700 | （貸）仮　　払　　金 | 67,000(*1) |
| | | 利　益　準　備　金 | 6,700(*2) |

(*1) 分配可能額670,000(*3)×10％＝67,000

◎ 前T/B 仮払金：67,000

(*2) $500,000 \times \dfrac{1}{4} - \{80,000 + (10,000 + 5,000)\} = 30,000$

$67,000(*1) \times \dfrac{1}{10} = 6,700$

∴ 6,700 （いずれか小）

(*3) 剰余金1,109,548(*4)－自己株式415,800(*5)－自己株式の処分の対価0

　　－前期B/S その他有価証券評価差額金（マイナス残高）2,748(*6)－のれん等調整額21,000(*7)＝670,000

(*4) 前期B/S（その他資本剰余金9,000＋任意積立金94,048＋繰越利益剰余金1,061,500）

　　　　　　　　　－X6.6/25剰余金の配当50,000×（1＋10％）＝1,109,548

(*5) ＠190×1,000株＋＠197×400株＋＠210×700株＝415,800

(*6) A社株式222－D社社債2,970＝△2,748

(*7) 資本等金額590,000(*9)＋その他資本剰余金9,000＝599,000 ＜ のれん等調整額612,000(*8)

　　∴ その他資本剰余金9,000＋前期B/S 繰延資産12,000＝のれん等調整額に係る分配制限額21,000

(*8) 前期B/S のれん1,200,000÷2＋前期B/S 繰延資産12,000＝612,000

(*9) 前期B/S（資本金500,000＋資本準備金80,000＋利益準備金10,000）＝590,000

(注) 本問では，資料として前期B/S が与えられていないため，のれん及び繰延資産については前T/B より，

　　純資産項目については当期S/S 当期首残高より算定すること。

　　◎ 株主資本等変動計算書上の利益準備金

　　当 期 首 残 高： 10,000

　　当 期 変 動 額

　　　剰余金の配当： 11,700 ← （X6.6/25剰余金の配当50,000＋X6.12/20剰余金の配当67,000）×10％

　　当 期 末 残 高： 21,700

◎ 株主資本等変動計算書上の繰越利益剰余金

　　当 期 首 残 高：　1,061,500

　　当 期 変 動 額

　　　剰余金の配当：③△128,700 ←（X6.6/25剰余金の配当50,000＋X6.12/20剰余金の配当67,000）

　　　　　　　　　　　　　　　　　　　　　　　　　　　　　　　　　　　　×（1 ＋10%）

　　　　当 期 純 利 益：④　119,400

　　当 期 末 残 高：　1,052,200

（参考２）　分配可能額

　１．通常の場合（臨時計算書類を作成しない場合）

> 分配可能額 ＝ 剰余金 － 自己株式 － 自己株式の処分の対価

　２．臨時計算書類を作成する場合

> 分配可能額 ＝ 剰余金 － 自己株式 － 自己株式の処分の対価
>
> 　　　　　　＋ 臨時決算日までの利益 ＋ 臨時決算日までの自己株式の処分の対価

　３．法務省令（計算規則 158条）で規定する事項

　（1）その他有価証券評価差額金

　　　　前期貸借対照表におけるその他有価証券評価差額金は剰余金の金額には含まれないが，分配可能額算定上，その他有価証券評価差額金のマイナス残高は減額項目となる。

> ①　その他有価証券評価差額金 ≧ ０ → ゼロ（調整の必要なし）
> ②　その他有価証券評価差額金 ＜ ０ → 当該金額が減額項目となる。

（注）臨時計算書類を作成する場合は，臨時決算日におけるその他有価証券評価差額金が対象となる。

　（2）のれん等調整額

　　　　前期貸借対照表にのれん等調整額が生じている場合，分配可能額算定上，剰余金の金額から減額される。なお，のれん等調整額とは，資産の部に計上したのれんの額を２で除した金額及び繰延資産の部に計上した額の合計をいう。また，資本等金額とは，前期末貸借対照表における資本金の額と準備金（資本準備金及び利益準備金）の額の合計をいう。

> ①　のれん等調整額 ≦ 資本等金額 → ゼロ
> ②　のれん等調整額 ≦ 資本等金額 ＋ その他資本剰余金 → のれん等調整額 － 資本等金額
> ③　のれん等調整額 ＞ 資本等金額 ＋ その他資本剰余金
> 　ⅰ　のれん÷２ ≦ 資本等金額 ＋ その他資本剰余金 → のれん等調整額 － 資本等金額
> 　ⅱ　のれん÷２ ＞ 資本等金額 ＋ その他資本剰余金 → その他資本剰余金 ＋ 繰延資産

10. 自己株式の処分（未処理）

(借)	別 段 預 金	39,800(*1)	(貸)	自己株式申込証拠金	39,800

(*1) ＠199×200株＝39,800

◎ 株主資本等変動計算書上の自己株式申込証拠金

当 期 首 残 高： 　　―

当 期 変 動 額

自己株式の処分： 　39,800(*1)

当 期 末 残 高： 　39,800

11. 債権の評価

(借)	貸 倒 引 当 金 繰 入 額	9,440(*1)	(貸)	貸 倒 引 当 金	9,440
(借)	法 人 税 等 調 整 額	387	(貸)	繰 延 税 金 資 産	387(*2)

(*1) （受取手形432,000＋売掛金812,000(*3)）× 1 ％－前T/B 3,000＝9,440

(*2) 前期末繰延税金資産885－当期末繰延税金資産498(*4)＝387

(*3) 前T/B 612,000＋事業譲受200,000＝812,000

(*4) （会計上の引当金12,440(*5)－税務上の引当金11,196(*6)）×実効税率40％＝497.6 → 498（四捨五入）

(*5) （受取手形432,000＋売掛金812,000(*3)）× 1 ％＝12,440

(*6) （受取手形432,000＋売掛金812,000(*3)）×0.9％＝11,196

12．法人税，住民税及び事業税

| (借) | 法人税，住民税及び事業税 | 229,613(*1) | (貸) | 未 払 法 人 税 等 | 229,613 |

（*1）　P/L 法人税，住民税及び事業税より

13．注　記

前事業年度		当事業年度	
（×6年3月31日）		（×7年3月31日）	
1．繰延税金資産及び繰延税金負債の発生の主な原		1．繰延税金資産及び繰延税金負債の発生の主な原	
繰延税金資産		繰延税金資産	
減価償却超過額	10,800	減価償却超過額	16,200
減損損失否認額	—	減損損失否認額	144,000
その他有価証券評価差額金	1,980	その他有価証券評価差額金	9,140
貸倒引当金繰入超過額	885	貸倒引当金繰入超過額	498
繰延税金資産計	13,665	繰延税金資産計	169,838
繰延税金負債		繰延税金負債	
その他有価証券評価差額金	148	その他有価証券評価差額金	—
繰延税金負債計	148	繰延税金負債計	—
繰延税金資産の純額	13,517	繰延税金資産の純額	169,838
2．法定実効税率と税効果会計適用後の法人税等の 負担率との差異の原因となった主要な項目別の内 訳　　　　　　　　　　　　　　　　（％）		2．法定実効税率と税効果会計適用後の法人税等の 負担率との差異の原因となった主要な項目別の内 訳　　　　　　　　　　　　　　　　（％）	
法定実効税率	40.0	法定実効税率	40.0
（調整）		（調整）	
交際費の損金不算入額	0.4	交際費の損金不算入額	0.5
その他	△0.2	その他	△0.2
税効果会計適用後の法人税等の負担率	40.2	税効果会計適用後の法人税等の負担率	40.3

Ⅲ. 決算整理後残高試算表

決算整理後残高試算表

×7年3月31日

現 金 預 金	57,886	支 払 手 形	422,000
別 段 預 金	39,800	買 掛 金	610,000
受 取 手 形	432,000	リース債務（流動）	19,326
売 掛 金	812,000	未 払 法 人 税 等	229,613
繰 越 商 品	398,875	貸 倒 引 当 金	12,440
建 物	2,050,000	長 期 借 入 金	3,935,907
備 品	544,975	リース債務（固定）	67,243
土 地	1,146,025	建物減価償却累計額	937,800
リ ー ス 資 産	104,860	備品減価償却累計額	202,500
の れ ん	1,026,860	リース資産減価償却累計額	20,482
借 地 権	720,000	資 本 金	554,000
投 資 有 価 証 券	195,300	資 本 準 備 金	134,000
関 係 会 社 株 式	330,130	その他資本剰余金	9,720
繰 延 税 金 資 産	169,838	利 益 準 備 金	21,700
株 式 交 付 費	6,000	任 意 積 立 金	94,048
自 己 株 式	344,520	繰 越 利 益 剰 余 金	932,800
その他有価証券評価差額金	13,710	自己株式申込証拠金	39,800
仕 入	3,087,000	新 株 予 約 権	30,000
営 業 費	595,373	売 上	4,680,000
貸倒引当金繰入額	9,440	受 取 利 息 配 当 金	15,822
建 物 減 価 償 却 費	37,800	有 価 証 券 利 息	9,050
備 品 減 価 償 却 費	67,500	有 価 証 券 運 用 損 益	12,238
リース資産減価償却費	20,482	法 人 税 等 調 整 額	149,013
修 繕 費	200,000		
の れ ん 償 却 額	75,000		
支 払 利 息	35,935		
株 式 交 付 費 償 却	6,000		
自己株式支払手数料	22,580		
減 損 損 失	360,000		
法人税，住民税及び事業税	229,613		
	13,139,502		13,139,502

IV. 損益計算書，株主資本等変動計算書及び貸借対照表

損 益 計 算 書

自×6年4月1日　至×7年3月31日

I	売　　上　　高				4,680,000
II	売　上　原　価				
	1　期首商品棚卸高			439,375	
	2　当期商品仕入高			3,046,500	
	合　　計			3,485,875	
	3　期末商品棚卸高			398,875	3,087,000
	売　上　総　利　益				1,593,000
III	販売費及び一般管理費				
	1　営　　業　　費			595,373	
	2　貸倒引当金繰入額			9,440	
	3　建物減価償却費			37,800	
	4　備品減価償却費	①		67,500	
	5　リース資産減価償却費			20,482	
	6　修　　繕　　費	②		200,000	
	7　のれん償却額			75,000	1,005,595
	営　　業　　利　　益				587,405
IV	営　業　外　収　益				
	1　受取利息配当金			15,822	
	2　有価証券利息	③		9,050	
	3　有価証券運用益			12,238	37,110
V	営　業　外　費　用				
	1　支　払　利　息	④		35,935	
	2　株式交付費償却	⑤		6,000	
	3　支　払　手　数　料	⑥		22,580	64,515
	経　　常　　利　　益				560,000
VI	特　　別　　損　　失				
	1　減　損　損　失	⑦		360,000	360,000
	税引前当期純利益				200,000
	法人税，住民税及び事業税			229,613	
	法人税等調整額		△	149,013	⑧　80,600
	当　期　純　利　益				119,400

株主資本等変動計算書

自×6年4月1日 至×7年3月31日

	株主資本						
	資本金	資本剰余金		利益剰余金			自己株式
		資本準備金	その他資本剰余金	利益準備金	その他利益剰余金		
					任意積立金	繰越利益剰余金	
×6年4月1日残高	500,000	80,000	9,000	10,000	94,048	1,061,500	△190,000
当期変動額							
新株の発行及び自己株式の処分	① 54,000	54,000	720				71,280
剰余金の配当				11,700		③△128,700	
当期純利益						④119,400	
自己株式の取得							⑤△225,800
自己株式の処分							
株主資本以外の項目の当期変動額(純額)							
当期変動額合計	54,000	54,000	720	11,700	—	△ 9,300	△154,520
×7年3月31日残高	554,000	134,000	② 9,720	21,700	94,048	1,052,200	△344,520

| | 株主資本 | | 評価・換算差額等 | | 新株予約権 | 純資産合計 |
	自己株式申込証拠金	株主資本合計	その他有価証券評価差額金	評価・換算差額等合計		
×6年4月1日残高	—	1,564,548	⑥△2,748	△2,748	⑧ 48,000	1,609,800
当期変動額						
新株の発行及び自己株式の処分		180,000				180,000
剰余金の配当		△117,000				△117,000
当期純利益		119,400				119,400
自己株式の取得		△225,800				△225,800
自己株式の処分	39,800	39,800				39,800
株主資本以外の項目の当期変動額(純額)			⑦△10,962	△ 10,962	△ 18,000	△ 28,962
当期変動額合計	39,800	△ 3,600	△ 10,962	△ 10,962	△ 18,000	△ 32,562
×7年3月31日残高	39,800	1,560,948	△ 13,710	△ 13,710	30,000	1,577,238

貸 借 対 照 表

×7年3月31日

資 産 の 部			負 債 の 部		
I 流 動 資 産			I 流 動 負 債		
現 金 及 び 預 金	①	97,686	支 払 手 形		422,000
受 取 手 形	432,000		買 掛 金		610,000
売 掛 金	812,000		リ ー ス 債 務		19,326
貸 倒 引 当 金	△ 12,440	②1,231,560	未 払 法 人 税 等		229,613
商 品		398,875	流 動 負 債 合 計		1,280,939
流 動 資 産 合 計		1,728,121	II 固 定 負 債		
II 固 定 資 産			長 期 借 入 金		3,935,907
1 有 形 固 定 資 産			リ ー ス 債 務	⑫	67,243
建 物	2,050,000		固 定 負 債 合 計		4,003,150
減価償却累計額	△ 937,800	③1,112,200	負 債 合 計		5,284,089
備 品	④ 544,975		純 資 産 の 部		
減価償却累計額	△ 202,500	342,475	I 株 主 資 本		
土 地	⑤1,146,025		1 資 本 金		554,000
リ ー ス 資 産	104,860		2 資 本 剰 余 金		
減価償却累計額	△ 20,482	⑥ 84,378	資 本 準 備 金	134,000	
有 形 固 定 資 産 合 計		2,685,078	その他資本剰余金	⑬ 9,720	
2 無 形 固 定 資 産			資 本 剰 余 金 合 計		143,720
の れ ん	⑦1,026,860		3 利 益 剰 余 金		
借 地 権	⑧ 720,000		利 益 準 備 金	⑭ 21,700	
無 形 固 定 資 産 合 計		1,746,860	その他利益剰余金		
3 投資その他の資産			任 意 積 立 金	94,048	
投 資 有 価 証 券	⑨ 195,300		繰 越 利 益 剰 余 金	1,052,200	
関 係 会 社 株 式	⑩ 330,130		利 益 剰 余 金 合 計		1,167,948
繰 延 税 金 資 産	⑪ 169,838		4 自 己 株 式		△ 344,520
投資その他の資産合計		695,268	5 自己株式申込証拠金	⑮	39,800
固 定 資 産 合 計		5,127,206	株 主 資 本 合 計		1,560,948
III 繰 延 資 産			II 評価・換算差額等		
株 式 交 付 費		6,000	1 その他有価証券評価差額金	⑯△ 13,710	
繰 延 資 産 合 計		6,000	評価・換算差額等合計		△ 13,710
			III 新 株 予 約 権	⑰	30,000
			純 資 産 合 計		1,577,238
資 産 合 計		6,861,327	負 債 純 資 産 合 計		6,861,327

〔MEMO〕

問題11 1株当たり情報・四半期財務諸表

問題1 A社（以下，当社とする）に関する以下の〔資料〕に基づいて，下記の各問に答えなさい。なお，当事業年度は×6年3月31日を決算日とする1年である。

問1 第2四半期会計期間（×5年7月1日～×5年9月30日）の損益計算書における下記の①～③の金額を答案用紙の所定欄に記入しなさい。なお，金額の単位は百万円とする。

① 貸倒引当金繰入額

② 備品減価償却費

③ 法人税，住民税及び事業税

問2 期首から第2四半期累計期間（×5年4月1日～×5年9月30日）の損益計算書における下記の④及び⑤の金額を答案用紙の所定欄に記入しなさい。なお，金額の単位は百万円とする。

④ 関係会社株式評価損

⑤ 退職給付費用

〔資料〕 第2四半期決算手続事項等

1．貸倒引当金

(1) 前事業年度の財務諸表の作成において，貸倒実績率1％を用いて一般債権の貸倒見積高を算定していた。しかし，第1四半期の財務諸表の作成において，貸倒実績率等が前事業年度の貸倒実績率と著しく変動したため貸倒実績率の見直しを行い，貸倒実績率4％を用いて貸倒見積高を算定している。なお，第1四半期における見直し後の貸倒実績率等が第2四半期において著しく変動していないと考えられるため，当該見直し後の貸倒実績率を用いて貸倒見積高を算定する（差額補充法）。

(2) 第2四半期決算手続前の売上債権の金額は 180,000百万円，貸倒引当金の金額は 1,100百万円である。なお，売上債権はすべて一般債権である。

2．有価証券

(1) 当社が保有している有価証券（すべて関係会社株式）は以下のとおりである。なお，時価の回復可能性はない。

	取 得 原 価	前 期 末 時 価	第1四半期末時価	第2四半期末時価
ON 社 株 式	133,000百万円	121,000百万円	64,500百万円	42,000百万円
KK 社 株 式	57,000百万円	48,000百万円	23,000百万円	10,500百万円

(2) 上記有価証券について第1四半期において時価が下落したため，減損処理を行っている。

(3) 四半期会計期間末における有価証券の減損処理にあたって四半期切放法を採用している。

3．固定資産

(1) 当社は固定資産の年度中の取得，売却及び除却を考慮した予算を策定しており，当該予算に基づく年間償却予定額を期間按分する方法により，四半期会計期間の減価償却費を計上する。なお，×6年1月1日に取得原価 4,800百万円の備品を取得・供用する予定である。

(2) ×2年1月1日に取得原価 3,200百万円の備品を取得・供用しており，×5年12月31日にそのすべてを除却する予定である。

(3) 備品は耐用年数4年，残存価額ゼロの定額法により減価償却を行っている。なお，当該固定資産の減価償却費に重要性はない。

4．退職給付会計

(1) 前事業年度末における退職給付債務は 240,000百万円，年金資産は 144,000百万円である。

(2) 割引率は年 2.5％，長期期待運用収益率は年 2.0％である。

(3) 当事業年度の勤務費用は11,200百万円である。

(6) 年間の退職給付費用については，期間按分した額を各四半期会計期間に計上する

5．税金費用

(1) 当社は税金費用の算定にあたり，年度の税引前当期純利益に対する税効果会計適用後の実効税率を合理的に見積り，税引前四半期純利益に当該見積実効税率を乗じて計算している。なお，第2四半期会計期間の税金費用の計上額は，期首からの累計期間における税金費用の額から，直前の四半期会計期間の末日までの期首からの累計期間における税金費用の額を差し引いて計算する。

(2) 期首から第2四半期末までの累計期間に係る税引前四半期純利益は90,000百万円である。

(3) 当事業年度の予想年間税引前当期純利益は 200,000百万円，交際費（損金不算入）は14,000百万円，受取配当金（益金不算入）は 3,000百万円及び税額控除は 1,400百万円である。

(4) 法定実効税率は40％である。

(5) 第1四半期末までの法人税，住民税及び事業税は20,750百万円である。

問題2 以下の〔資料〕に基づいて，下記の各問に答えなさい。なお，B社及びC社の事業年度は3月31日を決算日とする1年間である。

問1 B社の×3年度財務諸表に注記すべき一株当たり当期純利益及び潜在株式調整後一株当たり当期純利益を算定しなさい。なお，解答上，銭未満を四捨五入すること。

問2 C社の×5年度財務諸表に注記すべき一株当たり当期純利益及び潜在株式調整後一株当たり当期純利益を算定しなさい。なお，解答上，銭未満を四捨五入すること。

〔資料Ⅰ〕　解答上の留意事項
1．計算過程で千株未満の端数が生じる場合には四捨五入すること。
2．期中平均株式数は日割計算すること。
3．B社及びC社の実効税率は毎期40％とする。
4．B社及びC社は普通株式以外の株式は発行していない。

〔資料Ⅱ〕　B社に関する事項
1．普通株式
　(1)　×3年度期首の普通株式数は 250,000千株であった。
　(2)　×3年6月13日に時価発行増資を行い，新株を60,000千株発行した。
　(3)　×3年11月15日に新株予約権が行使され，新株を　？　千株発行した。（下記2．(2)参照）
2．転換社債型新株予約権付社債
　(1)　×2年4月1日に転換社債型新株予約権付社債 8,000,000千円（平価発行，償還期限：4年，年利率：2％，利払日：毎年3月末，交付株式数：普通株式20,000千株，転換期間：×2年4月1日～×6年3月15日）を発行した。なお，一括法により処理している。
　(2)　×3年11月15日に新株予約権の25％が行使され，すべて新株を発行した。なお，権利行使に伴い消滅した社債については，配当との調整上利息を支払わない。
3．当期純利益
　　×3年度損益計算書における当期純利益は 7,200,000千円であった。

〔資料Ⅲ〕　C社に関する事項

1．普通株式

　(1)　×5年度期首の普通株式数は 300,000千株であった。

　(2)　×5年11月6日に新株予約権が行使され，新株を　？　千株発行した。（下記2．(2) 参照）

　(3)　×6年1月18日に自己株式を14,000千株取得した。

2．新株予約権

　(1)　×5年4月1日に新株予約権（発行総数：50,000個，交付株式数：新株予約権1個につき普通株式1千
株，払込金額：50千円／個，行使価額： 300円／株，行使期間：×5年4月1日～×9年3月31日）を発
行した。

　(2)　×5年11月6日に新株予約権10,000個が行使され，すべて新株を発行した。

3．平均株価

　(1)　×5年4月1日～×6年3月31日： 800円／株

　(2)　×5年4月1日～×5年11月5日： 750円／株

　(3)　×5年11月6日～×6年3月31日： 880円／株

4．当期純利益

　　×5年度損益計算書における当期純利益は 9,000,000千円であった。

問題3　次の〔資料〕に基づいて，1株当たり純資産額を求めなさい。なお，D社の決算日は3月31日である。なお，解答上，銭未満を四捨五入すること。

　〔資料〕　当期連結貸借対照表項目（一部）（単位：円）

自己株式申込証拠金	1,434,000	資　　本　　金	456,000,000
その他有価証券評価差額金	8,284,000	新株式申込証拠金	56,234,000
非支配株主持分	248,328,000	自　己　株　式	43,750,000
利　益　剰　余　金	371,977,000	新　株　予　約　権	10,348,000
資　本　剰　余　金	132,785,000		

(注) 1. D社（親会社）は普通株式のみを発行しており，期首における発行済株式総数は800,000株であった。

　　 2. D社（親会社）は当期の9月21日に新株50,000株を発行している。

　　 3. D社（親会社）は当期の11月26日に自己株式10,000株（@4,375円）を初めて取得し，そのすべての自己株式を期末において保有している。

　　 4. 利益剰余金及びその他有価証券評価差額金は，いずれも貸方残高である。

〔MEMO〕

【解 答】

問題1

問1

①	★ 6,100	②	★ 225	③	★ 16,600

問2

④	★ 115,000	⑤	★ 7,160

問題2

問1

一株当たり当期純利益	★ 24 円 01 銭
潜在株式調整後一株当たり当期純利益	★ 22 円 87 銭

問2

一株当たり当期純利益	★ 29 円 88 銭
潜在株式調整後一株当たり当期純利益	★ 27 円 29 銭

問題3

★ 1,101 円 54 銭

【採点基準】

★10点×10箇所＝100点

【解答時間及び得点】

	日 付	解答時間	得 点	Ｍ Ｅ Ｍ Ｏ
1	／	分	点	
2	／	分	点	
3	／	分	点	
4	／	分	点	
5	／	分	点	

【チェック・ポイント】

出題分野	出題論点	日 付				
		／	／	／	／	／
四半期財務諸表	有価証券の減損処理（四半期切放法）					
	税 金 費 用 の 計 算					
個 別 論 点	1 株 当 た り 当 期 純 利 益					
	1 株 当 た り 純 資 産 額					

【解答への道】

問題1 （第2四半期決算整理仕訳等，単位：百万円）

I．貸倒引当金（差額補充法）

| （借） | 貸倒引当金繰入額 | 6,100(*1) | （貸） | 貸倒引当金 | 6,100 |

(*1) 売上債権180,000×見直し後の貸倒実績率4％－貸倒引当金1,100＝6,100

(注) 前期の財務諸表の作成において使用した貸倒実績率等と著しく変動したことにより見直しを行った後の四半期会計期間において，当該見直し後の貸倒実績率等と著しく変動していないと考えられる場合には，当該見直し後の貸倒実績率等の合理的な基準を使用することができる。

◎ 問1 ①第2四半期会計期間損益計算書における貸倒引当金繰入額：6,100(*1)

II．有価証券（四半期切放法）

1．ON社株式

(1) 第1四半期決算整理

| （借） | 関係会社株式評価損 | 68,500(*1) | （貸） | 関係会社株式 | 68,500 |

(*1) 取得原価133,000×50％＝66,500 ＞ 第1四半期末時価64,500 → 著しい下落（減損処理）

∴ 第1四半期末時価64,500－取得原価133,000＝△68,500

(2) 第2四半期期首

| 仕　訳　な　し |

(注) 四半期切放法は，減損処理を行った後の四半期会計期間末の帳簿価額を時価に付け替えて，当該銘柄の取得原価を修正する方法であるので，洗替処理は行わない。

(3) 第2四半期決算整理

| 仕　訳　な　し |

(注) 四半期切放法を採用している場合，第2四半期以降の取得原価は減損処理を実施した第1四半期末時価の64,500に修正されている。したがって，帳簿価額64,500と第2四半期末時価42,000を比較して減損処理の要否を検討する。帳簿価額64,500×50％＝32,250 ＜ 第2四半期末時価42,000となることから，第2四半期における決算整理で減損処理は行わない。

2．ＫＫ社株式

(1) 第1四半期決算整理

（借）関 係 会 社 株 式 評 価 損 34,000(*3) （貸）関 係 会 社 株 式 34,000

(*3) 取得原価57,000×50％＝28,500 ＞ 第1四半期末時価23,000 → 著しい下落（減損処理）

∴ 第1四半期末時価23,000－取得原価57,000＝△34,000

(2) 第2四半期期首

仕 訳 な し

(注) 四半期切放法は，減損処理を行った後の四半期会計期間末の帳簿価額を時価に付け替えて，当該銘柄
の取得原価を修正する方法であるので，洗替処理は行わない。

(3) 第2四半期決算整理

（借）関 係 会 社 株 式 評 価 損 12,500(*4) （貸）関 係 会 社 株 式 12,500

(*4) 帳簿価額23,000×50％＝11,500 ＞ 第2四半期末時価10,500 → 著しい下落（減損処理）

∴ 第2四半期末時価10,500－帳簿価額23,000＝△12,500

◎ 問2 ④第2四半期累計期間損益計算書における関係会社株式評価損：115,000(*5)

(*5) ＯＮ社株式分68,500(*1)＋ＫＫ社株式分(34,000(*3)＋12,500(*4))＝115,000

＜仕訳の比較（ＯＮ社株式）＞

	四半期切放法を採用した場合（本問）		四半期洗替法を採用した場合	
第1四半期 決算整理	関係会社株式評価損 68,500 (*1)	関係会社株式 68,500	関係会社株式評価損 68,500 (*1)	関係会社株式 68,500
第2四半期 期　首	仕 訳 な し		関係会社株式 68,500	関係会社株式評価損 68,500 (*1)
第2四半期 決算整理	仕 訳 な し		関係会社株式評価損 91,000 (*6)	関係会社株式 91,000

(*6) 取得原価133,000×50％＝66,500 ＞ 第2四半期末時価42,000 → 著しい下落（減損処理）

∴ 第2四半期末時価42,000－取得原価133,000＝△91,000

（参考1）四半期財務諸表

1．四半期財務諸表の範囲

(1) 四半期連結財務諸表の範囲

　　四半期連結財務諸表の範囲は，四半期連結貸借対照表，四半期連結損益及び包括利益計算書（1計算書方式による場合）又は四半期連結損益計算書及び四半期連結包括利益計算書（2計算書方式による場合）並びに四半期連結キャッシュ・フロー計算書とする。なお，四半期連結株主資本等変動計算書は開示を求めず，株主資本の金額に著しい変動があった場合には，主な変動事由を注記事項として開示する。

　　また，第1四半期会計期間及び第3四半期会計期間において，四半期連結キャッシュ・フロー計算書の開示を省略することができる。

(2) 四半期個別財務諸表の範囲

　　四半期個別財務諸表の範囲は，四半期個別貸借対照表，四半期個別損益計算書及び四半期個別キャッシュ・フロー計算書とする。ただし，四半期連結財務諸表を開示する場合には，四半期個別財務諸表の開示は要しない。

　　また，第1四半期会計期間及び第3四半期会計期間において，四半期個別キャッシュ・フロー計算書の開示を省略することができる。

２．四半期財務諸表等の開示対象期間

(1) 貸借対照表（以下の(例)における①及び②）

　　四半期会計期間(*1)の末日の四半期貸借対照表及び前年度の末日の要約貸借対照表

(2) 損益計算書及び包括利益計算書(注)

　　期首からの累計期間(*2)の四半期損益及び包括利益計算書（１計算書方式による場合）又は四半期損益計算書及び四半期包括利益計算書（２計算書方式による場合），並びに前年度における対応する期間の四半期損益及び包括利益計算書（１計算書方式による場合），又は四半期損益計算書及び四半期包括利益計算書（２計算書方式による場合）（以下の(例)における③及び④）

　　ただし，期首からの累計期間及び四半期会計期間並びに前年度におけるそれぞれ対応する期間とすることができる（以下の(例)における③～⑥）

(注)　個別財務諸表においては包括利益計算書は開示されない。

(3) キャッシュ・フロー計算書（以下の(例)における⑦及び⑧）

　　期首からの累計期間(*2)の四半期キャッシュ・フロー計算書及び前年度における対応する期間の四半期キャッシュ・フロー計算書

(*1)　四半期会計期間とは，１連結会計年度又は１事業年度が３か月を超える場合に，当該年度の期間を３か月ごとに区分した期間をいう。

(*2)　期首からの累計期間とは，年度の期首から四半期会計期間の末日までの期間をいう。

(例)　当期の第３四半期において開示される四半期財務諸表

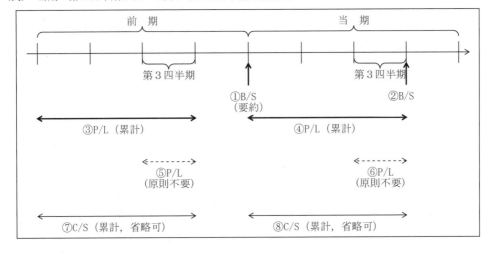

（参考２）四半期特有の会計処理及び簡便的な会計処理（有価証券の減損処理）

1．有価証券の減損処理

　　四半期会計期間末における有価証券の減損処理にあたっては，継続適用を条件として「四半期切放法」と「四半期洗替法」のいずれかの方法を選択適用することができる。

　　なお，年度末における減損処理の方法は「切放法」のみである。

（1）四半期切放法

　　四半期切放法とは，減損処理を行った後の四半期会計期間末の帳簿価額を時価等に付け替えて，当該銘柄の取得原価を修正する方法をいう。

（2）四半期洗替法

　　四半期洗替法とは，四半期会計期間末における減損処理に基づく評価損の額を，翌四半期会計期間の期首に戻し入れ，当該戻入後の帳簿価額と四半期会計期間末の時価等を比較して減損処理の要否を検討する方法をいう。

　　なお，四半期洗替法を採用して減損処理を行った場合，年度決算では当該「評価損戻入後の帳簿価額」と「年度末の時価等」を比較して減損処理の要否を判断する。

Ⅲ．固定資産

（借）備品減価償却費	225(*1)	（貸）備品減価償却累計額	225

(*1)　$900(*2) \times \dfrac{3 \text{ヶ月}}{12 \text{ヶ月}} =$ 各四半期会計期間の減価償却費225

（注）　固定資産の年度中の取得，売却及び除却を考慮した予算を策定している場合には，当該予算に基づく年間償却予定額を期間按分する方法により，四半期会計期間又は期首からの四半期累計期間の減価償却費として計上することができる。

(*2)　600(*3)＋300(*4)＝当事業年度の年間償却予定額900

(*3)　当年度除却分3,200÷4年×$\dfrac{9 \text{ヶ月（X5.4〜X5.12）}}{12 \text{ヶ月}} = 600$

(*4)　当年度取得分4,800÷4年×$\dfrac{3 \text{ヶ月（X6.1〜X6.3）}}{12 \text{ヶ月}} = 300$

◎　問1　②第2四半期会計期間損益計算書における備品減価償却費：225(*1)

Ⅳ．退職給付会計

1．第1四半期決算整理

(借) 退職給付費用	3,580(*1)	(貸) 退職給付引当金	3,580

(*1) $14,320(*2) \times \dfrac{3 ヶ月}{12 ヶ月} =$ 各四半期会計期間の退職給付費用3,580

(*2) 勤務費用11,200＋利息費用6,000(*3)－期待運用収益2,880(*4)＝当事業年度の退職給付費用14,320

(*3) 前期末退職給付債務240,000×割引率2.5％＝6,000

(*4) 前期末年金資産144,000×長期期待運用収益率2.0％＝2,880

2．第2四半期決算整理

(借) 退職給付費用	3,580(*1)	(貸) 退職給付引当金	3,580

◎ 問2 ⑤第2四半期累計期間損益計算書における退職給付費用：7,160(*5)

(*5) $3,580(*1) \times 2 = 7,160$ 又は，$14,320(*2) \times \dfrac{6 ヶ月 (X5.4〜X5.9)}{12 ヶ月} = 7,160$

Ⅴ．税金費用

(借) 法人税，住民税及び事業税	16,600(*1)	(貸) 未払法人税等	16,600

(*1) 37,350(*2)－第1四半期税金費用20,750＝16,600

(*2) 税引前四半期累計期間純利益90,000×年間見積実効税率41.5％(*3)

＝四半期累計期間の税金費用37,350

(*3) 予想年間税金費用83,000(*4)÷予想年間税引前当期純利益200,000＝41.5％

(*4) （予想年間税引前当期純利益200,000＋交際費14,000－受取配当金3,000）×実効税率40％

－税額控除1,400＝83,000

(注) 予想年間税金費用の算定において，税額控除を差し引く点に注意すること。

◎ 年間見積実効税率の算定

税引前当期純利益	200,000	
永久差異に係る調整額	＋11,000(*5)	
課税所得	211,000	
法定実効税率	×40％	×41.5％(*3)
税額控除前	84,400	
税額控除	△1,400	
税金費用	83,000	

(*5) 交際費14,000－受取配当金3,000＝11,000

◎ 問1 ③第2四半期会計期間損益計算書における法人税，住民税及び事業税：16,600(*1)

（参考３）四半期特有の会計処理及び簡便的な会計処理（税金費用の計算）

1．税金費用の計算

（1）原　則

① 意　義

親会社及び連結子会社の法人税その他利益に関連する金額を課税標準とする税金（法人税等）については，四半期会計期間を含む年度の法人税等の計算に適用される税率に基づき，原則として年度の決算と同様の方法により計算する。

② 仕訳処理

ⅰ　法人税等

| （借）法 人 税，住 民 税 及 び 事 業 税 | ×××　（貸）未 払 法 人 税 等 | ××× |

ⅱ　税効果会計

| （借）繰 延 税 金 資 産 | ×××　（貸）法 人 税 等 調 整 額 | ××× |

（2）特有の会計処理

四半期会計期間を含む年度の税引前当期純利益に対する税効果会計適用後の実効税率を合理的に見積り，税引前四半期純利益に当該見積実効税率を乗じて計算することができる。この場合には，四半期貸借対照表計上額は未払法人税等その他適当な科目により，流動負債又は流動資産として表示し，前年度末の繰延税金資産及び繰延税金負債については，四半期貸借対照表に計上する。

① 法人税等の計算方法

法人税，住民税及び事業税は，四半期会計期間を含む年度の税引前当期純利益に対する税効果会計適用後の実効税率を合理的に見積もり，税引前四半期純利益に当該見積実効税率を乗じて計算する。

> **法人税等 ＝ 税引前四半期純利益 × 見積実効税率**

② 見積実効税率の算定方法

見積実効税率は，予想年間税金費用を予想年間税引前当期純利益で除して算定した税率による。

$$見積実効税率 ＝ \frac{予想年間税金費用(*1)}{予想年間税引前当期純利益}$$

（*1）（予想年間税引前当期純利益 ± 永久差異）× 法定実効税率 － 税額控除

（注）見積実効税率の算定においては，一時差異に該当しない差異（永久差異）及び税額控除を考慮する点に注意すること。

③ 仕訳処理

| （借）法 人 税，住 民 税 及 び 事 業 税 | ×××(*1)　（貸）未 払 法 人 税 等 | ××× |

（*1）税引前四半期純利益×見積実効税率

問題2

問1 について（B　社）

Ⅰ．一株当たり当期純利益の算定

P/L 当期純利益7,200,000千円÷期中平均株式数299,877千株(*1)＝24.009… → **24円01銭** （四捨五入）

(*1)　期首250,000千株＋時価発行増資分48,000千株(*2)＋権利行使分1,877千株(*3)＝299,877千株

(*2)　時価発行増資60,000千株× $\dfrac{292日（X3.6/13〜X4.3/31）}{365日}$ ＝48,000千株

(*3)　権利行使5,000千株(*4)× $\dfrac{137日（X3.11/15〜X4.3/31）}{365日}$ ＝1,876.712… → 1,877千株 （四捨五入）

(*4)　20,000千株×25％＝5,000千株

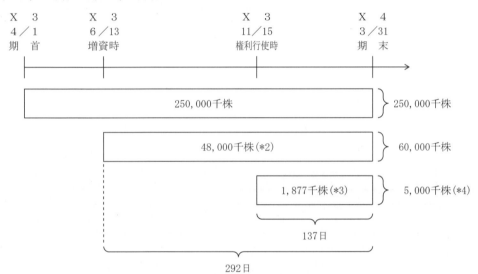

Ⅱ．潜在株式調整後一株当たり当期純利益の算定

$$\frac{\text{P/L 当期純利益}7,200,000千円＋当期純利益調整額72,000千円（*5）}{\text{期中平均株式数}299,877千株（*1）＋普通株式増加数18,123千株（*6）}=22.867\cdots \rightarrow \textbf{22円87銭}（四捨五入）$$

（*5）　額面8,000,000千円×（1－権利行使25%）× 2 %×（1－実効税率40%）＝72,000千円

（*6）　権利未行使分15,000千株（*7）＋権利行使分3,123千株（*8）＝18,123千株

（*7）　20,000千株×（1－権利行使25%）＝15,000千株

（*8）　権利行使5,000千株（*4）× $\dfrac{228日（\text{X}3.4/1\sim\text{X}3.11/14）}{365日}$ ＝3,123.287… → 3,123千株（四捨五入）

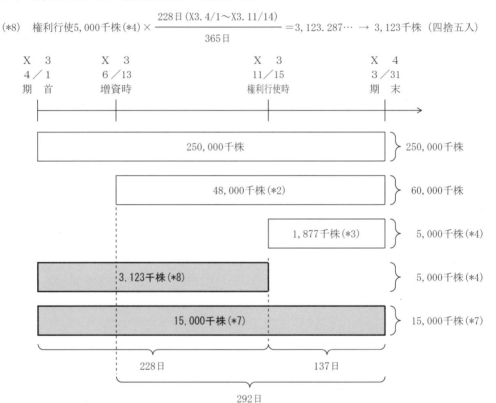

—250—

（参考４）　１株当たり当期純利益

１．基本算式

　　　１株当たり当期純利益は，普通株式に係る当期純利益を普通株式の期中平均株式数で除して算定する。な

お，当期純損失の場合も当期純利益の場合と同様に１株当たり当期純損失を算定する。また，普通株式とは，

株主としての権利内容に制限のない，標準となる株式をいう。

$$ 1株当たり当期純利益 \ = \ \frac{普通株式に係る当期純利益}{普通株式の期中平均株式数} $$

(1)　普通株式に係る当期純利益

　　　損益計算書における当期純利益を基礎とする。

(2)　普通株式の期中平均株式数

　　　期中に普通株式が発行された場合，発行時から期末までの期間に応じた普通株式数は，原則として，当

該発行時から期末までの日数に応じた普通株式数を算定する。なお，受験上は問題文の指示等により，月

割計算を行う場合もある。

　　　また，当期に株式併合又は株式分割が行われた場合，普通株式の期中平均株式数の算定にあたっては，

表示する財務諸表のうち，最も古い期間の期首に当該株式併合又は株式分割が行われたと仮定する。

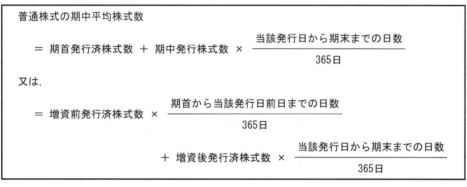

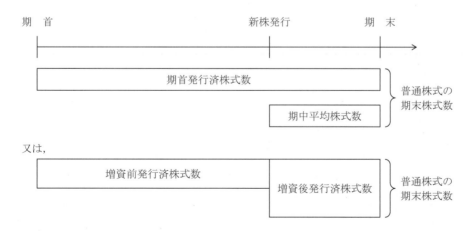

2．普通株主に帰属しない金額や自己株式がある場合

$$1株当たり当期純利益 = \frac{普通株式に係る当期純利益}{普通株式の期中平均株式数}$$

$$= \frac{損益計算書における当期純利益 - 普通株主に帰属しない金額}{期中平均発行済株式数 - 期中平均自己株式数}$$

(1) 普通株主に帰属しない金額

普通株式に係る当期純利益は，損益計算書上の当期純利益から剰余金の配当に関連する項目で普通株主に帰属しない金額を控除して算定する。なお，普通株主とは，普通株式を有する者をいう。

また，普通株主に帰属しない金額には，配当優先株式に係る優先配当額等が含まれる。

(注) 配当優先株式は，ある会計期間における優先配当が定められた額に達しない場合に，その不足額を累積して次の会計期間以降の利益からその累積した不足額を支払うかどうかにより，累積型と非累積型とに分類される。

累積型配当優先株式の場合は，不足額を含めた要支払額が普通株主に帰属しない金額となり，非累積型配当優先株式の場合は，剰余金の配当決議により決定する優先株主への配当額が普通株主に帰属しない金額となる。

(2) 期中平均自己株式数

期中に自己株式を取得した場合，取得時から期末までの期間に応じた自己株式数は，原則として，当該取得時から期末までの日数に応じた自己株式数を算定する。

期中平均自己株式数

$$= 期首保有自己株式数 + 期中取得自己株式数 \times \frac{当該取得日から期末までの日数}{365日}$$

又は，

$$= 取得前自己株式数 \times \frac{期首から当該取得日前日までの日数}{365日}$$

$$+ 取得後自己株式数 \times \frac{当該取得日から期末までの日数}{365日}$$

（参考５）潜在株式調整後１株当たり当期純利益

１．潜在株式

潜在株式とは，その保有者が普通株式を取得することができる権利もしくは普通株式への転換請求権又はこれらに準じる権利が付された証券又は契約をいい，例えば，新株予約権や転換株式，転換社債（一括法で処理されている新株予約権付社債）が含まれる。また，区分法で処理された新株予約権付社債の新株予約権は新株予約権と同様に取り扱われる。

２．希薄化効果

潜在株式に係る権利の行使を仮定することにより算定した１株当たり当期純利益（潜在株式調整後１株当たり当期純利益）が，１株当たり当期純利益を下回る場合に，当該潜在株式は希薄化効果を有するものとする。潜在株式が希薄化効果を有する場合には，潜在株式調整後１株当たり当期純利益を開示する必要がある。

> ① 　１株当たり当期純利益 ＞ 潜在株式調整後１株当たり当期純利益 → 希薄化効果あり
>
> ② 　１株当たり当期純利益 ＜ 潜在株式調整後１株当たり当期純利益 → 希薄化効果なし

３．潜在株式調整後１株当たり当期純利益の算定

潜在株式調整後１株当たり当期純利益は「普通株式に係る当期純利益に希薄化効果を有する各々の潜在株式に係る当期純利益調整額（当期純利益調整額）を加えた合計金額」を，「普通株式の期中平均株式数に希薄化効果を有する各々の潜在株式に係る権利の行使を仮定したことによる普通株式の増加数（普通株式増加数）を加えた合計株式数」で除して算定する。

なお，潜在株式は，実際に権利が行使されたときに，普通株式数に含める。

$$\text{潜在株式調整後１株当たり当期純利益} = \frac{\text{普通株式に係る当期純利益} + \text{当期純利益調整額}}{\text{普通株式の期中平均株式数} + \text{普通株式増加数}}$$

（参考6）転換証券が存在する場合

1．転換証券が存在する場合

(1) 希薄化効果

　　1株当たり当期純利益が，転換証券に関する当期純利益調整額を普通株式増加数で除して算定した増加普通株式1株当たりの当期純利益調整額を上回る場合に，当該転換証券がすべて転換されたと仮定することにより算定した潜在株式調整後1株当たり当期純利益は1株当たり当期純利益を下回るため，当該転換証券は希薄化効果を有する。

> ① 1株当たり当期純利益 ＞ 増加普通株式1株当たり当期純利益調整額 → 希薄化効果あり
>
> ② 1株当たり当期純利益 ＜ 増加普通株式1株当たり当期純利益調整額 → 希薄化効果なし

(2) 潜在株式調整後1株当たり当期純利益の算定

$$潜在株式調整後1株当たり当期純利益 = \frac{普通株式に係る当期純利益 ＋ 当期純利益調整額}{普通株式の期中平均株式数 ＋ 普通株式増加数}$$

(3) 当期純利益調整額

　① 新株予約権付社債の場合

　　当期純利益調整額は，新株予約権付社債に係る当期の社債利息の金額，社債金額よりも低い価額又は高い価額で発行した場合における当該差額に係る当期償却額及び利払に係る事務手数料等の費用の合計額から，当該金額に課税されたと仮定した場合の税額相当額を控除した金額である。

> 当期純利益調整額 ＝ （社債利息 ＋ その他関連費用） × （1 － 実効税率）

　② 転換株式の場合

　　当期純利益調整額は，1株当たり当期純利益を算定する際に当期純利益から控除された当該株式に関連する普通株主に帰属しない金額である。

(4) 普通株式増加数

　普通株式増加数は「転換証券が期首に存在する場合，期首においてすべて転換されたと仮定した場合に発行される普通株式数(*1)」及び「転換証券が期中に発行された場合，発行時においてすべて転換されたと仮定し算定した当該発行時から期末までの期間に応じた普通株式数(*1)」によって算定された普通株式数の合計とする。

　(*1)　転換証券のうち転換請求期間が期中に満了した部分又は期中に償還した部分については，期首から当該満了時又は償還時までの期間に応じた普通株式数を算定する。また，期中に転換された部分については，期首から当該転換時までの期間に応じた普通株式数を算定する。

問2 について（C 社）

I. 一株当たり当期純利益の算定

P/L 当期純利益9,000,000千円÷期中平均株式数301,200千株(*1)＝29.880… → **29円88銭**（四捨五入）

(*1) 期首300,000千株＋権利行使分4,000千株(*2)－自己株式2,800千株(*3)＝301,200千株

(*2) 権利行使10,000千株(*4)×$\dfrac{146日（X5.11/6～X6.3/31）}{365日}$＝4,000千株

(*3) 自己株式14,000千株×$\dfrac{73日（X6.1/18～X6.3/31）}{365日}$＝2,800千株

(*4) 1,000株／個×権利行使10,000個＝10,000千株

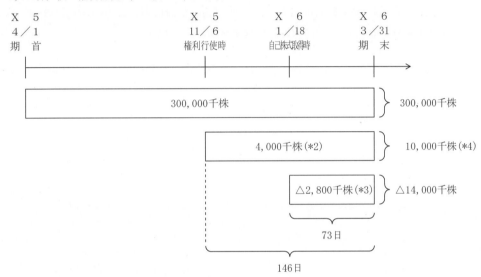

Ⅱ．潜在株式調整後一株当たり当期純利益の算定

$$\frac{\text{P/L 当期純利益9,000,000千円}}{\text{期中平均株式数301,200千株(*1)＋普通株式増加数28,600千株(*5)}}＝27.289\cdots \rightarrow \textbf{27円29銭}（四捨五入）$$

(*5)　権利未行使分25,000千株(*6)＋権利行使分3,600千株(*7)＝28,600千株

(*6)　行使時普通株式増加数40,000千株(*8)－平均株価による自己株式買受数15,000千株(*9)＝25,000千株

(*7)　権利行使6,000千株(*10)×$\dfrac{\text{219日(X5.4/1～X5.11/5)}}{\text{365日}}$＝3,600千株

(*8)　1,000株／個×（発行総数50,000個－権利行使10,000個）＝40,000千株

(*9)　行使価額@300円×40,000千株(*8)÷平均株価@800円＝15,000千株

(*10)　行使時普通株式増加数10,000千株(*4)－平均株価による自己株式買受数4,000千株(*11)＝6,000千株

(*11)　行使価額@300円×10,000千株(*4)÷平均株価@750円＝4,000千株

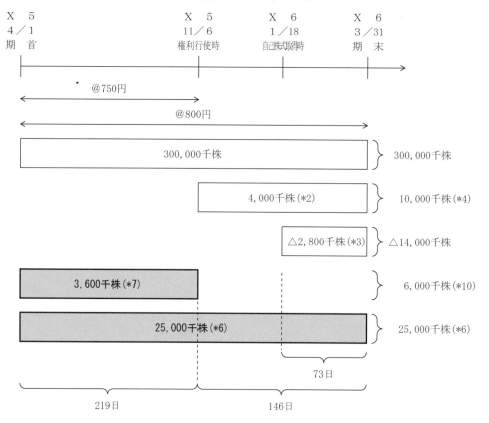

（参考７）新株予約権が存在する場合

１．新株予約権が存在する場合

(1) 希薄化効果

　　　普通株式の期中平均株価が新株予約権の行使価格を上回る場合に，当該新株予約権がすべて行使されたと仮定することにより算定した潜在株式調整後１株当たり当期純利益は１株当たり当期純利益を下回るため，当該新株予約権は希薄化効果を有する。

> ① 普通株式の期中平均株価 ＞ 新株予約権の行使価格 → 希薄化効果あり
>
> ② 普通株式の期中平均株価 ＜ 新株予約権の行使価格 → 希薄化効果なし

(2) 潜在株式調整後１株当たり当期純利益の算定

> 潜在株式調整後１株当たり当期純利益 ＝ $\dfrac{\text{普通株式に係る当期純利益}}{\text{普通株式の期中平均株式数 ＋ 普通株式増加数}}$

(3) 普通株式増加数

　　　新株予約権の行使による**入金額の使途は決められない**が，当該入金額を**自己株式の買受に用いた**と仮定して希薄化の効果を反映させる。

　　　したがって，普通株式増加数は「新株予約権が期首又は発行時においてすべて行使された場合に発行される普通株式数」から「新株予約権の行使により払い込まれる入金額を用いて期中平均株価にて普通株式を買い受けた場合の普通株式数」を差し引いて算定する。

> 普通株式増加数 ＝ 新株予約権がすべて行使された場合に発行される普通株式数
> 　　　　　　　　 － 行使による入金額で買い受けた場合の普通株式数
>
> 行使による入金額で買い受けた場合の普通株式数 ＝ 行使による入金額 ÷ 平均株価

　　　なお，新株予約権が期中に行使された場合は，期首又は発行時から当該行使時までの期間に応じた普通株式数を算定する。

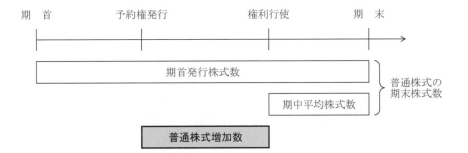

（単位：円）

Ⅰ．当期連結貸借対照表（純資産の部のみ示す）

連 結 貸 借 対 照 表

純 資 産 の 部	
Ⅰ 株 主 資 本	
1．資 本 金	456,000,000
2．新株式申込証拠金	56,234,000
3．資本剰余金	132,785,000
4．利益剰余金	371,977,000
5．自 己 株 式	△ 43,750,000
6．自己株式申込証拠金	1,434,000
株主資本合計	974,680,000
Ⅱ 評価・換算差額等	
1．その他有価証券評価差額金	8,284,000
評価・換算差額等合計	8,284,000
Ⅲ 新 株 予 約 権	10,348,000
Ⅳ 非支配株主持分	248,328,000
純 資 産 合 計	1,241,640,000

Ⅱ．1株当たり純資産額の算定

$$1株当たり純資産額＝\frac{925,296,000(*1)}{840,000株(*2)}＝1,101.542\cdots → \textbf{1,101円54銭}（四捨五入）$$

(注)　1株当たり純資産額は期末におけるストック情報であるため，期末時点の株式数を用いて算定する。期中株式数ではない点に注意すること。

(*1)　B/S 純資産合計1,241,640,000－新株式申込証拠金56,234,000

　　　　　　　－自己株式申込証拠金1,434,000－新株予約権10,348,000－非支配株主持分248,328,000

　　　　　　　　　　　　　　　　　　　　　　　　　　　　　　　　　　　　　　＝925,296,000

(*2)　期末の発行済株式総数850,000株(*3)－期末の保有自己株式数10,000株＝840,000株

(*3)　期首発行済株式総数800,000株＋期中発行株式50,000株＝850,000株

（参考8）1株当たり純資産額

1．算　式

　　1株当たり純資産額は，普通株式に係る期末の純資産額を期末の普通株式の発行済株式数から自己株式数を控除した株式数で除して算定する。

$$1株当たり純資産額 ＝ \frac{普通株式に係る期末の純資産額}{期末の普通株式の発行済株式数 － 期末の普通株式の自己株式数}$$

$$＝ \frac{貸借対照表の純資産の部の合計額 － 控除する金額}{期末の普通株式の発行済株式数 － 期末の普通株式の自己株式数}$$

(1)　普通株式に係る期末の純資産額

　　普通株式に係る期末の純資産額は，貸借対照表の純資産の部の合計額から以下の金額を控除して算定する。

①　新株式申込証拠金

②　自己株式申込証拠金

③　普通株式よりも配当請求権又は残余財産分配請求権が優先的な株式の払込金額

④　当該会計期間に係る剰余金の配当であって普通株主に帰属しない金額

⑤　新株予約権

⑥　非支配株主持分（連結財務諸表の場合）

ＯＮ株式会社の当期（自×5年4月1日　至×6年3月31日）に関する次の〔**資料**〕を参照して，以下の各問に答えなさい。

問1 〔**資料Ⅱ**〕における①～④に当てはまる金額を答えなさい。

問2 〔**資料Ⅴ**〕における①～⑲に当てはまる金額を答えなさい。

〔**資料Ⅰ**〕 解答上の留意事項等

1. 計算過程で千円未満の端数が生じる場合には，最終数値を四捨五入すること。

2. 遡及修正に係る一時差異に税効果会計を適用する。なお，実効税率は40％である。

3. 解答にあたって該当する金額がゼロの場合には，「―」を記入すること。

〔資料Ⅱ〕　前期財務諸表（×4年度末開示，単位：千円）

1．損益計算書

	×3年度	×4年度
売上高	1,762,000	938,600
売上原価		
商品期首棚卸高	320,000	165,600
当期商品仕入高	922,000	494,400
合　計	1,242,000	660,000
商品期末棚卸高	165,600	（　　　　　）
商品売上原価	1,076,400	（　　　　　）
売上総利益	685,600	（　　　　　）
販売費及び一般管理費		
営業費	（　　　　　）	（　　　　　）
貸倒引当金繰入額	3,700	1,610
建物減価償却費	20,600	20,600
機械減価償却費	（　①　　）	（　　　　　）
備品減価償却費	60,000	45,000
利息費用	（　　　　　）	（　②　　）
販売費及び一般管理費合計	483,600	228,300
営業利益	202,000	111,900
営業外収益		
受取利息	6,000	6,100
営業外収益合計	6,000	6,100
営業外費用		
支払利息	8,000	8,000
営業外費用合計	8,000	8,000
経常利益	200,000	110,000
税引前当期純利益	200,000	110,000
法人税，住民税及び事業税	80,000	44,000
当期純利益	120,000	66,000

2．株主資本等変動計算書

	×3年度	×4年度
資本金		
当期首残高	1,900,000	1,900,000
当期末残高	1,900,000	1,900,000
利益剰余金		
当期首残高	280,000	400,000
当期変動額		
当期純利益	120,000	66,000
当期末残高	400,000	466,000

3. 貸借対照表

	×3年度	×4年度
資産の部		
流動資産		
現金及び預金	10,635	182,142
売掛金	200,000	90,000
貸倒引当金	△ 4,000	△ 1,800
商　品	165,600	(④)
流動資産合計	372,235	( )
固定資産		
有形固定資産		
建　物	1,150,000	1,150,000
減価償却累計額	△391,400	△412,000
機　械	( )	( )
減価償却累計額	( )	( )
備　品	240,000	240,000
減価償却累計額	△ 60,000	△105,000
土　地	( )	( )
有形固定資産合計	2,186,468	2,083,172
投資その他の資産		
長期貸付金	100,000	200,000
その他	40,000	42,000
投資その他の資産合計	140,000	242,000
固定資産合計	2,326,468	2,325,172
資産合計	2,698,703	( )
負債の部		
流動負債		
買掛金	142,200	70,900
未払法人税等	80,000	44,000
流動負債合計	222,200	114,900
固定負債		
長期借入金	( )	( )
資産除去債務	(③)	( )
固定負債合計	176,503	( )
負債合計	398,703	( )
純資産の部		
株主資本		
資本金	1,900,000	1,900,000
利益剰余金	400,000	466,000
株主資本合計	2,300,000	2,366,000
純資産合計	2,300,000	2,366,000
負債純資産合計	2,698,703	( )

〔資料Ⅲ〕 決算整理前残高試算表（単位：千円）

残 高 試 算 表
×6年3月31日

現 金 預 金	352,161	買 掛 金	81,000
売 掛 金	92,000	貸 倒 引 当 金	70
繰 越 商 品	（　　　）	長 期 借 入 金	（　　　）
建 物	1,150,000	資 産 除 去 債 務	（　　　）
機 械	（　　　）	建物減価償却累計額	412,000
備 品	240,000	機械減価償却累計額	（　　　）
土 地	（　　　）	備品減価償却累計額	105,000
長 期 貸 付 金	200,000	資 本 金	1,900,000
長 期 性 預 金	24,000	繰 越 利 益 剰 余 金	466,000
その他の投資その他の資産	40,000	売 上	937,300
仕 入	555,900	受 取 利 息 配 当 金	7,200
営 業 費	（　　　）		
支 払 利 息	8,000		
	（　　　）		（　　　）

〔資料Ⅳ〕　決算整理事項等

1．商　品

(1) 当社は×5年度より，商品の評価方法を総平均法から先入先出法に変更するが，未処理である。

(2) 先入先出法を過去の会計年度から遡及適用することは可能である。

(3) 商品の増減に関する事項

　①　×3年度

日　付	摘　要	数　量	取得原価(売価)
×3年5月4日	売　上	6,600個	(@66千円)
×3年8月21日	仕　入	11,000個	@41千円
×3年10月12日	売　上	10,000個	(@68千円)
×3年12月24日	仕　入	6,500個	@42千円
×4年2月14日	仕　入	4,500個	@44千円
×4年3月12日	売　上	9,400個	(@69千円)

　　(注) ×3年4月1日における前期繰越数量は 8,000個であり，総平均法を適用した場合の払出単価は@40千円及び先入先出法を適用した場合の払出単価は@38千円である。

　②　×4年度

日　付	摘　要	数　量	取得原価(売価)
×4年5月16日	仕　入	4,200個	@44千円
×4年7月2日	売　上	5,200個	(@67千円)
×4年9月9日	仕　入	3,200個	@45千円
×4年12月12日	売　上	5,300個	(@70千円)
×5年1月6日	仕　入	3,600個	@46千円
×5年3月3日	売　上	3,100個	(@71千円)

　③　×5年度

日　付	摘　要	数　量	取得原価(売価)
×5年5月8日	仕　入	5,500個	@40千円
×5年6月1日	仕　入	3,800個	@42千円
×5年9月4日	売　上	6,100個	(@66千円)
×5年12月11日	売　上	2,800個	(@69千円)
×6年2月27日	仕　入	4,100個	@43千円
×6年3月24日	売　上	4,900個	(@70千円)

(4) 棚卸減耗等は生じていない。

2．有形固定資産

(1) 減価償却に関する資料は以下のとおりである。

	耐用年数	償却方法	残存価額
建　物	50年	定額法	10％
機　械	6年	定額法	ゼロ
備　品	8年	(4) 参照	

(2) 建　物

① 〔資料Ⅲ〕の建物は，当期首から20年前に一括取得したものである。

② 前期までの減価償却計算において，毎期 100千円の過小計上をしていたことが当期に判明したが，未処理である。なお，税務上の修正申告は行わない。

③ 当期に新たに得られた情報により，当期において耐用年数を40年，残存価額をゼロに変更した。

(3) 機　械

① 〔資料Ⅲ〕の機械は，×3年4月1日に 300,000千円で一括取得し，使用を開始したものである。なお，当社は当該機械を使用後に除去する法的義務がある。

② 取得時において，当該機械の除去時に必要な将来キャッシュ・フローは16,000千円と見積もられた。なお，取得時の割引率は 3.8％である。

③ ×4年3月31日において，当該機械の除去時に必要な将来キャッシュ・フローの見積額が増加したことにより，資産除去債務 3,225千円を追加計上した。なお，×4年3月31日の割引率は 4.4％である。これ以降の利息費用の計算は，加重平均割引率を用いて行うこと。

④ ×5年3月31日において，当該機械の除去時に必要な将来キャッシュ・フローの見積額が 1,090千円減少した。なお，×5年3月31日の割引率は 4.1％である。また，当該将来キャッシュ・フローの減少部分に適用すべき割引率は特定できない。

⑤ 計算の過程で端数が生じる場合，金額については千円未満を四捨五入し，％については小数第3位を四捨五入すること。

(4) 備　品

〔資料Ⅲ〕の備品は，当期首から2年前に一括取得したものであり，定率法（残存価額10％，年償却率0.25）により減価償却を行ってきたが，当期に新たに得られた情報により，当期から償却方法を定額法に変更した。なお，残存価額は変更しない。

3．引当金

売上債権期末残高に対して2％の貸倒引当金を差額補充法により設定する。

4．長期性預金

前期まで，投資その他の資産の「その他」に含めていた長期性預金の金額的重要性が増したため，独立掲記する表示方法の変更を行った。なお，前期の貸借対照表における投資その他の資産の「その他」には長期性預金 2,000千円が含まれていた。

5．法人税，住民税及び事業税

法人税，住民税及び事業税として40,320千円を計上する。

[資料Ⅴ]　当期財務諸表（×5年度末開示，単位：千円）

1．損益計算書

	×4年度	×5年度
売上高	938,600	(　　　　　)
売上原価		
商品期首棚卸高	(　　①　　)	(　　　　　)
当期商品仕入高	494,400	555,900
合　計	(　　　　　)	(　　　　　)
商品期末棚卸高	(　　②　　)	(　　⑦　　)
商品売上原価	(　　　　　)	(　　　　　)
売上総利益	(　　　　　)	(　　　　　)
販売費及び一般管理費		
営業費	(　　　　　)	(　　　　　)
貸倒引当金繰入額	1,610	(　　⑧　　)
建物減価償却費	(　　③　　)	(　　⑨　　)
機械減価償却費	(　　　　　)	(　　⑩　　)
備品減価償却費	45,000	(　　⑪　　)
利息費用	(　　　　　)	(　　⑫　　)
販売費及び一般管理費合計	228,400	(　　　　　)
営業利益	104,200	(　　　　　)
営業外収益		
受取利息	6,100	7,200
営業外収益合計	6,100	(　　　　　)
営業外費用		
支払利息	8,000	8,000
営業外費用合計	8,000	8,000
経常利益	102,300	(　　　　　)
税引前当期純利益	102,300	(　　　　　)
法人税，住民税及び事業税	44,000	40,320
法人税等調整額	(　　④　　)	(　　　　　)
当期純利益	(　　　　　)	(　　　　　)

2．株主資本等変動計算書

	×4年度	×5年度
資本金		
当期首残高	1,900,000	1,900,000
当期末残高	1,900,000	1,900,000
利益剰余金		
当期首残高	(　　　　　)	(　　　　　)
会計方針の変更による累積的影響額	(　　⑤　　)	―
過去の誤謬の訂正による累積的影響額	(　　⑥　　)	―
遡及処理後当期首残高	(　　　　　)	―
当期変動額		
当期純利益	(　　　　　)	(　　　　　)
当期末残高	(　　　　　)	(　　　　　)

3．貸借対照表

	×4年度	×5年度
資産の部		
流動資産		
現金及び預金	182,142	352,161
売掛金	90,000	( )
貸倒引当金	△ 1,800	( )
商　品	( )	(⑰)
流動資産合計	( )	( )
固定資産		
有形固定資産		
建　物	1,150,000	1,150,000
減価償却累計額	(⑬)	( )
機　械	( )	( )
減価償却累計額	( )	( )
備　品	240,000	240,000
減価償却累計額	△105,000	( )
土　地	( )	( )
有形固定資産合計	2,081,172	1,973,329
投資その他の資産		
長期貸付金	200,000	200,000
長期性預金	(⑭)	24,000
繰延税金資産	(⑮)	(⑱)
その他	40,000	40,000
投資その他の資産合計	( )	( )
固定資産合計	( )	( )
資産合計	( )	( )
負債の部		
流動負債		
買掛金	70,900	81,000
未払法人税等	44,000	40,320
流動負債合計	114,900	121,320
固定負債		
長期借入金	( )	( )
資産除去債務	( )	( )
繰延税金負債	(⑯)	(⑲)
固定負債合計	( )	( )
負債合計	( )	( )
純資産の部		
株主資本		
資本金	1,900,000	1,900,000
利益剰余金	( )	( )
株主資本合計	( )	( )
純資産合計	( )	( )
負債純資産合計	( )	( )

〔資料〕

1. ＴＯ社（当社）は，帳簿価額 150,000千円の債権を，Ｘ社に現金 172,500千円で譲渡し，譲渡資産の回収代行を行う。また，当社は，買戻権（譲受人から買い戻す権利）を持つとともに，延滞債権を買い戻すリコース義務を負う。

2. 譲渡取引は，金融資産の消滅の認識要件を充たしている。

3. 現金収入，回収サービス業務資産，買戻権及びリコース義務のそれぞれの時価は以下のとおりである。

区　分	時　価
現金収入（新たな資産）	172,500千円
回収サービス業務資産（残存部分）	13,500千円
買戻権（新たな資産）	9,000千円
リコース義務（新たな負債）	15,000千円

問1　以下の文章のア～エに当てはまる金額を求めなさい。

　債権の一部がその消滅の認識要件を充たした場合には，当該部分の消滅を認識するとともに，帳簿価額とその対価としての受払額との差額を（　　　　　）として処理する。ここで，消滅部分の帳簿価額は，当該債権全体の時価（　ア　）千円に対する消滅部分の時価（　イ　）千円と（　　　　　）の時価（　ウ　）千円の比率により，当該債権全体の帳簿価額 150,000千円を按分して計算する。

　したがって，消滅部分の帳簿価額は（　エ　）千円と算定され，（　　　　　）千円が（　　　　　）として処理されることとなる。

問2　答案用紙に示した仕訳を完成させなさい。

【MEMO】

【解　答】　（注）　解答にあたり「△」は付さないこと。

問題1

問1

①	52,132	②	647	③	16,503
④	61,600				

問2

①	176,000	②	64,400	③	20,700
④	3,080	⑤	6,240	⑥	1,140
⑦	43,000	⑧	1,770	⑨	36,800
⑩	52,543	⑪	18,500	⑫	636
⑬	414,000	⑭	2,000	⑮	—
⑯	320	⑰	43,000	⑱	800
⑲	—				

問題2

問1

ア	イ	ウ	エ
180,000	166,500	13,500	138,750

問2　（単位：千円）

（借）現　　　　金	（ 172,500 ）	（貸）リコース義務	（ 15,000 ）
買　戻　権	（ 9,000 ）	債　　　　権	（ 150,000 ）
回収サービス業務資産	（ 11,250 ）	債 権 売 却 益	（ 27,750 ）

【採点基準】

問題1 4点×23箇所＋ 問題2 1点×4箇所＋仕訳4点＝100点

【解答時間及び得点】

	日 付	解答時間	得 点	M E M O
1	／	分	点	
2	／	分	点	
3	／	分	点	
4	／	分	点	
5	／	分	点	

【チェック・ポイント】

出題分野	出題論点	日 付				
		／	／	／	／	／
個 別 論 点	会計上の変更及び誤謬の訂正					
	条 件 付 金 融 資 産 の 譲 渡					

【解答への道】（単位：千円）

問題1

I．〔資料Ⅱ〕の空欄推定（　問1　の解答）

1．×3年度

(1) 損益計算書

営　業　費： 346,682 ← 貸借差額

機械減価償却費：① 52,132 ← 後述（Ⅳ．2．(2) ②参照）

利　息　費　用： 486 ← 後述（Ⅳ．2．(2) ②参照）

(2) 貸借対照表

機　　　　　械： 316,017 ← 後述（Ⅳ．2．(2) ②参照）

機械減価償却累計額：△ 52,132 ← 後述（Ⅳ．2．(2) ②参照）

土　　　　　地： 983,983 ← 貸借差額

長　期　借　入　金： 160,000 ← 貸借差額

資　産　除　去　債　務：③ 16,503 ← 後述（Ⅳ．2．(2) ②参照）

2．×4年度

(1) 損益計算書

期末商品棚卸高： 61,600 ← 後述（Ⅲ．1．(1) 参照）

営　業　費： 107,666 ← 貸借差額

機械減価償却費： 52,777 ← 後述（Ⅳ．2．(2) ③参照）

利　息　費　用：② 647 ← 後述（Ⅳ．2．(2) ③参照）

(2) 貸借対照表

商　　　　　品：④ 61,600 ← 後述（Ⅲ．1．(1) 参照）

機　　　　　械： 315,081 ← 後述（Ⅳ．2．(2) ③参照）

機械減価償却累計額：△ 104,909 ← 後述（Ⅳ．2．(2) ③参照）

土　　　　　地： 1,000,000 ← 貸借差額

長　期　借　入　金： 160,000 ← 貸借差額

資　産　除　去　債　務： 16,214 ← 後述（Ⅳ．2．(2) ③参照）

II．〔資料Ⅲ〕の空欄推定

繰　越　商　品： 61,600 ← 〔資料Ⅱ〕×4年度貸借対照表より

機　　　　　械： 315,081 ← 〔資料Ⅱ〕×4年度貸借対照表より

土　　　　　地： 1,000,000 ← 〔資料Ⅱ〕×4年度貸借対照表より

営　業　費： 150,951 ← 貸借差額

長　期　借　入　金： 160,000 ← 〔資料Ⅱ〕×4年度貸借対照表より

資　産　除　去　債　務： 16,214 ← 〔資料Ⅱ〕×4年度貸借対照表より

機械減価償却累計額： 104,909 ← 〔資料Ⅱ〕×4年度貸借対照表より

Ⅲ. ×4年度財務諸表の修正に関する遡及適用仕訳

　　×4年度の帳簿は既に締め切られているため，以下の仕訳は×4年度の財務諸表を修正するための仕訳として，帳簿外（通常，精算表）で行われる。なお，帳簿への反映は当期に行われる。

1. 商　品（会計方針の変更）

　(1) 商品の評価方法の変更に伴う遡及適用

(借) 商 品 期 首 棚 卸 高	10,400(*1)	(貸) 利 益 剰 余 金	10,400(*1)
商　　　　　　品	2,800(*2)	（会計方針の変更による累積的影響額）	
		商 品 期 末 棚 卸 高	2,800(*2)

　(*1)　先入先出法を適用した場合の×4年度期首商品176,000(*3)

　　　　　　　－総平均法を適用した場合の×4年度期首商品165,600(*4)

　　　　　　　　　　　＝×4年度期首商品の税引前当期純利益への影響10,400

　(*2)　先入先出法を適用した場合の×4年度期末商品64,400(*5)

　　　　　　　－総平均法を適用した場合の×4年度期末商品61,600(*6)

　　　　　　　　　　　＝×4年度期末商品の税引前当期純利益への影響2,800

　(*3)～(*6)

商　　品（×3年度，先入先出法）

期　首　　@38× 8,000個＝　304,000	×3年度売上	
×3年度仕入	5/ 4	6,600個
8/21　@41×11,000個＝　451,000	10/12	10,000個
12/24　@42× 6,500個＝　273,000	3/12	9,400個
2/14　@44× 4,500個＝　198,000	期　末　　@44× 4,000個＝176,000 (*3)	
合　計　　　　30,000個　1,226,000		

∴1,050,000

　(注)　×3年度期末商品棚卸数量 4,000個の内訳は，×4年2月14日仕入分 4,000個である。

商　　品（×4年度，先入先出法）

期　首　　@44× 4,000個＝　176,000 (*3)	×4年度売上	
×4年度仕入	7/ 2	5,200個
5/16　@44× 4,200個＝　184,800	12/12	5,300個
9/ 9　@45× 3,200個＝　144,000	3/ 3	3,100個
1/ 6　@46× 3,600個＝　165,600	期　末　　@46× 1,400個＝ 64,400 (*5)	
合　計　　　　15,000個　670,400		

∴ 606,000

　(注)　×4年度期末商品棚卸数量 1,400個の内訳は，×5年1月6日仕入分 1,400個である。

商　　品（×3年度，総平均法）

期　首　　@40×8,000個＝320,000	×3年度売上	
×3年度仕入	5/ 4　　　　　　6,600個	
8/21　@41×11,000個＝451,000	10/12　　　　　10,000個	
12/24　@42× 6,500個＝273,000	3/12　　　　　　9,400個	∴1,076,400
2/14　@44× 4,500個＝198,000	期　末　@41.4×4,000個＝165,600	
	（*7）　　　　　　　　　（*4）	
合　計　　　　30,000個　1,242,000		

商　　品（×4年度，総平均法）

期　首　@41.4×4,000個＝165,600	×4年度売上	
（*7）　　　　　　　（*4）	7/ 2　　　　　　5,200個	
×4年度仕入	12/12　　　　　　5,300個	
5/16　　@44× 4,200個＝184,800	3/ 3　　　　　　3,100個	∴　598,400
9/ 9　　@45× 3,200個＝144,000		
1/ 6　　@46× 3,600個＝165,600	期　末　@44×1,400個＝61,600	
	（*8）　　　　　　（*6）	
計　　　　15,000個　660,000		

（*7）　1,242,000÷30,000個＝@41.4

（*8）　660,000÷15,000個＝@44

◎　×4年度P/L 期末商品棚卸高：61,600（*6）

◎　×4年度B/S 商品：61,600（*6）

(2) 遡及適用に係る税効果会計

(借) 利　益　剰　余　金	4,160（*10）	(貸) 法　人　税　等　調　整　額	3,040（*9）
（会計方針の変更による累積的影響額）		繰　延　税　金　負　債	1,120（*11）

（*9）　(10,400（*1）－2,800（*2))×実効税率40％＝3,040

（*10）　10,400（*1）×実効税率40％＝4,160

（*11）　2,800（*2）×実効税率40％＝1,120

2．建　物（過去の誤謬）

　(1)　処理上の誤りに伴う修正再表示

(借)	利　益　剰　余　金	1,900(*1)	(貸)	建物減価償却累計額	2,000(*2)

（過去の誤謬の訂正による累積的影響額）

　　　建物減価償却費　　　100

　(*1)　100×19年(取得時から×4年度期首までの年数)＝1,900

　(*2)　100×20年(取得時から×4年度期末までの年数)＝2,000

　(2)　遡及適用に係る税効果会計

(借)	繰　延　税　金　資　産	800(*5)	(貸)	利　益　剰　余　金	760(*3)

（過去の誤謬の訂正による累積的影響額）

　　　　　法　人　税　等　調　整　額　　　40(*4)

　(*3)　1,900(*1)×実効税率40％＝760

　(*4)　100×実効税率40％＝40

　(*5)　2,000(*2)×実効税率40％＝800

3．長期性預金（表示方法の変更）

　　長期性預金の金額的重要性が増したため，独立掲記する。

(借)	長　期　性　預　金	2,000	(貸)	そ　の　他	2,000

（投資その他の資産）

4．繰延税金資産及び繰延税金負債の相殺

(借)	繰　延　税　金　負　債	800	(貸)	繰　延　税　金　資　産	800

（参考１）　会計上の変更

１．意　義

　　会計上の変更とは，(1) **会計方針の変更**，(2) **表示方法の変更**及び(3) **会計上の見積りの変更**をいう。

(1)　会計方針の変更

　　　会計方針(*1)**の変更**とは，従来採用していた一般に公正妥当と認められた会計方針から他の一般に公正妥当と認められた**会計方針に変更すること**をいう。なお，会計処理の変更に伴って表示方法の変更が行われた場合は，会計方針の変更として取り扱う。

(例)　棚卸資産の評価方法を総平均法から先入先出法に変更する場合

　　　キャッシュ・フロー計算書における資金の範囲を変更する場合

(*1)　会計方針とは，財務諸表の作成にあたって採用した会計処理の原則及び手続をいう。

(注)　これまで一般に，会計方針とは，財務諸表作成にあたって採用している会計処理の原則及び手続並びに「表示方法」その他財務諸表作成のための基本となる事項とされていた。つまり，会計処理の原則及び手続だけでなく，表示方法を含む概念であるとされていた。しかし，本会計基準においては，会計方針と表示方法とを別々に定義した上で，それぞれについての取扱いを定めている。

(注)　次の事象は，会計方針の変更に該当しない。

①　会計処理の対象となる会計事象等の重要性が増したことに伴う「本来の会計処理の原則及び手続」への変更

②　会計処理の対象となる「新たな事実の発生」に伴う新たな会計処理の原則及び手続の採用

③　連結財務諸表作成のための基本となる重要な事項のうち，「連結又は持分法の適用の範囲」に関する変動

(2) 表示方法の変更

　　表示方法(*1)の変更とは，従来採用していた一般に公正妥当と認められた表示方法から他の一般に公正妥当と認められた表示方法に変更することをいう。

(例)　従来「その他」に含めていた科目の金額的重要性が増したため，独立掲記する場合

　　　　キャッシュ・フローの表示の内訳を変更する場合

(*1)　表示方法とは，財務諸表の作成にあたって採用した表示の方法（注記による開示も含む）をいい，財務諸表の科目分類，科目配列及び報告様式が含まれる。

(注)　表示方法の変更には，財務諸表における同一区分内での科目の独立掲記，統合あるいは科目名の変更及び重要性の増加に伴う表示方法の変更のほか，財務諸表の表示区分を超えた表示方法の変更も含まれる。

(3) 会計上の見積りの変更

　　会計上の見積り(*1)の変更とは，新たに入手可能となった情報に基づいて，過去に財務諸表を作成する際に行った会計上の見積りを変更することをいう。

(例)　有形固定資産に関する減価償却期間（耐用年数）について，生産性向上のための合理化や改善策が策定された結果，従来の減価償却期間と使用可能予測期間との乖離が明らかとなったことに伴い，新たな耐用年数を採用した場合

(*1)　会計上の見積りとは，資産及び負債や収益及び費用等の額に不確実性がある場合において，財務諸表作成時に入手可能な情報に基づいて，その合理的な金額を算出することをいう。

（参考2）　会計方針の変更

1．分　類

会計方針は，正当な理由により変更を行う場合を除き，毎期継続して適用する。

正当な理由により変更を行う場合は，次のいずれかに分類される。

(1) **会計基準等の改正に伴う会計方針の変更**

会計基準等の改正によって特定の会計処理の原則及び手続が強制される場合や，従来認められていた会計処理の原則及び手続を任意に選択する余地がなくなる場合等，会計基準等の改正に伴って会計方針の変更を行うことをいう。

(2) **(1) 以外の正当な理由による会計方針の変更（自発的な会計方針の変更）**

正当な理由に基づき自発的に会計方針の変更を行うことをいう。

なお，正当な理由がある場合とは，次の要件が満たされているときをいう。

① 　会計方針の変更が企業の事業内容又は企業内外の経営環境の変化に対応して行われるものであること

② 　会計方針の変更が会計事象等を財務諸表により適切に反映するために行われるものであること

2．原則的な取扱い

(1) **会計基準等の改正に伴う会計方針の変更の場合**

新たな会計方針を過去の期間のすべてに遡及適用(*1)**する。**ただし，会計基準等に特定の経過的な取扱い（適用開始時に遡及適用(*1)を行わないことを定めた取扱いなどをいう）が定められている場合には，その経過的な取扱いに従う。

(2) **(1) 以外の正当な理由による会計方針の変更（自発的な会計方針の変更）の場合**

新たな会計方針を過去の期間のすべてに遡及適用(*1)**する。**

(*1)　遡及適用とは，新たな会計方針を過去の財務諸表に遡って適用していたかのように会計処理することをいう。

３．遡及適用の会計処理

新たな会計方針を遡及適用する場合には，次の処理を行う。

(1) 表示期間(*1)より前の期間に関する遡及適用による累積的影響額は，表示する財務諸表のうち，最も古い期間の期首の資産，負債及び純資産の額に反映する。

(2) 表示する過去の各期間の財務諸表には，当該各期間の影響額を反映する。

(*1) 表示期間とは，当期の財務諸表及びこれに併せて過去の財務諸表が表示されている場合の，その表示期間をいう。例えば，当期と前期の財務諸表が表示されている場合には，表示期間は前期及び当期の２会計期間である。

```
(例) ２期開示で，当期首に会計方針がAからBへ変更された場合

        ┌──────────────┬──────────────┐
        │    前  期    │    当  期    │
        └──────────────┴──────────────┘

  前期の処理   A ─────────────→

  遡 及 適 用   B ───────────────────────→
        (↑表示期間より前の累積的影響額を反映)
```

（参考3）　表示方法の変更

1．分　類

　　表示方法は，次のいずれかの場合を除き，毎期継続して適用する。

　(1) 表示方法を定めた会計基準又は法令等の改正により表示方法の変更を行う場合

　(2) 会計事象等を財務諸表により適切に反映するために表示方法の変更を行う場合

2．原則的な取扱い

　　財務諸表の表示方法を変更した場合には，原則として，**表示する過去の財務諸表について，新たな表示方法に従い財務諸表の組替えを行う**。なお，財務諸表の組替えとは，新たな表示方法を過去の財務諸表に遡って適用していたかのように表示を変更することをいう。

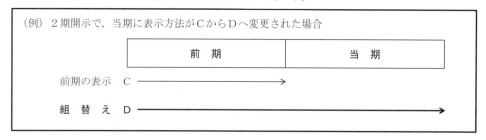

3．原則的な取扱いが実務上不可能な場合

　　表示する過去の財務諸表のうち，表示方法の変更に関する原則的な取扱いが実務上不可能な場合には，財務諸表の組替えが実行可能な最も古い期間から新たな表示方法を適用する。

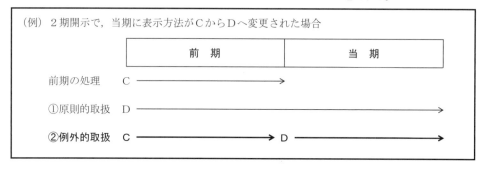

（参考４）　会計上の見積りの変更

１．原則的な取扱い

　　会計上の見積りの変更が変更期間のみに影響する場合には，当該変更期間に会計処理を行い，当該変更
が将来の期間にも影響する場合には，将来にわたり会計処理を行う。

(1)　２期開示で，**当期首**に会計上の見積りを変更した場合（EからFへ変更）

　　当期首に会計上の見積りを変更した場合，当期は「**変更後の見積り**」に基づいて会計処理を行う。

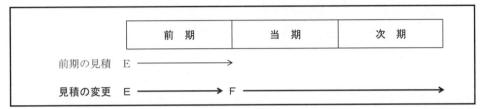

（注）　会計上の見積りの変更のうち当期に影響を与えるものには「当期だけに影響を与えるもの」と「当
期と将来の期間の両方に影響を与えるもの」がある。例えば，回収不能債権に対する貸倒見積額の見
積りの変更は当期の損益や資産の額に影響を与え，当該影響は当期においてのみ認識する。一方，有
形固定資産の耐用年数の見積りの変更は，当期及びその資産の残存耐用年数にわたる将来の各期間の
減価償却費に影響を与える。このように，当期に対する変更の影響は当期の損益で認識し，将来に対
する影響があれば，その影響は将来の期間の損益で認識する。

(2)　２期開示で，**当期末**に会計上の見積りを変更した場合（EからFへ変更）

　　当期末に会計上の見積りを変更した場合，当期は「**変更前の見積り**」に基づいて会計処理を行い，次
次期から「変更後の見積り」に基づいて会計処理を行う。

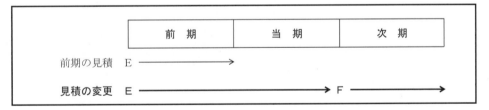

２．**会計方針の変更を会計上の見積りの変更と区別することが困難な場合の取扱い**

　　会計方針の変更を会計上の見積りの変更と区別することが困難な場合については，会計上の見積りの変
更と同様に取り扱い，**遡及適用は行わない**。

　　なお，有形固定資産等の減価償却方法及び無形固定資産の償却方法は，会計方針に該当するが，その変
更については「会計方針の変更を会計上の見積りの変更と区別することが困難な場合」に該当するものと
する。

3．前期損益修正項目

　　従来は，過年度における引当金過不足修正額等を「前期損益修正」として「特別損益」に表示していた。しかし，本会計基準においては引当額の過不足が計上時の見積り誤りに起因する場合には，後述する「**過去の誤謬**」に該当し，過去の財務諸表作成時において入手可能な情報に基づき最善の見積りを行った場合には，当期中における状況の変化による「**会計上の見積りの変更**」に該当する。

　　例えば，有形固定資産の耐用年数の変更について，過去に定めた耐用年数がこれを定めた時点での合理的な見積りに基づくものであり，それ以降の変更も合理的な見積りによるものであれば，当該変更は過去の誤謬の訂正には該当せず，「**会計上の見積りの変更**」に該当する。一方，過去に定めた耐用年数がその時点での合理的な見積りに基づくものでなく，これを事後的に合理的な見積りに基づいたものに変更する場合には，後述する「**過去の誤謬の訂正**」に該当する。

　　なお，「会計上の見積りの変更」を行ったときの差額，又は，実績が確定したときの見積金額との差額は，その変更のあった期，又は，実績が確定した期に，その性質により「**営業損益又は営業外損益**」として認識することとなる。

（参考5） 誤 謬

1. 意 義

　　誤謬とは，原因となる行為が意図的であるか否かにかかわらず，財務諸表作成時に入手可能な情報を使用しなかったことによる，又はこれを誤用したことによる，次のような誤りをいう。

(1) 財務諸表の基礎となるデータの収集又は処理上の誤り

(2) 事実の見落としや誤解から生じる会計上の見積りの誤り

(3) 会計方針の適用の誤り又は表示方法の誤り

　　なお，過去の財務諸表における誤謬の訂正は，会計上の変更に含まれない。

2. 過去の誤謬の取扱い

　　過去の財務諸表における誤謬が発見された場合には，次の方法により**修正再表示**(*1)する。

(1) 表示期間より前の期間に関する修正再表示による累積的影響額は，表示する財務諸表のうち，最も古い期間の期首の資産，負債及び純資産の額に反映する。

(2) 表示する過去の各期間の財務諸表には，当該各期間の影響額を反映する。

(*1) 修正再表示とは，過去の財務諸表における誤謬の訂正を財務諸表に反映することをいう。

```
（例） 2期開示で，前々期の財務諸表に誤謬が発見された場合（金額的にはGからHへ修正）

           ┌──────────────┬──────────────┐
           │    前  期    │    当  期    │
           └──────────────┴──────────────┘

  前期の処理   G ─────────────────▶

  修正再表示   H ──────────────────────────────▶

         （↑表示期間より前の累積的影響額を反映）
```

3. まとめ

		原則的な取扱い
会計上の変更	会計方針の変更	遡及処理する（遡及適用）
	表示方法の変更	遡及処理する（財務諸表の組替）
	会計上の見積りの変更	**遡及処理しない**
過去の誤謬の訂正		遡及処理する（修正再表示）

5．修正後×4年度財務諸表
(1) 損益計算書

	×4年度
売上高	938,600
売上原価	
商品期首棚卸高	176,000
当期商品仕入高	494,400
合　計	670,400
商品期末棚卸高	64,400
商品売上原価	606,000
売上総利益	332,600
販売費及び一般管理費	
営業費	107,666
貸倒引当金繰入額	1,610
建物減価償却費	20,700
機械減価償却費	52,777
備品減価償却費	45,000
利息費用	647
販売費及び一般管理費合計	228,400
営業利益	104,200
営業外収益	
受取利息	6,100
営業外収益合計	6,100
営業外費用	
支払利息	8,000
営業外費用合計	8,000
経常利益	102,300
税引前当期純利益	102,300
法人税，住民税及び事業税	44,000
法人税等調整額	△　3,080
当期純利益	61,380

(2) 株主資本等変動計算書

	×4年度
資本金	
当期首残高	1,900,000
当期末残高	1,900,000
利益剰余金	
当期首残高	400,000
会計方針の変更による累積的影響額	6,240
過去の誤謬の訂正による累積的影響額	△1,140
遡及処理後当期首残高	405,100
当期変動額	
当期純利益	61,380
当期末残高	466,480

(3) 貸借対照表

	×4年度
資産の部	
流動資産	
現金及び預金	182,142
売掛金	90,000
貸倒引当金	△ 1,800
商 品	64,400
流動資産合計	334,742
固定資産	
有形固定資産	
建 物	1,150,000
減価償却累計額	△414,000
機 械	315,081
減価償却累計額	△104,909
備 品	240,000
減価償却累計額	△105,000
土 地	1,000,000
有形固定資産合計	2,081,172
投資その他の資産	
長期貸付金	200,000
長期性預金	2,000
その他	40,000
投資その他の資産合計	242,000
固定資産合計	2,323,172
資産合計	2,657,914
負債の部	
流動負債	
買掛金	70,900
未払法人税等	44,000
流動負債合計	114,900
固定負債	
長期借入金	160,000
資産除去債務	16,214
繰延税金負債	320
固定負債合計	176,534
負債合計	291,434
純資産の部	
株主資本	
資本金	1,900,000
利益剰余金	466,480
株主資本合計	2,366,480
純資産合計	2,366,480
負債純資産合計	2,657,914

Ⅳ．×5年度決算整理事項等

1．商　品

(1) 商品の評価方法の変更に伴う遡及適用の引継

| (借) | 繰　越　商　品 | 2,800 | (貸) | 繰越利益剰余金 | 2,800 |

(2) 遡及適用に係る税効果会計

| (借) | 繰越利益剰余金 | 1,120 | (貸) | 繰延税金負債 | 1,120(*1) |

(*1)　2,800×実効税率40%＝1,120

(3) 通常の決算整理仕訳

| (借) | 仕　　　　　入 | 64,400 | (貸) | 繰　越　商　品 | 64,400 |
| (借) | 繰　越　商　品 | 43,000(*2) | (貸) | 仕　　　　　入 | 43,000 |

(*2)　×6年3月31日帳簿在高

商　品（×5年度，先入先出法）

期　首	@46× 1,400個＝	64,400	×5年度売上		
×5年度仕入			9/ 4	6,100個	
5/ 8	@40× 5,500個＝	220,000	12/11	2,800個	∴ 577,300
6/ 1	@42× 3,800個＝	159,600	3/24	4,900個	
2/27	@43× 4,100個＝	176,300	期　末	@43× 1,000個＝ 43,000 (*2)	
合　計	14,800個	620,300			

（注）×5年度期末商品棚卸数量 1,000個の内訳は，×6年2月27日仕入分 1,000個である。

(4) 税効果会計

| (借) | 繰延税金負債 | 1,120(*1) | (貸) | 法人税等調整額 | 1,120 |

2．有形固定資産

(1) 建　物

① 処理上の誤りに伴う遡及適用の引継

| (借) | 繰越利益剰余金 | 2,000 | (貸) | 建物減価償却累計額 | 2,000 |

② 遡及適用に係る税効果会計

| (借) | 繰延税金資産 | 800(*1) | (貸) | 繰越利益剰余金 | 800 |

(*1)　2,000×実効税率40%＝800

③ 減価償却

| (借) | 建物減価償却費 | 36,800(*1) | (貸) | 建物減価償却累計額 | 36,800 |

(*1)　(1,150,000－修正後期首減価償却累計額414,000)÷(40年－当期首までの経過年数20年)＝36,800

(2) 機　械（資産除去債務）

①　×3年4月1日

| (借) | 機　　　　　　　械 | 312,792 | (貸) | 現　金　預　金 | 300,000 |
| | | | | 資 産 除 去 債 務 | 12,792(*1) |

(*1)　16,000÷(1＋0.038)⁶＝12,791.923… → 12,792（四捨五入）

②　×4年3月31日

ⅰ　時の経過による資産除去債務の増加

| (借) | 利　息　費　用 | 486 | (貸) | 資 産 除 去 債 務 | 486(*2) |

(*2)　12,792(*1)×3.8％＝486.096 → 486（四捨五入）

ⅱ　減価償却

| (借) | 機 械 減 価 償 却 費 | 52,132(*3) | (貸) | 機 械 減 価 償 却 累 計 額 | 52,132 |

(*3)　312,792÷6年＝52,132

ⅲ　将来キャッシュ・フロー見積額の増加による資産除去債務の増加

| (借) | 機　　　　　　　械 | 3,225 | (貸) | 資 産 除 去 債 務 | 3,225 |

(注)　割引前将来キャッシュ・フローに重要な見積りの変更が生じた場合の当該見積りの変更による調整額は，資産除去債務の帳簿価額及び関連する有形固定資産の帳簿価額に加減して処理する。なお，割引前将来キャッシュ・フローが増加する場合，新たな資産除去債務の発生と同様のものとして，その時点の割引率を適用する。

◎　×3年度P/L 機械減価償却費：52,132(*3)

◎　×3年度P/L 利息費用：486(*2)

◎　×3年度B/S 機械：312,792＋3,225＝316,017

◎　×3年度B/S 機械減価償却累計額：52,132(*3)

◎　×3年度B/S 資産除去債務：12,792(*1)＋486(*2)＋3,225＝16,503

③　×5年3月31日

　　i　時の経過による資産除去債務の増加

```
(借) 利　息　費　用　　　647　　(貸) 資 産 除 去 債 務　　　647 (*4)
```

(*4)　(12,792 (*1) ＋486 (*2) ＋3,225) ×加重平均割引率3.92% (*5) ＝646.9176→ 647（四捨五入）

(*5)　$3.8\% \times \dfrac{16,000}{16,000+4,000 (*6)} +4.4\% \times \dfrac{4,000 (*6)}{16,000+4,000 (*6)} =3.92\%$

(*6)　$3,225 \times (1+0.044)^5 =3,999.744\cdots \rightarrow 4,000$（四捨五入）

　　ii　減価償却

```
(借) 機 械 減 価 償 却 費　　52,777 (*7)　(貸) 機 械 減 価 償 却 累 計 額　　52,777
```

(*7)　312,792÷6年＋3,225÷5年＝52,777

　　iii　将来キャッシュ・フロー見積額の減少による資産除去債務の減少

```
(借) 資 産 除 去 債 務　　936 (*8)　(貸) 機　　　　　　　械　　936
```

(*8)　見積変更前資産除去債務17,150 (*9) －見積変更後資産除去債務16,214 (*10) ＝936

(*9)　12,792 (*1) ＋486 (*2) ＋3,225＋647 (*4) ＝17,150

(*10)　$(16,000+4,000 (*6) -1,090) \div (1+0.0392 (*5))^4 =16,214.179\cdots \rightarrow 16,214$（四捨五入）

(注)　割引前将来キャッシュ・フローに重要な見積りの変更が生じた場合の当該見積りの変更による調整額
　　　は，資産除去債務の帳簿価額及び関連する有形固定資産の帳簿価額に加減して処理する。なお，割引前
　　　将来キャッシュ・フローが減少する場合，負債計上時の割引率を適用する。ただし，過去に割引前将来
　　　キャッシュ・フローが増加した場合で，減少部分に適用すべき割引率を特定できない時は，加重平均し
　　　た割引率を適用する。

◎　×4年度P/L 機械減価償却費：52,777 (*7)

◎　×4年度P/L 利息費用：647 (*4)

◎　×4年度B/S 機械：312,792＋3,225－936 (*8) ＝315,081

◎　×4年度B/S 機械減価償却累計額：52,132 (*3) ＋52,777 (*7) ＝104,909

◎　×4年度B/S 資産除去債務：16,214 (*10)

④ ×6年3月31日

　i　時の経過による資産除去債務の増加

| (借) 利　息　費　用 | 636 | (貸) 資　産　除　去　債　務 | 636(*11) |

(*11) (12,792(*1)＋486(*2)＋3,225＋647(*4)－936(*8))

　　　　　　　　　　　　　　　×加重平均割引率3.92%(*5)＝635.5888 → 636 (四捨五入)

　ii　減価償却

| (借) 機 械 減 価 償 却 費 | 52,543(*12) | (貸) 機 械 減 価 償 却 累 計 額 | 52,543 |

(*12) 312,792÷6年＋3,225÷5年－936(*8)÷4年＝52,543

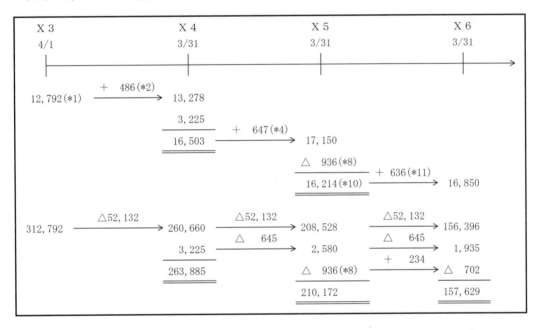

（参考6）　資産除去債務

1．意　義

　　資産除去債務とは，有形固定資産の取得，建設，開発又は通常の使用(*1)によって生じ，当該有形固定資産の除去に関して法令又は契約で要求される法律上の義務及びそれに準ずるものをいう。

　　法律上の義務及びそれに準ずるものには，有形固定資産を除去する義務のほか，有形固定資産の除去そのものは義務でなくとも，有形固定資産を除去する際に当該有形固定資産に使用されている有害物質等を法律等の要求による特別の方法で除去するという義務も含まれる。

　　なお，ここでいう有形固定資産には，有形固定資産に区分される資産のほか，それに準じる有形の資産も含む。したがって，建設仮勘定やリース資産のほか，「投資その他の資産」に分類されている投資不動産等についても，資産除去債務が存在している場合には対象となる。

(*1)　通常の使用とは，有形固定資産を意図した目的のために正常に稼働させることをいう。

2．有形固定資産の「除去」

　「除去」とは，有形固定資産を用役提供から除外することをいう（一時的に除外する場合を除く）。除去の具体的な態様としては，売却，廃棄，リサイクルその他の方法による処分等が含まれる。

　　転用や用途変更は企業が自ら使用を継続するものであり，当該有形固定資産を用役提供から除外することにはならないため，除去に含まれない。なお，当該有形固定資産が遊休状態になる場合は除去に該当しない。また，有形固定資産の使用期間中に実施する環境修復や修繕は，除去に関わるものではないため，対象とはならない。

3．会計処理

(1) 発生時

① 仕訳処理

　　資産除去債務は，有形固定資産の取得，建設，開発又は通常の使用によって発生した時に，「**資産除去債務**」として**負債**に計上する。また，資産除去債務に対応する除去費用は，資産除去債務を計上した時に，当該資産除去債務と同額を，関連する「**有形固定資産の帳簿価額**」に加える。

(借) 固 定 資 産	×××	(貸) 現 金 預 金	×××
		資 産 除 去 債 務	×××

② 資産除去債務の算定

　　資産除去債務は，有形固定資産の除去に要する割引前の将来キャッシュ・フローを見積り，**割引後の金額（割引価値）で算定する**。

ⅰ　割引前の将来キャッシュ・フロー

　　割引前の将来キャッシュ・フローは，合理的で説明可能な仮定及び予測に基づく自己の支出見積りによる。

　　将来キャッシュ・フローには，有形固定資産の除去に係る作業のために直接要する支出のほか，処分に至るまでの支出（保管や管理のための支出等）も含める。

ⅱ　割引率

　　割引率は，貨幣の時間価値を反映した無リスクの税引前の利率とする。

(2) 決算時

① 除去費用の配分

　　資産計上された資産除去債務に対応する除去費用は，減価償却を通じて，当該有形固定資産の**残存耐用年数にわたり，各期に費用配分する**。

(借) 減 価 償 却 費	×××	(貸) 減 価 償 却 累 計 額	×××

　　なお，土地の原状回復等が法令又は契約で要求されている場合の支出は，一般に当該土地に建てられている建物や構築物等の有形固定資産に関連する資産除去債務であると考えられる。したがって，土地に関連する除去費用（土地の原状回復費用等）は，当該有形固定資産の減価償却を通じて各期に費用配分される。

② 時の経過による資産除去債務の調整額の処理

　　時の経過による資産除去債務の調整額（利息費用）は，その発生時の費用として処理する。当該調整額は，**期首の資産除去債務帳簿価額に当初負債計上時の割引率を乗じて算定する**。なお，当該利息費用は退職給付会計における利息費用と同様の性格である。

(借) 利 息 費 用	×××	(貸) 資 産 除 去 債 務	×××(*1)

(*1)　資産除去債務期首残高×当初負債計上時の割引率

(3) 履行時

　　資産除去債務の履行時に認識される資産除去債務残高と資産除去債務の決済のために実際に支払われた額との差額は，発生時に費用として処理する。

(借)	資　産　除　去　債　務	×××	(貸)	現　　金　　預　　金	×××
	履　　行　　差　　額	×××			
	（　費　　　　　用　）				

(4) 財務諸表表示

① 貸借対照表表示（一年基準）

　　資産除去債務は「**資産除去債務**」等の適切な科目名で「**固定負債**」に表示する。なお，貸借対照表日後1年以内に資産除去債務の履行が見込まれる場合には「**流動負債**」に表示する。

② 損益計算書表示

　ⅰ　資産除去債務に対応する除去費用に係る費用配分額

　　　当該資産除去債務に関連する有形固定資産の減価償却費と同じ区分に計上する。

　ⅱ　時の経過による資産除去債務の調整額（利息費用）

　　　当該資産除去債務に関連する有形固定資産の減価償却費と同じ区分に計上する。

　ⅲ　資産除去債務残高と実際支払額との差額（履行差額）

　　　原則として，当該資産除去債務に対応する除去費用に係る費用配分額（上記①）と同じ区分に計上する。なお，当初の除去予定時期よりも著しく早期に除去することとなった場合等，当該差額が異常な原因により生じたものである場合には，特別損益として処理する。

(3) 備 品

(借) 備 品 減 価 償 却 費	18,500(*1)	(貸) 備 品 減 価 償 却 累 計 額	18,500

(*1) (取得原価240,000×0.9－機械減価償却累計額105,000)÷残存耐用年数6年(*2)＝18,500

(*2) 耐用年数8年－当期首までの経過年数2年＝6年

3．引当金

(借) 貸 倒 引 当 金 繰 入 額	1,770	(貸) 貸 倒 引 当 金	1,770(*1)

(*1) 売上債権期末残高92,000×2％－前T/B 70＝1,770

4．法人税，住民税及び事業税

(借) 法人税，住民税及び事業税	40,320	(貸) 未 払 法 人 税 等	40,320

6. 決算整理後残高試算表

残　高　試　算　表

×6年3月31日

現　金　預　金	352,161	買　　掛　　金	81,000
売　　掛　　金	92,000	未 払 法 人 税 等	40,320
繰　越　商　品	43,000	貸 倒 引 当 金	1,840
建　　　　　物	1,150,000	長 期 借 入 金	160,000
機　　　　　械	315,081	資 産 除 去 債 務	16,850
備　　　　　品	240,000	建物減価償却累計額	450,800
土　　　　　地	1,000,000	機械減価償却累計額	157,452
長 期 貸 付 金	200,000	備品減価償却累計額	123,500
長 期 性 預 金	24,000	資　　本　　金	1,900,000
繰 延 税 金 資 産	800	繰 越 利 益 剰 余 金	466,480
その他の投資その他の資産	40,000	売　　　　　上	937,300
仕　　　　　入	577,300	受 取 利 息 配 当 金	7,200
営　　業　　費	150,951	法 人 税 等 調 整 額	1,120
貸 倒 引 当 金 繰 入 額	1,770		
建 物 減 価 償 却 費	36,800		
機 械 減 価 償 却 費	52,543		
備 品 減 価 償 却 費	18,500		
利　息　費　用	636		
支　払　利　息	8,000		
法人税, 住民税及び事業税	40,320		
	4,343,862		4,343,862

7．当期財務諸表（×5年度末開示）

(1) 損益計算書

		×4年度		×5年度
売上高		938,600		937,300
売上原価				
商品期首棚卸高	①	176,000		64,400
当期商品仕入高		494,400		555,900
合　計		670,400		620,300
商品期末棚卸高	②	64,400	⑦	43,000
商品売上原価		606,000		577,300
売上総利益		332,600		360,000
販売費及び一般管理費				
営業費		107,666		150,951
貸倒引当金繰入額		1,610	⑧	1,770
建物減価償却費	③	20,700	⑨	36,800
機械減価償却費		52,777	⑩	52,543
備品減価償却費		45,000	⑪	18,500
利息費用		647	⑫	636
販売費及び一般管理費合計		228,400		261,200
営業利益		104,200		98,800
営業外収益				
受取利息		6,100		7,200
営業外収益合計		6,100		7,200
営業外費用				
支払利息		8,000		8,000
営業外費用合計		8,000		8,000
経常利益		102,300		98,000
税引前当期純利益		102,300		98,000
法人税，住民税及び事業税		44,000		40,320
法人税等調整額	④	△ 3,080		△ 1,120
当期純利益		61,380		58,800

(2) 株主資本等変動計算書

		×4年度	×5年度
資本金			
当期首残高		1,900,000	1,900,000
当期末残高		1,900,000	1,900,000
利益剰余金			
当期首残高		400,000	466,480
会計方針の変更による累積的影響額	⑤	6,240	－
過去の誤謬の訂正による累積的影響額	⑥	△1,140	－
遡及処理後当期首残高		405,100	－
当期変動額			
当期純利益		61,380	58,800
当期末残高		466,480	525,280

(3) 貸借対照表

		×4年度		×5年度
資産の部				
流動資産				
現金及び預金		182,142		352,161
売掛金		90,000		92,000
貸倒引当金		△　1,800		△　1,840
商　　品		64,400	⑰	43,000
流動資産合計		334,742		485,321
固定資産				
有形固定資産				
建　　物		1,150,000		1,150,000
減価償却累計額	⑬	△414,000		△450,800
機　　械		315,081		315,081
減価償却累計額		△104,909		△157,452
備　　品		240,000		240,000
減価償却累計額		△105,000		△123,500
土　　地		1,000,000		1,000,000
有形固定資産合計		2,081,172		1,973,329
投資その他の資産				
長期貸付金		200,000		200,000
長期性預金	⑭	2,000		24,000
繰延税金資産	⑮	—	⑱	800
その他		40,000		40,000
投資その他の資産合計		242,000		264,800
固定資産合計		2,323,172		2,238,129
資産合計		2,657,914		2,723,450
負債の部				
流動負債				
買掛金		70,900		81,000
未払法人税等		44,000		40,320
流動負債合計		114,900		121,320
固定負債				
長期借入金		160,000		160,000
資産除去債務		16,214		16,850
繰延税金負債	⑯	320	⑲	—
固定負債合計		176,534		176,850
負債合計		291,434		298,170
純資産の部				
株主資本				
資本金		1,900,000		1,900,000
利益剰余金		466,480		525,280
株主資本合計		2,366,480		2,425,280
純資産合計		2,366,480		2,425,280
負債純資産合計		2,657,914		2,723,450

問題2

（参考7） 条件付金融資産の譲渡

1. 譲渡部分と残存部分の按分

金融資産の消滅直前の帳簿価額を，譲渡した金融資産の譲渡部分の時価と残存部分の時価とで按分する。なお，按分計算の結果，譲渡部分に配分されたものを譲渡原価という。

$$譲渡部分（譲渡原価）= 帳簿価額 \times \frac{譲渡部分の時価}{譲渡部分の時価 + 残存部分の時価}$$

$$残存部分 = 帳簿価額 \times \frac{残存部分の時価}{譲渡部分の時価 + 残存部分の時価}$$

2. 譲渡損益の算定

譲渡金額から譲渡原価を差し引いた差額を譲渡損益として処理する。なお，譲渡金額は，譲渡に伴う入金額に新たに発生した資産の時価を加え，新たに発生した負債の時価を控除したものをいう。

$$譲渡損益 = 譲渡金額 - 譲渡原価$$

$$譲渡金額 = 譲渡に伴う入金額 + 新たな金融資産の時価 - 新たな金融負債の時価$$

3. 新たに発生した資産及び負債，残存部分の計上

新たに発生した資産及び負債は，譲渡時の時価により計上する。また，按分計算により残存部分に配分した金額は，残存部分の計上価額とする。

I. 問1 の解答

　債権の一部がその消滅の認識要件を充たした場合には，当該部分の消滅を認識するとともに，帳簿価額とその対価としての受払額との差額を当期の損益として処理する。ここで，消滅部分の帳簿価額は，当該債権全体の時価ア 180,000千円(*1)に対する消滅部分の時価イ 166,500千円(*2)と残存部分の時価ウ13,500千円(*3)の比率により，当該債権全体の帳簿価額 150,000千円を按分して計算する。したがって，消滅部分の帳簿価額はエ 138,750千円(*4)と算定され，27,750千円(*5)が当期の損益として処理されることとなる。

区　　分	時　　価	対　　応	時　　価	帳簿価額	譲渡損益
現金収入（新たな資産）	172,500	消滅部分	166,500 (*2)	138,750 (*4)	27,750 (*5)
買戻権（新たな資産）	9,000				
リコース義務（新たな負債）	(15,000)				
回収サービス業務資産（残存部分）	13,500	残存部分	13,500 (*3)	11,250 (*6)	―
合　　計	180,000 (*1)	―	180,000	150,000	―

(*1)　172,500＋9,000－15,000＋13,500＝180,000

(*2)　172,500＋9,000－15,000＝166,500

(*3)　回収サービス業務資産（残存部分）の時価

(*4)　帳簿価額150,000×$\dfrac{消滅部分の時価166,500(*2)}{消滅部分の時価166,500(*2)＋残存部分の時価13,500(*3)}$＝138,750

(注)　金融資産の消滅直前の帳簿価額 150,000を，譲渡した金融資産の消滅部分の時価 166,500(*2)と残存部分の時価13,500(*3)の比率により按分する。

(*5)　消滅部分の時価166,500(*2)－消滅部分の帳簿価額138,750(*4)＝27,750

(*6)　帳簿価額150,000×$\dfrac{残存部分の時価13,500(*3)}{消滅部分の時価166,500(*2)＋残存部分の時価13,500(*3)}$＝11,250

II. 問2 の解答

(借)　現　　　　　　　　金	172,500(*7)	(貸)　リ　コ　ー　ス　義　務	15,000(*7)
買　　戻　　権	9,000(*7)	債　　　　　　　　権	150,000
回収サービス業務資産	11,250(*6)	債　権　売　却　益	27,750(*5)

(*7)　時価

【MEMO】

TAC株式会社（以下，当社とする）の当期（自×5年4月1日　至×6年3月31日）に関する〔資料Ⅰ〕及び〔資料Ⅱ〕に基づき，│問1│～│問4│に答えなさい。

（注）1．利息の計算はすべて月割で行うこと。

2．前期末の直物レートは，1ドル＝100円，当期末の直物レートは，1ドル＝123円である。

3．指示がある場合のみ税効果会計を適用するものとし，その際の法定実効税率は毎期40％とする。

│問1│　　〔資料Ⅲ〕に示す損益計算書を完成させ，①～⑭の金額を答案用紙の所定の欄に記入しなさい。

│問2│　　〔資料Ⅳ〕に示す貸借対照表を完成させ，①～⑰の金額を答案用紙の所定の欄に記入しなさい。

│問3│　　仮に，〔資料Ⅱ〕1．の商品の輸出取引について振当処理を適用している場合，×5年3月31日（前期決算日）に行われる仕訳（単位：千円）を答案用紙の所定欄に記入しなさい。また，│問1│の場合と比較して，当期の損益計算書における売上高がいくら増減するかを答案用紙の所定の欄に記入しなさい。なお，振当処理を適用する場合は，外貨建取引及び外貨建金銭債権債務に先物レートによる円換算額を付すこと。

│問4│　　仮に，国債に対するヘッジ取引について時価ヘッジを採用している場合，当期の損益計算書における投資有価証券評価損の金額はいくらになるかを答案用紙の所定の欄に記入しなさい。

〔資料 I〕　決算整理前残高試算表（単位：千円）

決算整理前残高試算表
×6年3月31日

現　金　預　金	390,972	支　払　手　形	180,000
受　取　手　形	400,000	買　掛　金	205,656
売　掛　金	300,000	リ　ー　ス　債　務	（　　　）
有　価　証　券	11,000	為　替　予　約	（　　　）
繰　越　商　品	（　　　）	貸　倒　引　当　金	3,500
先物取引委託証拠金	800	社　債	（　　　）
先　物　取　引	（　　　）	長　期　借　入　金	100,000
オ　プ　シ　ョ　ン	（　　　）	建物減価償却累計額	90,000
建　物	1,000,000	備品減価償却累計額	845,580
備　品	950,000	資　本　金	2,000,000
土　地	（　　　）	資　本　準　備　金	250,000
リ　ー　ス　資　産	（　　　）	その他資本剰余金	10,000
投　資　有　価　証　券	（　　　）	利　益　準　備　金	70,000
繰　延　税　金　資　産	（　　　）	任　意　積　立　金	150,000
繰　延　ヘ　ッ　ジ　損　益	（　　　）	繰　越　利　益　剰　余　金	200,000
仕　入	870,000	新　株　予　約　権	（　　　）
その他の営業費	402,864	売　上	1,124,000
投資有価証券売却損	（　　　）	有　価　証　券　利　息	1,750
		受　取　配　当　金	200
	（　　　）		（　　　）

〔資料Ⅱ〕 期中の未処理事項及び決算整理事項

1．商　品

(1) 商品に関するデータは以下のとおりである。

	帳簿有高	実地有高	正味売却価額(実地)
×5年3月31日	151,800千円	151,000千円	150,000千円
×6年3月31日	125,400千円	121,200千円	120,000千円

(2) ×5年4月10日に商品 4,000千ドルを輸出し，×5年5月20日に代金を決済する予定である。この取引をヘッジするため，×5年3月3日に，×5年5月20日を決済期日とする 4,000千ドルの為替予約を行った。当該輸出取引は実行される可能性が極めて高いものであり，ヘッジ会計の要件も満たしている。なお，輸出取引及び決済取引は予定通り行われたが，当期に行うべき会計処理を行っていない。また，繰延ヘッジ損益には税効果会計を適用する。

(3) 直物レート及び先物レート（×5年5月20日売予約）は以下のとおりである。

		直物レート	先物レート
×5年3月3日	為替予約締結日	99円／ドル	101円／ドル
×5年3月31日	決算日	100円／ドル	105円／ドル
×5年4月10日	売上計上日	102円／ドル	109円／ドル
×5年5月20日	決済日	110円／ドル	—

2．商品先物取引

(1) 当社は以下の商品先物取引を実行したが，当期に行うべき会計処理を行っていない。なお，商品先物の売買単位は1枚あたり 1,000個である。

	取　引
×5年3月1日	先物取引証拠金 800千円を支払い，×5年7月を限月とする商品先物を1枚売り建てた。
×5年6月7日	×5年7月を限月とする商品先物を1枚買い建て，差金決済を行った。また，先物取引証拠金 800千円の返還を受け，当座に入金した。

(2) 5年7月を限月とする商品先物価格の推移

	商品先物価格
×5年3月1日	15,000円／個
×5年3月31日	14,700円／個
×5年6月7日	14,000円／個

3．有価証券等

　　〔**資料Ⅰ**〕の有価証券及び投資有価証券の明細は以下のとおりである。なお，その他有価証券の評価差額については全部純資産直入法を採用している。また，その他有価証券の評価差額及び繰延ヘッジ損益には税効果会計を適用する。

	取 得 原 価	前期末時価	当期末時価	取　得　日	分　類	備　考
A社株式	11,000千円	－	11,088千円	×6年3月7日	売買目的	(1)
B社社債	20,000千円	－	－	×3年10月1日	？	(2)
C社社債	28,800千円	29,000千円	29,500千円	×4年4月1日	？	(3)
国　　債	50,000千円	－	47,500千円	×5年4月1日	その他	(4)

(1)　A社株式の配当権利落ち日（配当権利付き最終売買日の翌日）は×6年3月27日である。配当権利落ち日に公表されている予想配当額は 222千円であったが未処理であるため，決算において未収配当金を計上する。

(2)　B社社債は，満期まで保有するつもりで×3年10月1日に取得（額面金額：20,000千円，償還期限：×8年9月30日，利率：年5％，利払：年2回9月末及び3月末）したものである。×5年9月30日に20,200千円（利付相場）ですべて売却している。なお，〔**資料Ⅰ**〕の投資有価証券売却損はすべてB社社債に係るものである。

(3)　C社社債は，満期まで保有するつもりで×4年4月1日に取得（額面金額：30,000千円，償還期限：×8年3月31日，利率：年2％，利払：年1回3月末）したもので，償却原価法（定額法）を適用している。なお，B社社債の売却によりC社社債は保有目的の変更があったものとして，×5年9月30日においてその他有価証券に振り替えている。

(4)　国債（額面：50,000千円，購入数：5,000口，利率：年1％，償還期限：×10年3月31日，利払日：年1回3月末）について，取得と同時に，国債の相場変動リスクをヘッジするために，×10年3月を限月とする債券先物 5,000口を56,000千円で売り建てており，ヘッジ会計（繰延ヘッジ）を適用する。なお，当期末における×10年3月を限月とする債券先物価額は54,000千円である。

4．オプション

(1)　〔**資料Ⅰ**〕のオプションは，×5年3月1日に円プット・ドルコールの通貨オプション 2,000千ドル（権利行使価格 107円／ドル）を買い建てたものである。

(2)　×5年5月31日に当該通貨オプションにつき権利行使したが，当期に行うべき会計処理を行っていない。

(3)　オプション価格及び直物為替相場の推移は，以下のとおりであった。

	×5年3月1日	×5年3月31日	×5年5月31日
オプション価格	2.4円／ドル	3.6円／ドル	4.0円／ドル
直物為替相場	98円／ドル	100円／ドル	111円／ドル

5．建　　物

定額法（残存価額10%，耐用年数50年）により減価償却を行う。

6．備　　品

(1) ×0年度期首に取得し，ただちに使用に供したものである。

(2) 耐用年数は7年である。

(3) 定率法の償却率は 0.357，改定償却率は 0.500，保証率は 0.05496である。

(4) 金額の計算において生じた千円未満の端数は，その都度切り捨てること。

7．リース取引

(1) 所有権移転条項：なし

(2) 割安購入選択権：なし

(3) リース取引開始日：×6年1月1日

(4) リース物件（備品）は特別仕様ではない。

(5) 解約不能のリース期間：3年

(6) 見積現金購入価額：39,587千円

(7) リース料：月額 935千円　支払は毎月末

リース料総額　33,660千円　残価保証　5,500千円

(8) リース料には月額85千円の維持管理費用相当額（固定資産税，保険料等）が含まれており，これは当
社に明示されている。

(9) 借手の追加借入利子率：年6.00%

(10) 見積現金購入価額とリース料総額の割引現在価値が等しくなる割引率：年5.76%

(11) 割引現在価値の算定に当たっては，現価係数0.8356（$1 / (1 + 6.00\% \times 1/12)^{36}$）及び年金現価係
数 32.8710（36年）を用いること。

(12) 減価償却方法：定額法

(13) 当期にリース料を当座により支払ったが，未処理である。

(14) リース債務の流動固定分類を行う際は，現価係数0.9006（$1 / (1 + 6.00\% \times 1/12)^{21}$）及び年金現
価係数 19.8880（21年）を用いて算定すること。

(15) 金額の計算において端数が生じる場合には，最終数値の千円未満を四捨五入すること。

8．長期借入金

(1)　〔**資料Ⅰ**〕の長期借入金は，すべて以下の条件で借入れたものである。

　　①　借入日：×5年4月1日

　　②　返済日：×9年3月31日

　　③　年利率：長期プライムレート＋4％　なお，長期プライムレートは利払日時点のレートを適用する。

　　④　利払日：9月末及び3月末

(2)　上記借入の変動金利を固定金利にするため，以下の内容の金利スワップ契約を締結した。

　　①　契約期間：×5年4月1日～×9年3月31日

　　②　想定元本：100,000千円

　　③　支払金利：2％

　　④　受取金利：長期プライムレート　なお，長期プライムレートは金利交換日時点のレートを適用する。

　　⑤　金利交換日：9月末及び3月末

(3)　長期プライムレート

　　　　×5年9月30日：年 1.9％　　×6年3月31日：年 2.2％

(4)　金利スワップの期末時価は 800千円である。なお，当該金利スワップ契約についてはヘッジ会計の要件を満たしており，ヘッジ会計の特例処理を採用している。

(5)　長期借入金に関する利息の支払及びスワップ取引に関する金利の受払については当座で行っているが，未処理である。

9．外貨建新株予約権

(1)　×4年9月5日（直物レート90円／ドル）に以下の条件で，外貨建新株予約権を発行した。

　　①　発行条件

　　　ⅰ　目的たる株式の種類及び数：1個につき普通株式 1,000株

　　　ⅱ　発行総数：50個

　　　ⅲ　払込金額：8千ドル／個

　　②　行使条件

　　　ⅰ　行使価額：35ドル／株

　　　ⅱ　行使期間：×5年1月1日～×7年11月30日

　　　ⅲ　資本金組入額：会社法に定める最低限度額

(2)　×5年11月1日（直物レート 116円／ドル）に初めて新株予約権30個が行使され，すべて新株を発行し，払込金額を当座に預け入れたが，未処理である。

10. 外貨建新株予約権付社債

 (1) 〔資料Ⅰ〕の社債はすべて×5年2月1日に以下の条件で発行した外貨建転換社債型新株予約権付社債である。なお，一括法で処理している。また，発行時の直物レートは95円／ドルである。

   ① 額面金額及び払込金額は 2,000千ドルである（平価発行）。

   ② 新株予約権の権利行使により交付される株式数は，社債額面金額を換算為替相場（ 100円／ドル）で円に換算した金額を，転換価格（1株当たり16千円）で除した数とする。

   ③ 償還期限は5年である。

   ④ 新株予約権の権利行使期間は×5年4月1日～×10年1月31日である。

   ⑤ 資本金組入額は1株当たり10千円とする。

   ⑥ 当該社債には利息を付していない。

 (2) ×5年9月3日に初めて新株予約権の40%について権利行使され，交付株式すべてについて新株を発行したが，未処理である。なお，権利行使時の直物レートは 112円／ドルである。

11. 貸倒引当金

  売上債権期末残高に対して，毎期2%の貸倒引当金を設定している。

12. 事業税

 (1) 前期の事業税額は10,000千円（所得割 4,800千円，資本割 4,000千円，付加価値割 1,200千円）であり，当期の事業税額は16,650千円（所得割 9,400千円，資本割 4,250千円，付加価値割 3,000千円）である。

 (2) 未払事業税については，税効果会計を適用する。

〔資料Ⅲ〕　損益計算書（単位：千円）

損 益 計 算 書

自×5年4月1日　至×6年3月31日

Ⅰ　売　　　上　　　高　　　　　　　　（①　　　　　　　）

Ⅱ　売　　上　　原　　価

　1　期　首　商　品　棚　卸　高　　　（　　　　　　　　）

　2　当　期　商　品　仕　入　高　　　　870,000

　　　　　　合　　　計　　　　　　　（　　　　　　　　）

　3　期　末　商　品　棚　卸　高　　　（　　　　　　　　）

　4　商　品　低　価　評　価　損　　　（②　　　　　　　）　（　　　　　　　　）

　　　　売　上　総　利　益　　　　　　　　　　　　　　（　　　　　　　　）

Ⅲ　販売費及び一般管理費

　1　棚　卸　減　耗　費　　　　　　　（③　　　　　　　）

　2　租　税　公　課　　　　　　　　　（④　　　　　　　）

　3　貸　倒　引　当　金　繰　入　額　（⑤　　　　　　　）

　4　建　物　減　価　償　却　費　　　（　　　　　　　　）

　5　備　品　減　価　償　却　費　　　（⑥　　　　　　　）

　6　リ　ー　ス　資　産　減　価　償　却　費　（⑦　　　　　　　）

　7　維　持　管　理　費　　　　　　　（　　　　　　　　）

　8　そ　の　他　の　営　業　費　　　　402,864　　　　　（　　　　　　　　）

　　　　営　　業　　利　　益　　　　　　　　　　　　　（　　　　　　　　）

Ⅳ　営　業　外　収　益

　1　有　価　証　券　利　息　　　　　（⑧　　　　　　　）

　2　受　取　配　当　金　　　　　　　（　　　　　　　　）

　3　有　価　証　券　評　価　益　　　（　　　　　　　　）

　4　先　物　取　引　利　益　　　　　（⑨　　　　　　　）

　5　オ　プ　シ　ョ　ン　利　益　　　（⑩　　　　　　　）　（　　　　　　　　）

Ⅴ　営　業　外　費　用

　1　支　払　利　息　　　　　　　　　（⑪　　　　　　　）

　2　為　替　差　損　　　　　　　　　（⑫　　　　　　　）　（　　　　　　　　）

　　　　経　　常　　利　　益　　　　　　　　　　　　　（　　　　　　　　）

Ⅵ　特　　別　　損　　失

　1　投　資　有　価　証　券　売　却　損　（⑬　　　　　　　）　（　　　　　　　　）

　　　　税　引　前　当　期　純　利　益　　　　　　　　　（　　　　　　　　）

　　　　法人税，住民税及び事業税　　　　40,762

　　　　法　人　税　等　調　整　額　　　（　　　　　　　　）　（⑭　　　　　　　）

　　　　当　　期　　純　　利　　益　　　　　　　　　　　（　　　　　　　　）

〔資料Ⅳ〕　貸借対照表（単位：千円）

貸　借　対　照　表

×6年3月31日

資　産　の　部		負　債　の　部	
Ⅰ 流　動　資　産		Ⅰ 流　動　負　債	
現 金 及 び 預 金　（　　　　）		支　払　手　形　180,000	
受　取　手　形　400,000		買　　掛　　金　205,656	
貸 倒 引 当 金（　　　　　）（　　　　）		リ ー ス 債 務　（　　　　）	
売　　掛　　金　300,000		未 払 法 人 税 等　（⑩　　　）	
貸 倒 引 当 金（　　　　　）（　　　　）		流 動 負 債 合 計　（　　　　）	
有　価　証　券　（①　　　）		Ⅱ 固　定　負　債	
商　　　　品　（②　　　）		社　　　　債　（⑪　　　）	
未 収 配 当 金　（③　　　）		長 期 借 入 金　100,000	
流 動 資 産 合 計　（　　　　）		リ ー ス 債 務　（⑫　　　）	
		固 定 負 債 合 計　（　　　　）	
Ⅱ 固　定　資　産		負　債　合　計　（　　　　）	
1 有 形 固 定 資 産		純　資　産　の　部	
建　　　　物　1,000,000		Ⅰ 株　主　資　本	
減価償却累計額（　　　　）（④　　　）		1 資　　本　　金　（⑬　　　）	
備　　　　品　950,000		2 資　本　剰　余　金	
減価償却累計額（　　　　）（　　　　）		資 本 準 備 金（⑭　　　）	
土　　　　地　（⑤　　　）		その他資本剰余金　10,000	
リ ー ス 資 産（⑥　　　）		資 本 剰 余 金 合 計　（　　　　）	
減価償却累計額（　　　　）（　　　　）		3 利　益　剰　余　金	
有 形 固 定 資 産 合 計　（　　　　）		利 益 準 備 金　70,000	
2 投資その他の資産		その他利益剰余金	
投 資 有 価 証 券　（⑦　　　）		任 意 積 立 金　150,000	
繰 延 税 金 資 産　（⑧　　　）		繰越利益剰余金（　　　　）	
先　物　取　引　（⑨　　　）		利 益 剰 余 金 合 計　（　　　　）	
投資その他の資産合計　（　　　　）		株 主 資 本 合 計　（　　　　）	
固 定 資 産 合 計　（　　　　）		Ⅱ 評価・換算差額等	
		その他有価証券評価差額金　（⑮　　　）	
		繰 延 ヘ ッ ジ 損 益　（⑯　　　）	
		評価・換算差額等合計　（　　　　）	
		Ⅲ 新 株 予 約 権　（⑰　　　）	
		純　資　産　合　計　（　　　　）	
資　産　合　計　（　　　　）		負 債 純 資 産 合 計　（　　　　）	

【MEMO】

【解　答】

問1

①	1,500,000	②	1,200	③	4,200	④	7,250
⑤	10,500	⑥	52,210	⑦	2,253	⑧	1,900
⑨	700	⑩	800	⑪	6,478	⑫	9,200
⑬	300	⑭	38,102				

問2　　　(注)　純資産の控除項目には「△」を付すこと。

①	11,088	②	120,000	③	222	④	892,000
⑤	900,000	⑥	32,536	⑦	77,000	⑧	6,780
⑨	2,000	⑩	48,012	⑪	147,600	⑫	21,858
⑬	2,121,700	⑭	361,300	⑮	△　1,440	⑯	1,200
⑰	14,400						

問3　　　(単位：千円)

(借) 繰 延 税 金 資 産　　　6,400　　　(貸) 為 替 予 約　　　16,000
　　　繰 延 ヘ ッ ジ 損 益　　　9,600

- -

28,000千円　　増加する

問4

500千円

【採点基準】

| 問1 | 3点×14箇所＋ | 問2 | 3点×17箇所＋ | 問3 | 仕訳3点＋2点＋ | 問4 | 2点＝100点 |

【解答時間及び得点】

	日　付	解答時間	得　点	ＭＥＭＯ
1	／	分	点	
2	／	分	点	
3	／	分	点	
4	／	分	点	
5	／	分	点	

【チェック・ポイント】

出題分野	出題論点	日　付				
		／	／	／	／	／
個　別　論　点	棚 卸 資 産 の 期 末 評 価					
	デ　リ　バ　テ　ィ　ブ					
	未　　収　　配　　当　　金					
	保　有　目　的　の　変　更					
	ヘ　　ッ　　ジ　　会　　計					
	2　5　0　％　定　率　法					
	リ　　ー　　ス　　取　　引					
	外 貨 建 新 株 予 約 権 (発 行 者 側)					
	外 貨 建 新 株 予 約 権 付 社 債 (発 行 者 側)					
	税　　効　　果　　会　　計					

【解答への道】（単位：千円）

問1 問2 について

I. 〔資料I〕の空欄推定

繰 越 商 品： 150,000 ← ×5年3月31日正味売却価額(実地)

繰 延 税 金 資 産： 10,400 ← 予定取引に係るもの6,400(*1)＋事業税に係るもの4,000(*2)

先 物 取 引： 300 ← 商品先物価格(×5年3月1日＠15,000円

　　　　　　　　　　　　　　　　　－×5年3月31日＠14,700円)×1,000個／枚×1枚

オ プ シ ョ ン： 7,200 ← ×5年3月31日オプション価格3.6円／ドル×2,000千ドル

土 　 　 地： 900,000 ← 貸借差額

リ ー ス 資 産： 32,536 ← 後述（II．7．(1) 参照)

投 資 有 価 証 券： 79,250 ← C社社債29,250(*3)＋国債50,000

繰 延 ヘ ッ ジ 損 益： 9,600 ← 予定取引に係るもの(*4)

投資有価証券売却損： 300 ← 後述（II．3．(2) 参照)

リ ー ス 債 務： 32,536 ← 後述（II．7．(1) 参照)

為 替 予 約： 16,000 ← 4,000千ドル×(3/31FR105円／ドル－3/3FR101円／ドル)

社 　 　 債： 200,000 ← 2,000千ドル×前期CR100円／ドル

新 株 予 約 権： 36,000 ← 払込金額＠8千ドル×50個×発行時レート90円／ドル

(*1) 4,000千ドル×(3/31FR105円／ドル－3/3FR101円／ドル)×実効税率40％＝6,400

(*2) 前期事業税額10,000×実効税率40％＝4,000

(*3) 前期末償却原価29,100(*5)＋150(*6)＝×5年9月30日償却原価29,250

(*4) 4,000千ドル×(3/31FR105円／ドル－3/3FR101円／ドル)×(1－実効税率40％)＝9,600

(*5) 取得原価28,800＋前期償却額300(*7)＝29,100

(*6) (額面金額30,000－取得原価28,800)× $\dfrac{6 \text{ヶ月}(\text{X5.4}\sim\text{X5.9})}{48 \text{ヶ月}(\text{X4.4}\sim\text{X8.3})}$ ＝150

(*7) (額面金額30,000－取得原価28,800)× $\dfrac{12 \text{ヶ月}(\text{X4.4}\sim\text{X5.3})}{48 \text{ヶ月}(\text{X4.4}\sim\text{X8.3})}$ ＝300

II. 決算整理仕訳等

1. 商 品

(1) 通常の決算整理

(借)	仕	入	150,000	(貸)	繰 越 商 品	150,000
(借)	繰 越 商 品		125,400(*1)	(貸)	仕 入	125,400
(借)	棚 卸 減 耗 費		4,200(*2)	(貸)	繰 越 商 品	5,400
	商 品 低 価 評 価 損		1,200(*3)			

(*1) ×6年3月31日帳簿有高

(*2) 125,400(*1)－×6年3月31日実地有高121,200＝4,200

(*3) ×6年3月31日(実地有高121,200－正味売却価額(実地)120,000)＝1,200

(2) 予定取引（繰延ヘッジ）

① ×5年3月3日（為替予約締結日）

```
仕 訳 な し
```

(注) 為替予約時においては，デリバティブ取引として認識すべき額がゼロであるため，為替予約については仕訳を行わない。

② ×5年3月31日（決算日）

(借)	繰 延 税 金 資 産	6,400 (*2)	(貸)	為 替 予 約	16,000 (*1)
	繰 延 ヘ ッ ジ 損 益	9,600			

(*1) 4,000千ドル×（3/31 F R 105円／ドル－3/3 F R 101円／ドル）＝16,000

(*2) 16,000 (*1)×実効税率40％＝6,400

③ ×5年4月1日（期首，洗替処理，未処理）

(借)	為 替 予 約	16,000 (*1)	(貸)	繰 延 税 金 資 産	6,400 (*2)
				繰 延 ヘ ッ ジ 損 益	9,600

④ ×5年4月10日（売上計上日，未処理）

  i 売上取引（ヘッジ対象）

(借)	売 掛 金	408,000 (*3)	(貸)	売 上	408,000

(*3) 4,000千ドル×102円／ドル＝408,000

  ii 為替予約の時価評価（ヘッジ手段）

(借)	繰 延 税 金 資 産	12,800 (*5)	(貸)	為 替 予 約	32,000 (*4)
	繰 延 ヘ ッ ジ 損 益	19,200			

(*4) 4,000千ドル×（4/10 F R 109円／ドル－3/3 F R 101円／ドル）＝32,000

(*5) 32,000 (*4)×実効税率40％＝12,800

  iii 繰延ヘッジ損益の認識

(借)	売 上	32,000 (*4)	(貸)	繰 延 税 金 資 産	12,800 (*5)
				繰 延 ヘ ッ ジ 損 益	19,200

(注) 売上時に繰延ヘッジ損益を当期の損益として処理する。なお，繰延ヘッジ損益を損益計上するにあたっては，原則としてヘッジ対象の損益区分と同一区分で表示する。

⑤ ×5年5月20日（決済日，未処理）

  i 売掛金の決済（ヘッジ対象）

(借)	現 金 預 金	440,000 (*6)	(貸)	売 掛 金	408,000 (*3)
				為 替 差 損 益	32,000 (*7)

(*6) 4,000千ドル×110円／ドル＝440,000

(*7) 4,000千ドル×（110円／ドル－102円／ドル）＝32,000

  ii 為替予約の決済（ヘッジ手段）

(借)	為 替 予 約	32,000 (*4)	(貸)	現 金 預 金	36,000 (*8)
	為 替 差 損 益	4,000 (*9)			

(*8) 4,000千ドル×（110円／ドル－3/3 F R 101円／ドル）＝36,000

(*9) 4,000千ドル×（110円／ドル－4/10 F R 109円／ドル）＝4,000

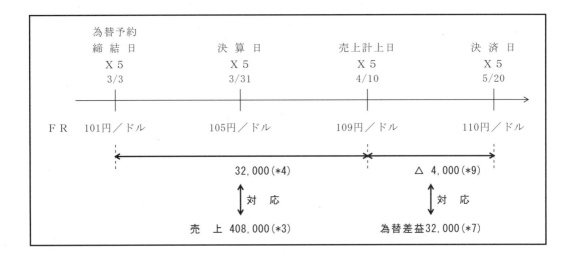

（参考1）　予定取引

1．意　義

　　予定取引とは，未履行の確定契約に係る取引及び契約は成立していないが，取引予定時期，取引予定物件，取引予定量，取引予定価格等の主要な取引条件が合理的に予測可能であり，かつ，それが実行される可能性が極めて高い取引をいう。

　　ヘッジ対象には，予定取引により発生が見込まれる資産又は負債も含まれるため，予定取引は繰延ヘッジを適用することができる。

2．予定取引により損益が直ちに発生する場合

　　ヘッジ対象とされた予定取引が，売上や金利など損益が直ちに発生するものである場合には，**当該取引の実行時に，繰延ヘッジ損益を当期の損益**として処理する。この場合の勘定科目は，原則としてヘッジ対象取引に係る損益科目（売上高，支払利息等）とする。

　　ただし，為替リスクのヘッジによる損益については，為替差損益とすることができる。

2．商品先物取引

(1) 前　期

①　×5年3月1日（取引開始時）

| (借) | 先物取引委託証拠金 | 800 | (貸) | 現　金　預　金 | 800 |

(注)　先物取引開始時においては，デリバティブ取引として認識すべき額がゼロであるため，デリバティブ自体の仕訳は行われず，委託証拠金支払の仕訳のみ行われる。

②　決算整理

| (借) | 先　物　取　引 | 300 | (貸) | 先　物　取　引　損　益 | 300(*1) |

(*1)　商品先物価格（×5年3月1日@15,000円－×5年3月31日@14,700円）×1,000個／枚×1枚＝300

(2) 当　期

①　期　首（洗替処理，未処理）

| (借) | 先　物　取　引　損　益 | 300(*1) | (貸) | 先　物　取　引 | 300 |

②　×5年6月7日（決済日，未処理）

| (借) | 現　金　預　金 | 1,000 | (貸) | 先　物　取　引　損　益 | 1,000(*2) |
| (借) | 現　金　預　金 | 800 | (貸) | 先物取引委託証拠金 | 800 |

(*2)　商品先物価格（×5年3月1日@15,000円－×5年6月7日@14,000円）×1,000個／枚

×1枚＝1,000

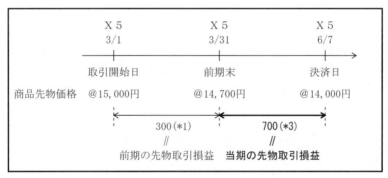

(*3)　商品先物価格（×5年3月31日@14,700円－×5年6月7日@14,000円）×1,000個／枚

×1枚＝700

3．有価証券等

(1) A社株式（売買目的有価証券）

①　未収配当金（未処理）

| (借) | 未　収　配　当　金 | 222 | (貸) | 受　取　配　当　金 | 222 |

(注)　市場価格のある株式については，各銘柄の配当落ち日（配当権利付き最終売買日の翌日）をもって，前回の配当実績又は公表されている一株当たり予想配当額に基づいて未収配当金を見積計上する。

②　時価評価

| (借) | 有　価　証　券 | 88 | (貸) | 有　価　証　券　評　価　損　益 | 88(*1) |

(*1)　当期末時価11,088－取得原価11,000＝88

(2) B社社債（満期保有目的の債券）

（借）現　金　預　金	20,200	（貸）投　資　有　価　証　券	20,000
投資有価証券売却損	300(*2)	有　価　証　券　利　息	500(*1)

(*1)　額面金額20,000×5%×$\dfrac{6ヶ月（X5.4～X5.9）}{12ヶ月}$＝500

(*2)　貸借差額

◎　前T/B 投資有価証券売却損：300(*2)

(3)　C社社債（満期保有目的の債券からその他有価証券への変更）

①　保有目的の変更（×5年9月30日）

（借）投　資　有　価　証　券 （そ　の　他　有　価　証　券）	29,250(*3)	（貸）投　資　有　価　証　券 （満　期　保　有　目　的　の　債　券）	29,100(*1)
		有　価　証　券　利　息	150(*2)

(*1)　取得原価28,800＋前期償却額300(*4)＝29,100

(*2)　（額面金額30,000－取得原価28,800）×$\dfrac{6ヶ月（X5.4～X5.9）}{48ヶ月（X4.4～X8.3）}$＝150

(*3)　前期末償却原価29,100(*1)＋150(*2)＝×5年9月30日償却原価29,250

(*4)　（額面金額30,000－取得原価28,800）×$\dfrac{12ヶ月（X4.4～X5.3）}{48ヶ月（X4.4～X8.3）}$＝300

(注)　×5年9月30日に満期保有目的で保有していたB社社債を売却したことに伴い，同じく満期保有目的で保有していたC社社債については満期保有目的が否定されるため，保有目的を売買目的有価証券又はその他有価証券に変更する必要がある。なお，満期保有目的の債券について，その保有目的を変更するときには，変更時の償却原価をもって振り替える。

②　利息の受取

（借）現　金　預　金	600	（貸）有　価　証　券　利　息	600(*5)

(*5)　額面金額30,000×2%＝600

③　償却額の計上

（借）投　資　有　価　証　券	150	（貸）有　価　証　券　利　息	150(*6)

(*6)　（額面金額30,000－取得原価28,800）×$\dfrac{6ヶ月（X5.10～X6.3）}{48ヶ月（X4.4～X8.3）}$＝150

④　時価評価

（借）投　資　有　価　証　券	100(*7)	（貸）繰　延　税　金　負　債	40(*8)
		その他有価証券評価差額金	60

(*7)　時価29,500－29,400(*9)＝100

(*8)　100(*7)×実効税率40%＝40

(*9)　前期末償却原価29,100(*1)＋150(*2)＋150(*6)＝29,400

(4) 国　債（その他有価証券，繰延ヘッジ）

① ×5年4月1日（取得日及び債券先物取引開始時）

　　i　国　債（ヘッジ対象，処理済）

(借)	投 資 有 価 証 券	50,000	(貸)	現 　 金 　 預 　 金	50,000

　　ii　債券先物（ヘッジ手段，処理済）

仕 　 訳 　 な 　 し

(注)　先物取引開始時においては，デリバティブ取引として認識すべき額がゼロであるため，デリバティブ自体の仕訳は行われない。

② 決算整理

　　i　国　債（ヘッジ対象）

(借)	繰 延 税 金 資 産	1,000(*2)	(貸)	投 資 有 価 証 券	2,500(*1)
	その他有価証券評価差額金	1,500			

(*1)　取得原価50,000－当期末時価47,500＝2,500

(*2)　2,500(*1)×実効税率40％＝1,000

　　ii　債券先物（ヘッジ手段）

(借)	先 　 物 　 取 　 引	2,000(*3)	(貸)	繰 延 税 金 負 債	800(*4)
				繰 延 ヘ ッ ジ 損 益	1,200

(*3)　×5年4月1日債券先物価額56,000－当期末債券先物価額54,000＝2,000

(*4)　2,000(*3)×実効税率40％＝800

（参考２）　ヘッジ会計の方法

１．会計処理

（1）総　論

　　　　ヘッジ会計には，時価評価されているヘッジ手段に係る損益又は評価差額を，ヘッジ対象に係る損益が認識されるまで純資産の部において繰り延べる方法（**繰延ヘッジ**）と，ヘッジ対象である資産又は負債に係る相場変動等を損益に反映させることにより，その損益とヘッジ手段に係る損益とを同一の会計期間に認識する方法（**時価ヘッジ**）の２つの会計処理がある。

　　　　なお，原則として，繰延ヘッジによる。

（2）繰延ヘッジ（原則的方法）

①　意　義

　　　　繰延ヘッジとは，時価評価されているヘッジ手段に係る損益又は評価差額を，ヘッジ対象に係る損益が認識されるまで純資産の部において繰り延べる方法である。

　　　　つまり，ヘッジ対象に係る損益認識時点はそのままに，ヘッジ手段に係る損益認識時点を合わせる方法をいう。

　　　　なお，純資産の部に計上されるヘッジ手段に係る損益又は評価差額については，税効果会計を適用しなければならない。

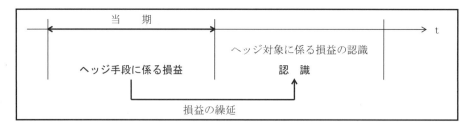

②　繰延ヘッジ損益の会計処理

　　　　繰延ヘッジ損益は，**純資産の部に計上**する。なお，繰延ヘッジ損益を純資産の部に計上するに当たっては，これらに係る繰延税金資産又は繰延税金負債の額を控除した金額で計上する。

　　ⅰ　ヘッジ手段から損失が生じる場合

（借）繰　延　税　金　資　産	×××	（貸）デ　リ　バ　テ　ィ　ブ	×××
繰　延　ヘ　ッ　ジ　損　益	×××		

　　ⅱ　ヘッジ手段から利益が生じる場合

（借）デ　リ　バ　テ　ィ　ブ	×××	（貸）繰　延　税　金　負　債	×××
		繰　延　ヘ　ッ　ジ　損　益	×××

③　繰延ヘッジ損益の損益計上時における処理科目

　　　　ヘッジ対象の損益認識時に繰延ヘッジ損益を損益に計上するにあたり，繰延ヘッジにおいては原則として**ヘッジ対象の損益区分と同一区分で表示する**。

　　　　つまり，ヘッジ対象が商品であれば売上原価，株式であれば有価証券売却損益，利付資産又は負債であれば利息の調整として損益に戻入処理する。ただし，為替リスクのヘッジによるヘッジ損益については，**為替差損益**として処理することができる。

(3) 時価ヘッジ（例外的方法）

① 意 義

　　時価ヘッジとは，ヘッジ対象である資産又は負債に係る相場変動等を損益に反映させることにより，その損益とヘッジ手段に係る損益とを同一の会計期間に認識する方法である。

　　つまり，ヘッジ手段に係る損益認識時点はそのままに，ヘッジ対象に係る損益認識時点を合わせる方法をいう。

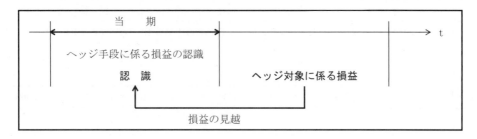

② 時価ヘッジの適用対象

　　時価ヘッジは「ヘッジ対象である資産又は負債に係る相場変動等を損益に反映できる場合」に適用することができる。現在のところ，これに該当するのはその他有価証券のみである。

　　したがって，その他有価証券については，評価差額を損益として認識し，同時にヘッジ手段の損益を認識することも認められる。

③ 時価ヘッジ損益の表示方法

　　ヘッジ対象に係る評価差額をその他有価証券評価差額金ではなく，当期の損益（投資有価証券評価損益）として表示する。また，ヘッジ手段に係る損益は，ヘッジ対象の損益区分と同一区分で表示する。なお，ヘッジ対象に損失が発生し，ヘッジ手段に利益が発生している場合の仕訳は以下のようになる。

　　i　ヘッジ対象に係る仕訳

(借) 投 資 有 価 証 券 評 価 損 益	×××	(貸) 投 資 有 価 証 券	×××

　　ii　ヘッジ手段に係る仕訳

(借) デ リ バ テ ィ ブ	×××	(貸) デ リ バ テ ィ ブ 損 益 （投資有価証券評価損益）	×××

4．オプション

(1) 前　期

①　×5年3月1日（取引開始時）

| (借) | オ　プ　シ　ョ　ン | 4,800(*1) | (貸) | 現　金　預　金 | 4,800 |

(*1)　×5年3月1日オプション価格2.4円／ドル×2,000千ドル＝4,800

②　決算整理

| (借) | オ　プ　シ　ョ　ン | 2,400 | (貸) | オ　プ　シ　ョ　ン　損　益 | 2,400(*2) |

(*2)　オプション価格(×5年3月31日3.6円／ドル－×5年3月1日2.4円／ドル)×2,000千ドル＝2,400

(2) 当　期

①　期　首（洗替処理，未処理）

| (借) | オ　プ　シ　ョ　ン　損　益 | 2,400(*2) | (貸) | オ　プ　シ　ョ　ン | 2,400 |

②　権利行使

| (借) | 現　金　預　金 | 8,000(*3) | (貸) | オ　プ　シ　ョ　ン | 4,800(*1) |
| | | | | オ　プ　シ　ョ　ン　損　益 | 3,200 |

(*3)　(×5年5月31日直物為替相場111円／ドル－権利行使価格107円／ドル)×2,000千ドル＝8,000

（参考３）　オプション取引の仕組及び会計処理
　１．意　義
　　　オプションとは，一定の期日あるいは一定の期間内に一定の価格で特定の商品を買う又は売る権利をいう。買う権利を「コール・オプション」，売る権利を「プット・オプション」という。
　　　オプション取引とは買う権利又は売る権利を売買する取引をいう。したがって，オプション取引には，「コールの買い」，「コールの売り」，「プットの買い」及び「プットの売り」の４つがある。

```
コール・オプション（買う権利）──→ 買い：「特定の商品を買う権利」の買手
                           ──→ 売り：「特定の商品を買う権利」の売手

プット・オプション（売る権利）──→ 買い：「特定の商品を売る権利」の買手
                           ──→ 売り：「特定の商品を売る権利」の売手
```

　　　買手は売手からオプションを購入し，その対価としてオプション料を支払う。そして，買手は権利を行使するか若しくは権利を放棄する。オプションはあくまでも権利であるから，その行使を強制されることはない。他方，売手は買手が権利行使したらこれに応じる義務を負う。

　２．特　徴
　　　オプションの買手はリスクを負わないのに対し，売手は無限大のリスクを負う。買手は利益が出る場合にのみ権利行使をし，損失が生じる場合には権利行使をしなければよいから，オプション取引によってリスクを負うことはない。これは，オプションの買手はあらかじめオプション料を支払っているためであり，これ以上の損失を負うことはない。
　　　他方，売手はオプション料を受け取る代わりに，権利行使される状況に至った場合には「特定の商品」の売買に伴う損失を必ず被る。つまり，オプション料は確実に受け取る一方で，「特定の商品」の相場変動による大きなリスクを負う。

　３．会計処理（オプションの買手側）
　　（１）オプションの購入時

（借）オ プ シ ョ ン　×××　（貸）現　金　預　金　×××

　　（２）決算日
　　　　オプション建玉について時価評価し，評価差額は原則として当期の損益として処理する。

（借）オ プ シ ョ ン　×××　（貸）オ プ シ ョ ン 損 益　×××

　　（３）翌期首
　　　　通常，翌期首において洗替処理を行う。

（借）オ プ シ ョ ン 損 益　×××　（貸）オ プ シ ョ ン　×××

　　（４）権利行使時

（借）現　金　預　金　×××　（貸）オ プ シ ョ ン　×××
　　　　　　　　　　　　　　　　　オ プ シ ョ ン 損 益　×××

　　（５）権利行使期間満了時

（借）オ プ シ ョ ン 損 益　×××　（貸）オ プ シ ョ ン　×××

5．建　物（減価償却）

| (借) | 建 物 減 価 償 却 費 | 18,000(*1) | (貸) | 建 物 減 価 償 却 累 計 額 | 18,000 |

  (*1)　1,000,000×0.9÷50年＝18,000

6．備　品（250％定率法）

| (借) | 備 品 減 価 償 却 費 | 52,210(*1) | (貸) | 備 品 減 価 償 却 累 計 額 | 52,210 |

  (*1)　調整前償却額37,277(*2) ＜ 償却保証額52,212(*3)

　　　　∴　改定取得価額104,420(*4)×改定償却率0.500＝52,210

  (*2)　期首帳簿価額104,420(*4)×定率法償却率0.357＝37,277.94 → 37,277（切り捨て）

  (*3)　取得価額950,000×保証率0.05496＝52,212

  (*4)　取得価額950,000－減価償却累計額845,580＝104,420

  (注)　当期は調整前償却額37,277(*2)が，償却保証額52,212(*3)に満たない。そのため，当期の減価償却費
　　　　は改定取得価額 104,420(*4)に改定償却率（ 0.500）を乗じて計算した金額52,210(*1)となり，その後，
　　　　残存簿価１円まで償却することができる。

（参考4）　250%定率法

1．総　論

　　平成19年度税制改正において，平成19年4月1日以後に取得する固定資産に係る定率法の算定方法として 250%定率法が導入された。

　　250%定率法とは，定額法の償却率（1÷耐用年数）を 2.5倍した率を償却率とする定率法により償却費を計算し，この償却費が一定の金額を下回る事業年度から，残存年数による均等償却に切り替えて耐用年数経過時に1円まで償却する方法をいう。

　　なお，平成19年3月31日以前に取得した固定資産については，従来の定率法による減価償却を行う。

2．具体的処理

(1) 固定資産の取得価額に，定率法の償却率を乗じて計算した金額を事業供用1年目の減価償却費として償却を行い，2年目以降は，当該資産の期首帳簿価額に定率法の償却率を乗じて計算した金額を各事業年度の減価償却費として償却を行う。

(注)　各事業年度の税法上の償却限度額のことを，以下，「調整前償却額」という。

(2) 各事業年度の調整前償却額が**償却保証額**(*1)に満たない場合は，**改定取得価額**(*2)に，その償却費がその後毎年同一となるように当該資産の耐用年数に応じた「改定償却率」を乗じて計算した金額を，各事業年度の減価償却費として償却を行う。

(*1)　償却保証額とは，固定資産の取得価額に，当該資産の耐用年数に応じた「保証率」を乗じて計算した金額をいう。

(*2)　改定取得価額とは，期首帳簿価額に定率法償却率を乗じて計算した金額が，償却保証額に満たないこととなった事業年度における期首帳簿価額をいう。

```
①  期首帳簿価額 × 定率法償却率 ＝ 調整前償却額

②  取得価額 × 保証率 ＝ 償却保証額

③  減価償却費 ┌ ① ＞ ② の場合 …… ①
              └ ① ＜ ② の場合 …… 改定取得価額 × 改定償却率
```

7．リース取引（所有権移転外ファイナンス・リース取引）

(1) リース開始時（×6年1月1日，処理済）

| (借) | リース資産 | 32,536(*1) | (貸) | リース債務 | 32,536 |

(*1) 見積現金購入価額39,587 ＞ リース料総額の割引現在価値32,536(*2) → ∴ 32,536

(*2) （リース料935－維持管理費用相当額85）×32.8710＋残価保証5,500×0.8356

$$=32,536.15 → 32,536（四捨五入）$$

(注) 維持管理費用相当額はリース物件の取得原価に含まれる性質のものではないため，原則として，割引現在価値の算定に当たり維持管理費用相当額をリース料総額から控除する。

(注) リース契約上に残価保証の取決めがある場合は，割引現在価値の算定に当たり，残価保証額をリース料総額に含める。

◎ 前T/B リース資産：32,536(*1)

◎ 前T/B リース債務：32,536(*1)

(2) 第1回リース料支払時（×6年1月31日，未処理）

(借)	維持管理費	85	(貸)	現金預金	935
	支払利息	163(*3)			
	リース債務	687(*4)			

(*3) ×6年1月31日返済前元本32,536(*1)×6.00%×$\dfrac{1ヶ月(X6.1)}{12ヶ月}$＝162.68 → 163（四捨五入）

(*4) 支払リース料935－維持管理費用相当額85－163(*3)＝687

(3) 第2回リース料支払時（×6年2月28日，未処理）

(借)	維持管理費	85	(貸)	現金預金	935
	支払利息	159(*5)			
	リース債務	691(*6)			

(*5) ×6年2月28日返済前元本31,849(*7)×6.00%×$\dfrac{1ヶ月(X6.2)}{12ヶ月}$＝159.245 → 159（四捨五入）

(*6) 支払リース料935－維持管理費用相当額85－159(*5)＝691

(*7) 32,536(*1)－687(*4)＝31,849

(4) 第3回リース料支払時（×6年3月31日，未処理）

(借)	維持管理費	85	(貸)	現金預金	935
	支払利息	156(*8)			
	リース債務	694(*9)			

(*8) ×6年3月31日返済前元本31,158(*10)×6.00%×$\dfrac{1ヶ月(X6.3)}{12ヶ月}$＝155.79 → 156（四捨五入）

(*9) 支払リース料935－維持管理費用相当額85－156(*8)＝694

(*10) 31,849(*7)－691(*6)＝31,158

(5) 決算整理（×6年3月31日）

(借)	リース資産減価償却費	2,253(*11)	(貸)	リース資産減価償却累計額	2,253
(借)	リ ー ス 債 務	30,464(*12)	(貸)	リース債務（流 動）	8,606(*13)
				リース債務（固 定）	21,858(*14)

(*11) $(32,536(*1) - 残価保証5,500) \div リース期間3年 \times \dfrac{3ヶ月(X6.1\sim X6.3)}{12ヶ月} = 2,253$

(注) 残価保証の取決めがある場合には原則として，残価保証額を残存価額として減価償却を行う。

(*12) $31,158(*10) - 694(*9) = 30,464$

(*13) $30,464(*12) - 21,858(*14) = 8,606$

(*14) $(リース料935 - 維持管理費用相当額85) \times 19.8880 + 残価保証5,500 \times 0.9006$

$= 21,858.1 \rightarrow 21,858$ （四捨五入）

◎ リース債務の返済スケジュール（×6年3月31日までのみ示す）

返済日	返済前元本	リ ー ス 料	維持管理費	利 息 分	元 本 分	返済後元本
X6.1/31	32,536(*1)	935	85	163(*3)	687(*4)	31,849(*7)
X6.2/28	31,849(*7)	935	85	159(*5)	691(*6)	31,158(*10)
X6.3/31	31,158(*10)	935	85	156(*8)	694(*9)	30,464(*12)

（参考5）　維持管理費用相当額

1．意　義

　　維持管理費用相当額とは，リース物件の維持管理に伴う諸費用（固定資産税や保険料等）をいい，リース料には，通常，維持管理費用相当額が含まれる。

　　また，リース料総額に通常の保守等の役務提供相当額が含まれる場合には，当該役務提供相当額については，維持管理費用相当額に準じて会計処理を行う。

> リース料　＝　元本分　＋　利息分　＋　維持管理費用相当額

(1) 割引現在価値

　　維持管理費用相当額はリース物件の取得原価に含まれる性質のものではないため，原則として，**割引現在価値の算定に当たり維持管理費用相当額をリース料総額から控除する**。

　　ただし，維持管理費用相当額の金額がリース料に占める割合に重要性が乏しい場合は，これをリース料総額から控除しないことができる。

> リース資産（リース債務）＝　リース料総額　－　利息相当額総額　－　維持管理費用相当額

(2) 会計処理

　　維持管理費用相当額を区分して処理する場合には，固定資産税や保険料等に細分化せずに「維持管理費」等で一括して処理する。

（借）	リ　ー　ス　資　産	×××	（貸）	リ　ー　ス　債　務	×××
（借）	維　持　管　理　費 (P/L 販売費及び一般管理費)	×××	（貸）	現　金　預　金	×××(*1)
	支　払　利　息	×××			
	リ　ー　ス　債　務	×××			

(*1)　維持管理費用相当額を含んだリース料

（参考６）　残価保証

１．意　義

　　残価保証とは，リース期間終了時にリース物件の処分価額が契約上取り決めた保証価額に満たない場合に，借手がその不足額を貸手に支払う義務をいう。

　(1)　割引現在価値

　　　リース契約上に残価保証の取決めがある場合は，割引現在価値の算定に当たり，残価保証額をリース料総額に含める。

> リース資産（リース債務）＝ リース料総額 － 利息相当額総額 ＋ 残価保証額

　(2)　減価償却

　　　所有権移転外ファイナンス・リース取引について，残価保証の取決めがある場合には原則として，**残価保証額を残存価額として減価償却を行う。**

　(3)　リース物件の返却

　　　残価保証額は便宜的に一旦「**その他流動資産**」として計上する。

| （借）リース資産減価償却累計額 | ××× | （貸）リ ー ス 資 産 | ××× |
| その他流動資産 | ×××(*1) | | |

(*1)　残価保証額

　(4)　残価保証支払額の確定時

　　①　リース物件の処分価額が残価保証額を下回った場合

　　　「**その他流動資産**」と「**リース債務**」の相殺を行い，不足額を「**リース資産売却損**」として会計処理する。

| （借）リ ー ス 債 務 | ××× | （貸）そ の 他 流 動 資 産 | ×××(*1) |
| （借）リ ー ス 資 産 売 却 損 | ×××(*2) | （貸）未 払 金 | ××× |

(*2)　残価保証額－処分価額

(注)　残価保証支払額の確定時に上記(3)及び(4)①の処理を一括して行うこともできる。

（借）リース資産減価償却累計額	×××	（貸）リ ー ス 資 産	×××
リ ー ス 債 務	×××		
（借）リ ー ス 資 産 売 却 損	×××(*2)	（貸）未 払 金	×××

　　②　リース物件の処分価額が残価保証額を上回った場合

　　　追加の支払義務は生じず，「**その他流動資産**」と「**リース債務**」の相殺のみ行う。

| （借）リ ー ス 債 務 | ××× | （貸）そ の 他 流 動 資 産 | ×××(*1) |

8．長期借入金（金利スワップ）

　(1)　×5年4月1日

| (借) | 現　金　預　金 | 100,000 | (貸) | 長　期　借　入　金 | 100,000 |

　(2)　×5年9月30日（未処理）

　　① 借入金金利支払

| (借) | 支　払　利　息 | 2,950 | (貸) | 現　金　預　金 | 2,950(*1) |

　　(*1)　前T/B 長期借入金100,000×(X5.9/30長期プライムレート1.9%＋4%)

$$\times \frac{6 \text{ヶ月} (X5.4 \sim X5.9)}{12 \text{ヶ月}} = 2,950$$

　　② 金利スワップ

| (借) | 支　払　利　息 | 50 | (貸) | 現　金　預　金 | 50(*2) |

　　(*2)　想定元本100,000×(2%－X5.9/30長期プライムレート1.9%)×$\dfrac{6 \text{ヶ月} (X5.4 \sim X5.9)}{12 \text{ヶ月}} = 50$

　(3)　×6年3月31日（未処理）

　　① 借入金金利支払

| (借) | 支　払　利　息 | 3,100 | (貸) | 現　金　預　金 | 3,100(*3) |

　　(*3)　前T/B 長期借入金100,000×(X6.3/31長期プライムレート2.2%＋4%)

$$\times \frac{6 \text{ヶ月} (X5.10 \sim X6.3)}{12 \text{ヶ月}} = 3,100$$

　　② 金利スワップ

| (借) | 現　金　預　金 | 100(*4) | (貸) | 支　払　利　息 | 100 |

　　(*4)　想定元本100,000×(X6.3/31長期プライムレート2.2%－2%)×$\dfrac{6 \text{ヶ月} (X5.10 \sim X6.3)}{12 \text{ヶ月}} = 100$

　　③ 金利スワップ時価評価

| 仕　訳　な　し |

　(注)　ヘッジ会計（特例処理）を採用しているため，金利スワップは時価評価しない。

（参考7）　スワップ取引の仕組及び会計処理

1. 意　義

　　スワップ取引とは，将来生じるキャッシュ・フローを交換することを約する取引である。つまり，当事者が現時点では等価値であるキャッシュ・フロー，すなわち，元本や利息等の支払又は受取を予定している場合に，それぞれのキャッシュ・フローを交換する。

　　スワップ取引は，原則として，現時点では等価値の将来キャッシュ・フローを交換する取引なので，オプションのようにプレミアムの支払はない。

2. 種　類

(1) 金利スワップ

　　金利スワップとは，当事者が元本として定めた金額について当該当事者のそれぞれが相手方と取り決めた利率に基づき金銭の支払を相互に約する取引である。したがって，金利スワップは，固定金利と変動金利を交換する取引である。

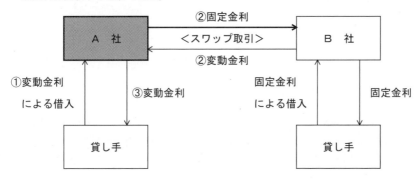

(2) 通貨スワップ

　　通貨スワップとは，当事者が元本及び金利として定めた外貨額について当該当事者間で取り決めた為替相場に基づき金銭の支払を相互に約する取引である。したがって，通貨スワップは，円貨の支払と外貨の支払を交換する取引である。

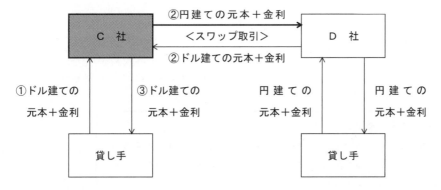

(3) 商品スワップ

　　商品スワップとは，当事者が取引の対象として定めた商品の取引数量について当該当事者のそれぞれ相手方と取り決めた価格に基づき金銭の支払を相互に約する取引である。

3. 会計処理

デリバティブ取引であるスワップ取引により生じる正味の債権及び債務は時価評価し，評価差額は原則として当期の損益として処理する。なお，通常，翌期首において洗替処理を行う。

(1) スワップ契約締結時

仕　　訳　　な　　し

(2) 決算日

スワップ建玉について時価評価し，評価差額は原則として当期の損益として処理する。

(借)	ス　　ワ　　ッ　　プ	×××	(貸)	ス　ワ　ッ　プ　評　価　損　益	×××

(3) 翌期首

通常，翌期首において洗替処理を行う。

(借)	ス　ワ　ッ　プ　評　価　損　益	×××	(貸)	ス　　ワ　　ッ　　プ	×××

4. スワップ取引から生じる正味の債権及び債務の時価

スワップ取引は，通常，企業間の相対取引であるから市場価格はない。そこで，スワップ取引から生じるキャッシュ・フローを割り引くことによりスワップ取引から生じる正味の債権・債務の時価を把握する。なお，スワップ取引終了時におけるスワップ取引から生じる正味の債権又は正味の債務の時価はゼロとなる。

金利スワップの場合であれば，将来，スワップ取引により受け取る金利の現在価値合計と将来スワップ取引により支払う金利の現在価値合計を比較して時価評価を行う。したがって，受取金利の現在価値合計が大きければ，評価益を計上し，支払金利の現在価値合計が大きければ評価損を計上する。

(参考8)　ヘッジ手段としての金利スワップの会計処理

1. 繰延ヘッジ

ヘッジ手段として利用されている場合，その評価差額は繰延ヘッジの方法により，純資産の部に計上されることになる。

2. 特例処理

資産又は負債に係る金利の受払条件を変換することを目的として利用されている金利スワップが金利変換の対象となる資産又は負債とヘッジ会計の要件を充たしており，かつ，その想定元本，利息の受払条件（利率，利息の受払日等）及び契約期間が当該資産又は負債とほぼ同一である場合には，金利スワップを時価評価せず，その金銭の受払の純額等を当該資産又は負債に係る利息に加減して処理することができる。

3. まとめ

> (1) ヘッジ会計を適用しない場合
>
> 　　金利スワップを時価評価し，損益又は評価差額を当期の損益とする。
>
> 　（注）トレーディング目的のもの，ヘッジ会計の要件を充たさないもの
>
> (2) ヘッジ会計を適用する場合
>
> 　① 繰延ヘッジ
>
> 　② 特例処理

9．外貨建新株予約権

（1）仕訳処理

① 発行時（×4年9月5日）

| (借) 現　金　預　金 | 36,000 | (貸) 新　株　予　約　権 | 36,000(*1) |

(*1)　払込金額@8千ドル×50個×発行時レート90円／ドル＝36,000

② 前期決算整理（×5年3月31日）

| 仕　訳　な　し |

(注)　発行時の為替相場により換算する（HR換算）。したがって，仕訳は不要である。

③ 権利行使時（×5年11月1日，未処理）

| (借) 現　金　預　金 | 121,800(*2) | (貸) 資　　本　　金 | 71,700(*4) |
| 新　株　予　約　権 | 21,600(*3) | 資　本　準　備　金 | 71,700 |

(*2)　行使価額@35ドル×30,000株(*5)×権利行使時レート116円／ドル＝121,800

(*3)　払込金額@8千ドル×30個×発行時レート90円／ドル＝21,600

(*4)　$(121,800(*2)+21,600(*3))\times\dfrac{1}{2}=71,700$

(*5)　1,000株／個×30個＝30,000株

④ 当期決算整理（×6年3月31日）

| 仕　訳　な　し |

(注)　発行時の為替相場により換算する（HR換算）。したがって，仕訳は不要である。

（参考９）　外貨建新株予約権の発行者側の処理

1．発行時の処理

　(1) 原　則

　　　発行時の為替相場により換算する（ＨＲ換算）。

　(2) 例　外

　　　入金外貨額に為替予約が締結され，振当処理を採用している場合，為替予約により確定した円貨額により記帳する（ＦＲ換算）。

（借）現　金　預　金	×××	（貸）新　株　予　約　権	×××(*1)

(*1)　新株予約権の外貨建払込価額×ＨＲ（又はＦＲ）

2．決算時の処理

　(1) 原　則

　　　発行時の為替相場により換算する（**ＨＲ換算**）。したがって，**仕訳は不要である**。

仕　訳　な　し

　(2) 例　外

　　　入金外貨額に為替予約が締結され，振当処理を採用している場合，為替予約により確定した円貨額により記帳する（**ＦＲ換算**）。

3．権利行使時の処理

　　発行時に付された新株予約権の円換算額と**権利行使に伴う外貨建払込金額を権利行使時の為替相場により円換算した金額の合計額を，資本金又は資本金及び資本準備金**に振り替える。

（借）現　金　預　金	×××(*2)	（貸）資　　　本　　　金	×××
新　株　予　約　権	×××(*1)		

(*2)　新株予約権の行使に伴う外貨建払込金額×権利行使時レート

4．権利行使期限終了時

　　権利が行使されずに権利行使期限が到来したときは「**新株予約権戻入益**」として損益計算書上「**特別利益**」に計上する。

（借）新　株　予　約　権	×××(*1)	（貸）新　株　予　約　権　戻　入　益	×××

10. 外貨建新株予約権付社債（一括法）

(1) 発行時（×5年2月1日）

(借) 現 金 預 金	190,000	(貸) 社	債	190,000(*1)

(*1) 2,000千ドル×95円／ドル＝190,000

(2) 前期決算整理（×5年3月31日）

(借) 為 替 差 損 益	10,000	(貸) 社	債	10,000(*1)

(*1) 2,000千ドル×（前期CR100円／ドルー95円／ドル）＝10,000

(3) 権利行使時（×5年9月3日，未処理）

(借) 社	債	80,000(*1)	(貸) 資 本 金	50,000(*3)
為 替 差 損 益		9,600(*2)	資 本 準 備 金	39,600

(*1) 2,000千ドル×40％×前期CR100円／ドル＝80,000

(*2) 2,000千ドル×40％×（112円／ドルー前期CR100円／ドル）＝9,600

(*3) 資本金組入額@10×5,000株(*4)＝50,000

(*4) 2,000千ドル×40％×換算レート100円／ドル÷転換価格@16＝5,000株

(注) 権利行使時の為替相場により換算した金額で，資本金又は資本金及び資本準備金に振り替える。また，

権利行使時の換算によって生じた換算差額は「為替差損益」として処理する。

(4) 当期決算整理（×6年3月31日）

(借) 為 替 差 損 益	27,600	(貸) 社	債	27,600(*1)

(*1) 2,000千ドル×60％×（当期CR123円／ドルー前期CR100円／ドル）＝27,600

（参考10）　外貨建転換社債型新株予約権付社債の発行者側の処理（一括法）

1．発行時の処理

外貨建転換社債型新株予約権付社債は，**発行時の為替相場**により換算する。以下，**平価発行**を前提とする。

（借）現 金 預 金	×××	（貸）社　　　　　債	×××(*1)

(*1)　外貨建社債額面(払込金額)×発行時レート

2．決算時の処理

決算時の為替相場により換算し，換算差額は「**為替差損益**」として処理する。

（借）為 替 差 損 益	×××	（貸）社　　　　　債	×××(*2)

(*2)　外貨建社債額面×(決算時レート−発行時レート)

3．権利行使時の処理

権利行使時の為替相場により円換算した金額で，**資本金**，又は，**資本金及び資本準備金**に振り替える。

また，権利行使時の換算によって生じた換算差額は「**為替差損益**」として処理する。

（借）社　　　　　債	×××(*3)	（貸）資　　本　　金	×××(*5)
為 替 差 損 益	×××(*4)		

(*3)　転換社債型新株予約権付社債の簿価

(*4)　外貨建社債額面×権利行使時レート−新株予約権付社債の簿価(*3)

(*5)　外貨建社債額面×権利行使時レート

（注）　上記仕訳は次のように分解して考えると理解し易いであろう。

　(1)　外貨建転換社債型新株予約権付社債を権利行使時の為替相場で換算する。

（借）為 替 差 損 益	×××(*4)	（貸）社　　　　　債	×××

　(2)　外貨建転換社債型新株予約権付社債による払込が行われ，新株を発行する。

（借）社　　　　　債	×××	（貸）資　　本　　金	×××(*5)

11. 貸倒引当金

(借)	貸 倒 引 当 金 繰 入 額	10,500(*1)	(貸)	貸 倒 引 当 金	10,500

(*1) (受取手形400,000＋売掛金300,000)×2％－前T/B 3,500＝10,500

12. 法人税, 住民税及び事業税

(1) 法人税, 住民税及び事業税

(借)	租 税 公 課	7,250(*1)	(貸)	未 払 法 人 税 等	48,012
	法人税, 住民税及び事業税	40,762(*2)			

(*1) 当期事業税額(資本割4,250＋付加価値割3,000)＝7,250

(*2) 〔資料Ⅲ〕より

(2) 税効果会計

(借)	繰 延 税 金 資 産	2,660(*1)	(貸)	法 人 税 等 調 整 額	2,660

(*1) 当期末繰延税金資産6,660(*2)－前期末繰延税金資産4,000(*3)＝2,660

(*2) 当期未払事業税16,650×実効税率40％＝6,660

(*3) 前期未払事業税10,000×実効税率40％＝4,000

（参考11）　未払事業税

1．一時差異

　　事業税は，申告した日の属する事業年度に税務上，損金算入が認められている。したがって，未払事業税は，将来の課税所得を減額する効果を有していることから将来減算一時差異といえる。

2．仕訳処理

(1) 差異発生時

　　会計上は，決算において事業税を計上するが，税務上は，事業税を申告した日の属する事業年度に損金算入が認められることから将来減算一時差異が生じる。

①　会計上

| （借）租　税　公　課 | ×××(*1) | （貸）未　払　法　人　税　等 | ×××(*3) |
| 法人税，住民税及び事業税 | ×××(*2) | | |

(*1)　事業税額（資本割，付加価値割）

(*2)　法人税額，住民税額及び事業税額（所得割）

(*3)　(*1)＋(*2)

②　税効果会計

| （借）繰　延　税　金　資　産 | ×××(*4) | （貸）法　人　税　等　調　整　額 | ××× |

(*4)　事業税額（資本割，付加価値割及び所得割）×実効税率

(注)　資本割，付加価値割についても一時差異となるため，税効果会計の対象となる。

(2) 差異解消時

　　未払事業税は計上された翌期に納付され，税務上，損金算入される。したがって，翌期に将来減算一時差異が解消することとなる。解消時の税効果会計は以下の仕訳となる。

| （借）法　人　税　等　調　整　額 | ××× | （貸）繰　延　税　金　資　産 | ×××(*4) |

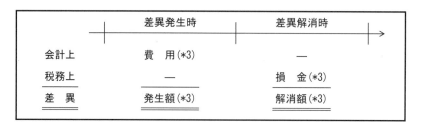

Ⅲ. 決算整理後残高試算表

決算整理後残高試算表

×6年3月31日

現 金 預 金	917,767	支 払 手 形	180,000	
受 取 手 形	400,000	買 掛 金	205,656	
売 掛 金	300,000	リ ー ス 債 務 （ 流 動 ）	8,606	
有 価 証 券	11,088	未 払 法 人 税 等	48,012	
繰 越 商 品	120,000	貸 倒 引 当 金	14,000	
未 収 配 当 金	222	社 債	147,600	
建 物	1,000,000	長 期 借 入 金	100,000	
備 品	950,000	リ ー ス 債 務 （ 固 定 ）	21,858	
土 地	900,000	繰 延 税 金 負 債	840	
リ ー ス 資 産	32,536	建 物 減 価 償 却 累 計 額	108,000	
投 資 有 価 証 券	77,000	備 品 減 価 償 却 累 計 額	897,790	
繰 延 税 金 資 産	7,660	リース資産減価償却累計額	2,253	
先 物 取 引	2,000	資 本 金	2,121,700	
その他有価証券評価差額金	1,440	資 本 準 備 金	361,300	
仕 入	894,600	そ の 他 資 本 剰 余 金	10,000	
商 品 低 価 評 価 損	1,200	利 益 準 備 金	70,000	
棚 卸 減 耗 費	4,200	任 意 積 立 金	150,000	
租 税 公 課	7,250	繰 越 利 益 剰 余 金	200,000	
貸 倒 引 当 金 繰 入 額	10,500	繰 延 ヘ ッ ジ 損 益	1,200	
建 物 減 価 償 却 費	18,000	新 株 予 約 権	14,400	
備 品 減 価 償 却 費	52,210	売 上	1,500,000	
リ ー ス 資 産 減 価 償 却 費	2,253	有 価 証 券 利 息	1,900	
維 持 管 理 費	255	受 取 配 当 金	422	
そ の 他 の 営 業 費	402,864	有 価 証 券 評 価 損 益	88	
支 払 利 息	6,478	先 物 取 引 損 益	700	
為 替 差 損 益	9,200	オ プ シ ョ ン 損 益	800	
投 資 有 価 証 券 売 却 損	300	法 人 税 等 調 整 額	2,660	
法人税，住民税及び事業税	40,762			
	6,169,785		6,169,785	

Ⅳ. 繰延税金資産と繰延税金負債の相殺

（借） 繰 延 税 金 負 債	840(*1)	（貸） 繰 延 税 金 資 産	840

(*1) 後T/B 繰延税金負債より

V．損益計算書及び貸借対照表

損 益 計 算 書

自×5年4月1日　至×6年3月31日

I	売　　　上　　　高			(①	1,500,000)
II	売　　上　　原　　価				
	1　期首商品棚卸高	(	150,000)		
	2　当期商品仕入高		870,000		
	合　　　計	(	1,020,000)		
	3　期末商品棚卸高	(	125,400)		
	4　商品低価評価損	(②	1,200)	(	895,800)
	売　上　総　利　益			(	604,200)
III	販売費及び一般管理費				
	1　棚　卸　減　耗　費	(③	4,200)		
	2　租　税　公　課	(④	7,250)		
	3　貸倒引当金繰入額	(⑤	10,500)		
	4　建物減価償却費	(	18,000)		
	5　備品減価償却費	(⑥	52,210)		
	6　リース資産減価償却費	(⑦	2,253)		
	7　維　持　管　理　費	(	255)		
	8　その他の営業費		402,864	(	497,532)
	営　業　利　益			(	106,668)
IV	営　業　外　収　益				
	1　有　価　証　券　利　息	(⑧	1,900)		
	2　受　取　配　当　金	(	422)		
	3　有　価　証　券　評　価　益	(	88)		
	4　先　物　取　引　利　益	(⑨	700)		
	5　オ　プ　シ　ョ　ン　利　益	(⑩	800)	(	3,910)
V	営　業　外　費　用				
	1　支　払　利　息	(⑪	6,478)		
	2　為　替　差　損	(⑫	9,200)	(	15,678)
	経　常　利　益			(	94,900)
VI	特　別　損　失				
	1　投資有価証券売却損	(⑬	300)	(	300)
	税引前当期純利益			(	94,600)
	法人税，住民税及び事業税		40,762		
	法人税等調整額	(△	2,660)	(⑭	38,102)
	当　期　純　利　益			(	56,498)

貸 借 対 照 表

×6年3月31日

資 産 の 部			負 債 の 部		
I 流 動 資 産			I 流 動 負 債		
現 金 及 び 預 金		(917,767)	支 払 手 形		180,000
受 取 手 形	400,000		買 掛 金		205,656
貸倒引当金(△ 8,000)		(392,000)	リ ー ス 債 務		(8,606)
売 掛 金	300,000		未 払 法 人 税 等		(⑩ 48,012)
貸倒引当金(△ 6,000)		(294,000)	流 動 負 債 合 計		(442,274)
有 価 証 券		(① 11,088)	II 固 定 負 債		
商 品		(② 120,000)	社 債		(⑪ 147,600)
未 収 配 当 金		(③ 222)	長 期 借 入 金		100,000
流 動 資 産 合 計		(1,735,077)	リ ー ス 債 務		(⑫ 21,858)
II 固 定 資 産			固 定 負 債 合 計		(269,458)
1 有 形 固 定 資 産			負 債 合 計		(711,732)
建 物	1,000,000		純 資 産 の 部		
減価償却累計額(△ 108,000)		(④ 892,000)	I 株 主 資 本		
備 品	950,000		1 資 本 金		(⑬2,121,700)
減価償却累計額(△ 897,790)		(52,210)	2 資 本 剰 余 金		
土 地		(⑤ 900,000)	資 本 準 備 金(⑭ 361,300)		
リ ー ス 資 産(⑥ 32,536)			その他資本剰余金	10,000	
減価償却累計額(△ 2,253)		(30,283)	資 本 剰 余 金 合 計		(371,300)
有 形 固 定 資 産 合 計		(1,874,493)	3 利 益 剰 余 金		
2 投資その他の資産			利 益 準 備 金	70,000	
投 資 有 価 証 券		(⑦ 77,000)	その他利益剰余金		
繰 延 税 金 資 産		(⑧ 6,820)	任 意 積 立 金	150,000	
先 物 取 引		(⑨ 2,000)	繰越利益剰余金(256,498)		
投資その他の資産合計		(85,820)	利 益 剰 余 金 合 計		(476,498)
固 定 資 産 合 計		(1,960,313)	株 主 資 本 合 計		(2,969,498)
			II 評価・換算差額等		
			その他有価証券評価差額金		(⑮△ 1,440)
			繰 延 ヘ ッ ジ 損 益		(⑯ 1,200)
			評価・換算差額等合計		(△ 240)
			III 新 株 予 約 権		(⑰ 14,400)
			純 資 産 合 計		(2,983,658)
資 産 合 計		(3,695,390)	負 債 純 資 産 合 計		(3,695,390)

問3 について（予定取引，振当処理）

Ⅰ．解答上必要な仕訳

1．×5年3月3日（為替予約締結日）

仕　訳　な　し

2．×5年3月31日（決算日）

（借）	繰　延　税　金　資　産	6,400(*2)	（貸）	為　　替　　予　　約	16,000(*1)
	繰　延　ヘ　ッ　ジ　損　益	9,600			

(*1)　4,000千ドル×（3/31ＦＲ105円／ドル－3/3ＦＲ101円／ドル）＝16,000

(*2)　16,000(*1)×実効税率40％＝6,400

(注)　外貨建取引前に為替予約を行った場合，振当の対象となる外貨建金銭債権債務は存在しないため，為替予約を振り当てることができない。しかし，為替予約をオフバランスにすれば為替予約が財務諸表に反映されないことになってしまうため，繰延ヘッジを適用した場合と同様に，決算日に時価評価し，評価差額を繰り延べる。

3．×5年4月1日（期首，洗替処理）

（借）	為　　替　　予　　約	16,000(*1)	（貸）	繰　延　税　金　資　産	6,400(*2)
				繰　延　ヘ　ッ　ジ　損　益	9,600

4．×5年4月10日（売上計上日）

（借）	売　　掛　　金	404,000(*3)	（貸）	売　　　　　　上	404,000

(*3)　4,000千ドル×3/3ＦＲ101円／ドル＝404,000

(注)　非資金取引（取引発生時に資金の増加及び減少を伴わない取引）で取引発生時に為替予約の契約を締結している場合には，実務上の煩雑性を考慮して，外貨建取引及び外貨建金銭債権債務等に為替予約相場による円換算額を付すことができる。

5．×5年5月20日（決済日）

（借）	現　　金　　預　　金	404,000	（貸）	売　　掛　　金	404,000(*3)

＜繰延ヘッジを適用した場合と振当処理を適用した場合の比較＞

		繰延ヘッジを適用した場合		振当処理を適用した場合	
X×4年度	予約日	仕 訳 な し		仕 訳 な し	
	決算日	繰延税金資産 6,400 繰延ヘッジ損益 9,600	為替予約 16,000	繰延税金資産 6,400 繰延ヘッジ損益 9,600	為替予約 16,000
	後T/B	決算整理後残高試算表		決算整理後残高試算表	
		繰延税金資産 6,400 繰延ヘッジ損益 9,600	為替予約 16,000	繰延税金資産 6,400 繰延ヘッジ損益 9,600	為替予約 16,000
X×5年度	期首	為替予約 16,000	繰延税金資産 6,400 繰延ヘッジ損益 9,600	為替予約 16,000	繰延税金資産 6,400 繰延ヘッジ損益 9,600
	売上日	売掛金 408,000 繰延税金資産 12,800 繰延ヘッジ損益 19,200 売上 32,000	売上 408,000 為替予約 32,000 繰延税金資産 12,800 繰延ヘッジ損益 19,200	売掛金 404,000	売上 404,000
	決済日	現金預金 440,000 為替予約 32,000 為替差損益 4,000	売掛金 408,000 為替差損益 32,000 現金預金 36,000	現金預金 404,000	売掛金 404,000
	後T/B	決算整理後残高試算表		決算整理後残高試算表	
		現金預金 404,000	売上 376,000 為替差損益 28,000	現金預金 404,000	売上 404,000

◎ 問3 の売上高404,000－ 問1 の売上高376,000＝28,000

∴ 問1 の場合と比較して，売上高は28,000増加する。

問4 について（時価ヘッジ）

Ⅰ．解答上必要な仕訳

1．国　債（ヘッジ対象）

（借）投資有価証券評価損益	2,500	（貸）投資有価証券	2,500(*1)

  (*1)　当期末時価47,500－取得原価50,000＝△2,500

2．債券先物（ヘッジ手段）

（借）先　物　取　引	2,000(*2)	（貸）先物取引損益 （投資有価証券評価損益）	2,000

  (*2)　×5年4月1日債券先物価額56,000－当期末債券先物価額54,000＝2,000

  (注)　先物取引損益は，損益計算書上「投資有価証券評価損益」として表示される。

Ⅱ．解答数値の算定

   投資有価証券評価損：2,500(*1)－2,000(*2)＝500

<仕訳の比較>

	繰延ヘッジを採用した場合		時価ヘッジを採用した場合	
ヘッジ対象	繰延税金資産 1,000 その他有価証券評価差額金 1,500	投資有価証券 2,500	投資有価証券評価損益 2,500	投資有価証券 2,500
ヘッジ手段	先　物　取　引 2,000	繰延税金負債　800 繰延ヘッジ損益 1,200	先　物　取　引 2,000	先物取引損益 2,000 （投資有価証券評価損益）

【MEMO】

TAC株式会社（以下当社，会計期間は4月1日から3月31日までの1年間）の×4年3月期に関する以下の〔資料Ⅰ〕および〔資料Ⅱ〕に基づいて，下記の設問に答えなさい。なお，税効果会計および消費税は考慮しないものとする。千円未満の端数が生じたときは四捨五入すること。

〔資料Ⅰ〕　決算整理前残高試算表

決算整理前残高試算表　　　　（単位：千円）

現　金　預　金	427,800	支　払　手　形	71,800
受　取　手　形	104,000	買　　掛　　金	177,600
売　　掛　　金	287,000	貸　倒　引　当　金	19,629
繰　越　商　品	68,000	長　期　借　入　金	860,000
オ プ シ ョ ン	2,700	減価償却累計額	237,600
建　　　　　物	480,000	資　　本　　金	740,000
機　　　　　械	140,000	繰越利益剰余金	292,721
土　　　　　地	1,100,000	売　　　　　上	2,000,000
長　期　貸　付　金	160,000	受　取　利　息	1,600
仕　　　　　入	1,138,000	オプション損益	150
営　　業　　費	493,600		
合　　　　　計	4,401,100	合　　　　　計	4,401,100

〔資料Ⅱ〕　決算整理事項等

1．未処理の営業取引

(1) 得意先甲社より売掛金の回収として，乙社振出，甲社宛の約束手形 3,000千円と，当社振出，丙社宛の約束手形 5,000千円を受け取った。

(2) 仕入先丁社から商品を仕入れ，代金は得意先甲社の引受を得て同社を名宛人とする為替手形 6,000千円を振り出して，丁社に渡した。

2．商品売買

期末商品実地棚卸高（未処理考慮後）は44,000千円であり，棚卸減耗等は生じていない。

3．コール・オプション

(1) 運用目的のために，×3年2月1日に，A社株式を対象とするコール・オプション（権利行使期日：×3年11月30日，権利行使価格：1株当たり22,280円）を15千株購入し，総額 2,700千円をオプション料として支払った。

(2) ×3年11月30日にコール・オプションを権利行使することで，A社株式15千株を当座により購入し，購入したA社株式15千株をただちに市場で売却し売却代金を当座に入金したが，×3年11月30日に行うべき処理が何ら行われていない。なお，×3年11月30日のA社株式の時価は，1株当たり22,416円であった。

4．貸倒引当金

 (1) 売上債権はすべて一般債権に区分され，当期の貸倒実績率は 3.0％である。なお，貸倒引当金は，差額補充法により計上する。

 (2) 長期貸付金はB社に対するものであり，×1年4月1日貸付，返済期日×6年3月31日，約定利子率年 5.0％（年1回3月末日後払い）であったが，×3年3月末にB社から条件緩和の申し出があり，×3年4月以降の利子率を年 1.0％に引き下げることに合意した。このため，前期においてB社に対する貸付金に対して，キャッシュ・フロー見積法に基づく貸倒見積高を貸倒引当金として計上している。なお，時の経過による貸倒見積高の変動に伴う貸倒引当金の減額分は受取利息に含める。

5．有形固定資産

 (1) 決算整理前残高試算表の有形固定資産に関する資料は次のとおりである。減価償却計算は残存価額を取得原価の10％として行う。

	取得原価	耐用年数	当期首までの経過年数	償却方法
建 物	480,000千円	30年	13年0ヶ月	定額法
機 械	140,000千円	5年	1年3ヶ月	級数法
土 地	1,100,000千円	—	13年0ヶ月	—

 (2) 上記の他に，×3年6月1日に備品 1,200千ドルを掛により取得し，直ちに事業の用に供している。なお，当該備品の取得に関して，×3年2月1日に当該取引をヘッジする目的で，代金決済が予想された×3年7月31日を決済期日とする為替予約（買予約） 1,200千ドルを行った。×3年3月期において当該備品の取得は実行される可能性が極めて高いものであり，ヘッジ会計の要件も満たしていたため，繰延ヘッジを適用している。また，取得代金および為替予約の決済は予定どおり×3年7月31日に行われた。

 (3) 当該備品の取得，掛代金の決済および為替予約について，期首の洗替処理を除き，当期に行うべき処理が何ら行われていない。備品の減価償却計算は，残存価額を取得原価の10％，耐用年数を6年として定額法により行う。

6．長期借入金

(1) 決算整理前残高試算表の長期借入金の内訳は次のとおりである。

債権者	金　額	借入期間	利子率	利払日	備　考
C銀行	560,000千円	×3年4月1日～×7年3月31日	TIBOR＋2.0%	3月末日	(2)
D銀行	300,000千円	×3年10月1日～×6年9月30日	2.2%	9月末日	―

(2) 当社は，変動金利を固定金利に変換するために，借入と同時にE銀行と以下の条件で金利スワップ契
約を締結した。なお，金利スワップ契約に係る決算日の時価は 4,440千円（正味の債権）であり，繰延
ヘッジを適用する。

① 契約内容：当社はE銀行に想定元本に対して 1.5%の固定金利を支払い，E銀行からTIBOR＋
1.0%の変動金利を受け取る。

② 契約期間：×3年4月1日～×7年3月31日

③ 想定元本： 560,000千円

④ 利 払 日：3月末日

また，×4年3月末日の利払日におけるTIBORは0.75%であり，利払日に行うべき処理が何ら行
われていない。

7．費用の見越し

営業費 6,200千円の見越し計上を行う。

8．税金等

当期の法人税等の額は99,156千円と算定されるので，未払法人税等として計上する。

9．為替相場

(1) 直物為替相場

×3年2月1日：90円／ドル　　　×3年3月31日：85円／ドル

×3年6月1日：83円／ドル　　　×3年7月31日：82円／ドル

(2) ×3年7月31日を受渡日とする先物為替相場

×3年2月1日：91円／ドル　　　×3年3月31日：87円／ドル

×3年6月1日：86円／ドル

問1　損益計算書の「減価償却費」として正しい金額を答えなさい。

問2　損益計算書の「受取利息」として正しい金額を答えなさい。

問3　損益計算書の「営業外費用」として正しい金額を答えなさい。

問4　株主資本等変動計算書における繰延ヘッジ損益の「当期変動額（純額）」として正しい金額を答えなさい。

問5　貸借対照表の「現金及び預金」として正しい金額を答えなさい。

問6　貸借対照表の「貸倒引当金」（流動・固定の合計金額）として正しい金額を答えなさい。

問7　損益計算書の「当期純利益」として正しい金額を答えなさい。

【解 答】

問1	★	59,100	千円
問2	★	7,129	千円
問3	★	21,410	千円
問4	★	9,240	千円
問5	★	306,640	千円
問6	★	23,300	千円
問7	★	150,463	千円

【採点基準】

★4点×7箇所＝28点

【解答時間及び得点】

	日 付	解答時間	得 点	M E M O
1	／	分	点	
2	／	分	点	
3	／	分	点	
4	／	分	点	
5	／	分	点	

【チェック・ポイント】

出題分野	出題論点	日 付				
		／	／	／	／	／
手 形 取 引	他 人 宛 為 替 手 形					
有 形 固 定 資 産	減 価 償 却 （ 級 数 法 ）					
貸 倒 引 当 金	貸倒懸念債権（キャッシュ・フロー見積法）					
金 融 商 品	オ プ シ ョ ン 取 引					
ヘ ッ ジ 会 計	ヘッジ手段としての金利スワップ（繰延ヘッジ）					
	予定取引（予定取引が資産の取得である場合）					

【解答への道】 （単位：千円）

Ⅰ．決算整理事項

1．未処理の営業取引

(1) 手形による売掛金の回収

（借） 受　取　手　形	3,000	（貸） 売　　掛　　金	8,000
支　払　手　形(注)	5,000		

(注) 当社を振出人とする約束手形の支払人は当社である。したがって，当該手形を受け取った場合，支払
義務がなくなるため，「支払手形」を減少させる。

(2) 他人宛為替手形の振り出しによる仕入

（借） 仕　　　　　入	6,000	（貸） 売　　掛　　金	6,000

2．売上原価の算定

（借） 仕　　　　　入	68,000	（貸） 繰　越　商　品	68,000
（借） 繰　越　商　品	44,000	（貸） 仕　　　　　入	44,000

3．コール・オプション

(1) 前　期

① ×3年2月1日（購入時）

| (借) オ プ シ ョ ン | 2,700 | (貸) 現 金 預 金 | 2,700 |

② 決算整理

| (借) オ プ シ ョ ン 損 益 | 150(*1) | (貸) オ プ シ ョ ン | 150 |

(*1) 前T/B より

(2) 当　期

① 期　首（洗替処理，処理済）

| (借) オ プ シ ョ ン | 150 | (貸) オ プ シ ョ ン 損 益 | 150(*1) |

② ×3年11月30日（オプションの権利行使，A社株式の売却，未処理）

ⅰ　権利行使

| (借) 有 価 証 券 | 336,240(*4) | (貸) 現 金 預 金 | 334,200(*2) |
| オ プ シ ョ ン 損 益 | 660 | オ プ シ ョ ン | 2,700(*3) |

(*2) 権利行使価格@22,280円×15千株＝334,200

(*3) オプション料総額

(*4) 権利行使時のA社株式の時価@22,416円×15千株＝336,240

ⅱ　A社株式の売却

| (借) 現 金 預 金 | 336,240 | (貸) 有 価 証 券 | 336,240(*4) |

(注)　ⅰとⅱをまとめて以下のように考えてもよい。

| (借) 現 金 預 金 | 2,040(*5) | (貸) オ プ シ ョ ン | 2,700(*3) |
| オ プ シ ョ ン 損 益 | 660 | | |

(*5) @136円(*6)×15千株＝2,040

(*6) 権利行使時のA社株式の時価@22,416円－権利行使価格@22,280円＝@136円

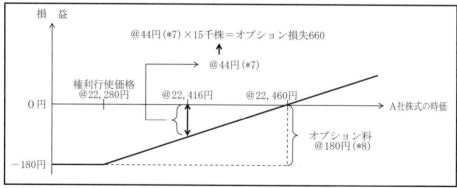

(*7) オプション料@180円(*8)

　　　－（権利行使時のA社株式の時価@22,416円－権利行使価格@22,280円）＝@44円

(*8) 2,700(*3)÷15千株＝@180円

(注)　前期にオプション損失 150(*1)を計上し，当期首に洗替処理しているため，当期のオプションによる
　　純損失は 510 (＝ 660－ 150(*1)) である。

４．貸倒引当金

(1) 一般債権

(借)	貸 倒 引 当 金 繰 入 額	9,200(*1)	(貸)	貸 倒 引 当 金	9,200

(*1) (受取手形107,000(*2)＋売掛金273,000(*3))×3.0％

－(前T/B 貸倒引当金19,629－長期貸付金に係る貸倒引当金17,429(後述))＝9,200

(*2) 前T/B 104,000＋未処理3,000＝107,000

(*3) 前T/B 287,000－未処理8,000－未処理6,000＝273,000

(2) 長期貸付金（キャッシュ・フロー見積法）

① 前期決算整理

(借)	貸 倒 引 当 金 繰 入 額	17,429	(貸)	貸 倒 引 当 金	17,429(*1)

(*1) 160,000－債権に係る将来ＣＦの割引現在価値142,571(*2)＝17,429

(*2) $\dfrac{1,600(*3)}{1+0.05}+\dfrac{1,600(*3)}{(1+0.05)^2}+\dfrac{161,600(*4)}{(1+0.05)^3}=142,571.212\cdots \rightarrow 142,571$（四捨五入）

(注) 債権元本及び利息について元本の回収及び利息の受取が見込まれる時点から，期末までの期間にわたり「当初の約定利子率」で割り引いた金額の総額と債権の帳簿価額との差額を貸倒見積高とする。

(*3) 160,000×1.0％＝1,600

(*4) 160,000＋1,600(*3)＝161,600

② 当 期

ⅰ ×４年３月31日（利払日，処理済）

(借)	現 金 預 金	1,600	(貸)	受 取 利 息	1,600(*3)

ⅱ 決算整理

(借)	貸 倒 引 当 金	5,529(*5)	(貸)	受 取 利 息	5,529

(*5) 148,100(*6)－142,571(*2)＝5,529

(*6) $\dfrac{1,600(*3)}{1+0.05}+\dfrac{161,600(*4)}{(1+0.05)^2}=148,099.773\cdots \rightarrow 148,100$（四捨五入）

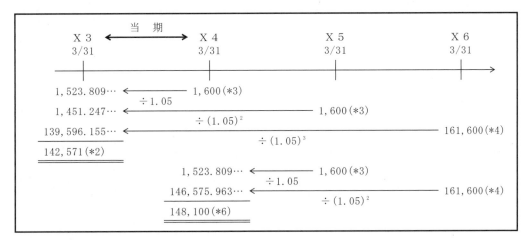

５．有形固定資産

(1) 建 物

(借)	減 価 償 却 費	14,400(*1)	(貸)	減 価 償 却 累 計 額	14,400

(*1)　480,000×0.9÷30年＝14,400

(2) 機　械

(借) 減 価 償 却 費	31,500(*1)	(貸) 減 価 償 却 累 計 額	31,500

(*1)　$8,400(*2)×(4コマ×\dfrac{9ヶ月(X3.4～X3.12)}{12ヶ月}＋3コマ×\dfrac{3ヶ月(X4.1～X4.3)}{12ヶ月})＝31,500$

(*2)　140,000×0.9÷15コマ(*3)＝8,400

(*3)　5×(5＋1)÷2＝15コマ

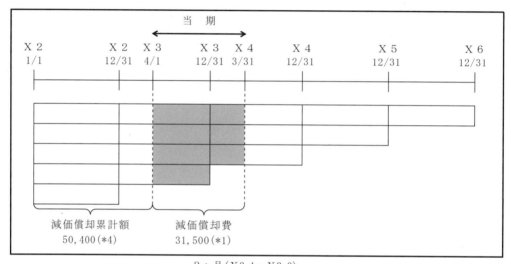

減価償却累計額　　　減価償却費
50,400(*4)　　　　31,500(*1)

(*4)　$8,400(*2)×(5コマ＋4コマ×\dfrac{3ヶ月(X3.1～X3.3)}{12ヶ月})＝50,400$

(3) 備 品 (予定取引)

① ×3年2月1日 (為替予約締結日)

```
仕　訳　な　し
```

(注) 為替予約時においては，デリバティブ取引として認識すべき額がゼロであるため，為替予約について
は仕訳を行わない。

② 前期決算整理

| (借) 繰 延 ヘ ッ ジ 損 益 | 4,800 | (貸) 為 替 予 約 | 4,800(*1) |

(*1) 1,200千ドル×(2/1 F R 91円／ドル－3/31 F R 87円／ドル)＝4,800

③ 当期首 (洗替処理，処理済)

| (借) 為 替 予 約 | 4,800(*1) | (貸) 繰 延 ヘ ッ ジ 損 益 | 4,800 |

④ ×3年6月1日 (備品購入日，未処理)

　i　備品の購入 (ヘッジ対象)

| (借) 備 品 | 99,600 | (貸) 未 払 金 | 99,600(*2) |

(*2) 1,200千ドル×83円／ドル＝99,600

　ii　為替予約の時価評価 (ヘッジ手段)

| (借) 繰 延 ヘ ッ ジ 損 益 | 6,000(*3) | (貸) 為 替 予 約 | 6,000 |

(*3) 1,200千ドル×(2/1 F R 91円／ドル－6/1 F R 86円／ドル)＝6,000

　iii　繰延ヘッジ損益の認識

| (借) 備 品 | 6,000 | (貸) 繰 延 ヘ ッ ジ 損 益 | 6,000(*3) |

(注) 予定取引実行時に繰延ヘッジ損益を資産の取得価額に加減し，当該資産の取得価額が費用計上される
期の損益に反映させる。

⑤ ×3年7月31日 (決済日，未処理)

　i　未払金の決済 (ヘッジ対象)

| (借) 未 払 金 | 99,600(*2) | (貸) 現 金 預 金 | 98,400(*4) |
| | | 為 替 差 損 益 | 1,200 |

(*4) 1,200千ドル×82円／ドル＝98,400

　ii　為替予約の決済 (ヘッジ手段)

| (借) 為 替 予 約 | 6,000(*3) | (貸) 現 金 預 金 | 10,800(*6) |
| 為 替 差 損 益 | 4,800(*5) | | |

(*5) 1,200千ドル×(6/1 F R 86円／ドル－82円／ドル)＝4,800

(*6) 1,200千ドル×(2/1 F R 91円／ドル－82円／ドル)＝10,800

(注) 上記仕訳は次のように分解して考えると理解しやすいであろう。

a 為替予約の時価評価

(借) 為 替 差 損 益 4,800 (貸) 為 替 予 約 4,800(*5)

b 為替予約の決済

(借) 為 替 予 約 10,800(*6) (貸) 現 金 預 金 10,800

⑥ 当期決算整理

(借) 減 価 償 却 費 13,200(*7) (貸) 減 価 償 却 累 計 額 13,200

(*7) $(99,600(*2)+6,000(*3))\times0.9\div6年\times\dfrac{10ヶ月(X3.6～X4.3)}{12ヶ月}=13,200$

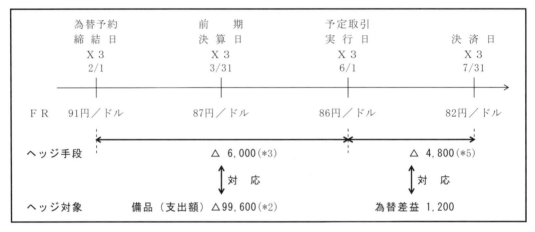

＜繰延ヘッジを適用した場合と振当処理を適用した場合の比較＞

		繰延ヘッジを適用した場合（本問）		振当処理を適用した場合	
前期	予約日	仕 訳 な し		仕 訳 な し	
	決算日	繰延ヘッジ損益　4,800	為替予約　4,800	繰延ヘッジ損益　4,800	為替予約　4,800
	後T/B	決算整理後残高試算表		決算整理後残高試算表	
		繰延ヘッジ損益　4,800	為替予約　4,800	繰延ヘッジ損益　4,800	為替予約　4,800
当期	期首	為替予約　4,800	繰延ヘッジ損益　4,800	為替予約　4,800	繰延ヘッジ損益　4,800
	取得日	備　　品　99,600	未払金　99,600	備　　品　109,200	未払金　109,200 (*1)
		繰延ヘッジ損益　6,000	為替予約　6,000		
		備　　品　6,000	繰延ヘッジ損益　6,000		
	決済日	未払金　99,600	現金預金　98,400	未払金　109,200 (*1)	現金預金　109,200
			為替差損益　1,200		
		為替予約　6,000	現金預金　10,800		
		為替差損益　4,800			
	決算日	減価償却費　13,200	減価償却累計額　13,200	減価償却費　13,650 (*2)	減価償却累計額　13,650
	後T/B	決算整理後残高試算表		決算整理後残高試算表	
		備　　品　105,600 減価償却費　13,200 為替差損益　3,600	現金預金　109,200 減価償却累計額　13,200	備　　品　109,200 減価償却費　13,650	現金預金　109,200 減価償却累計額　13,650

(*1)　1,200千ドル×2/1 F R 91円／ドル＝109,200

(*2)　$109,200(*1) \times 0.9 \div 6年 \times \dfrac{10ヶ月（X3.6～X4.3）}{12ヶ月} = 13,650$

(注)　上記の表における振当処理については，外貨建取引及び外貨建金銭債務に先物レートによる円換算額を付す方法（非資金取引で取引発生時以前に為替予約を行った場合の容認処理）を採用している。

6. 長期借入金

(1) C銀行からの長期借入金

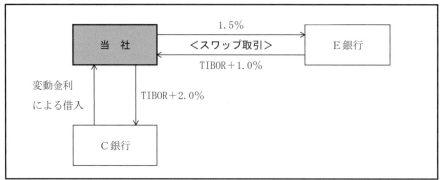

① ×4年3月末日（利払日，未処理）

(借)	支 払 利 息	15,400(*1)	(貸)	現 金 預 金	15,400
(借)	現 金 預 金	1,400	(貸)	支 払 利 息	1,400(*2)

(*1) 560,000×(TIBOR 0.75%＋2.0%)＝借入金利息15,400

(*2) 560,000×｛(TIBOR 0.75%＋1.0%)－1.5%｝＝スワップ契約純受取額1,400

(注) 当社の利息は変動金利15,400(*1)から固定金利14,000(*3)に変換された。

(*3) 560,000×(2.0%＋1.5%－1.0%)＝14,000

② 当期決算整理

(借)	金 利 ス ワ ッ プ	4,440	(貸)	繰 延 ヘ ッ ジ 損 益	4,440

◎ S/S 繰延ヘッジ損益（ 問4 の解答）

×3年4月1日残高： △4,800 ← 予定取引に係るもの

当期変動額(純額)：∴ 9,240

×4年3月31日残高： 4,440 ← 金利スワップに係るもの

＜繰延ヘッジを適用した場合と特例処理を適用した場合の比較＞

	繰延ヘッジを適用した場合（本問）		特例処理を適用した場合	
借入日	現金預金 560,000	長期借入金 560,000	現金預金 560,000	長期借入金 560,000
利払日	支払利息 15,400	現金預金 15,400	支払利息 15,400	現金預金 15,400
	現金預金 1,400	支払利息 1,400	現金預金 1,400	支払利息 1,400
決算日	金利スワップ 4,440	繰延ヘッジ損益 4,440	仕 訳 な し	

(2) D銀行からの長期借入金

(借)	支 払 利 息	3,300(*1)	(貸)	未 払 利 息	3,300

(*1)　$300,000 \times 2.2\% \times \dfrac{6\text{ヶ月（X3.10～X4.3）}}{12\text{ヶ月}} = 3,300$

7．費用の見越し

(借)	営 業 費	6,200	(貸)	未 払 営 業 費	6,200

8．税金等

(借)	法 人 税 等	99,156	(貸)	未 払 法 人 税 等	99,156

Ⅱ．決算整理後残高試算表

決算整理後残高試算表

現 金 預 金	306,640	支 払 手 形	66,800
受 取 手 形	107,000	買 掛 金	177,600
売 掛 金	273,000	未 払 営 業 費	6,200
繰 越 商 品	44,000	未 払 利 息	3,300
建 物	480,000	未 払 法 人 税 等	99,156
機 械	140,000	貸 倒 引 当 金	23,300
備 品	105,600	長 期 借 入 金	860,000
土 地	1,100,000	減 価 償 却 累 計 額	296,700
長 期 貸 付 金	160,000	資 本 金	740,000
金 利 ス ワ ッ プ	4,440	繰 越 利 益 剰 余 金	292,721
仕 入	1,168,000	繰 延 ヘ ッ ジ 損 益	4,440
営 業 費	499,800	売 上	2,000,000
貸 倒 引 当 金 繰 入 額	9,200	受 取 利 息	7,129
減 価 償 却 費	59,100		
支 払 利 息	17,300		
為 替 差 損 益	3,600		
オ プ シ ョ ン 損 益	510		
法 人 税 等	99,156		
合 計	4,577,346	合 計	4,577,346

Ⅲ. 財務諸表

損 益 計 算 書

自×3年4月1日　至×4年3月31日

Ⅰ	売　　上　　高		2,000,000
Ⅱ	売　上　原　価		
	1　期首商品棚卸高	68,000	
	2　当期商品仕入高	1,144,000	
	合　　計	1,212,000	
	3　期末商品棚卸高	44,000	1,168,000
	売 上 総 利 益		832,000
Ⅲ	販売費及び一般管理費		
	1　営　　業　　費	499,800	
	2　貸倒引当金繰入額	9,200	
	3　減 価 償 却 費	59,100	568,100
	営 業 利 益		263,900
Ⅳ	営 業 外 収 益		
	1　受 取 利 息	7,129	7,129
Ⅴ	営 業 外 費 用		
	1　支 払 利 息	17,300	
	2　為 替 差 損	3,600	
	3　オプション損失	510	21,410
	経 常 利 益		249,619
	税引前当期純利益		249,619
	法人税, 住民税及び事業税		99,156
	当 期 純 利 益		150,463

貸 借 対 照 表

×4年3月31日

資 産 の 部			負 債 の 部		
I 流 動 資 産			I 流 動 負 債		
現金及び預金		306,640	支 払 手 形		66,800
受 取 手 形	107,000		買 掛 金		177,600
売 掛 金	273,000		未 払 費 用		9,500
貸倒引当金 △ 11,400		368,600	未払法人税等		99,156
商 品		44,000	流 動 負 債 合 計		353,056
流 動 資 産 合 計		719,240	II 固 定 負 債		
II 固 定 資 産			長 期 借 入 金		860,000
1 有 形 固 定 資 産			固 定 負 債 合 計		860,000
建 物	480,000		負 債 合 計		1,213,056
機 械	140,000		純 資 産 の 部		
備 品	105,600		I 株 主 資 本		
減価償却累計額 △ 296,700		428,900	1 資 本 金		740,000
土 地		1,100,000	2 利 益 剰 余 金		
有 形 固 定 資 産 合 計		1,528,900	(1) その他利益剰余金		
2 投資その他の資産			繰越利益剰余金 443,184		
長 期 貸 付 金	160,000		利 益 剰 余 金 合 計		443,184
貸倒引当金 △ 11,900		148,100	株 主 資 本 合 計		1,183,184
金利スワップ		4,440	II 評価・換算差額等		
投資その他の資産合計		152,540	1 繰延ヘッジ損益		4,440
固 定 資 産 合 計		1,681,440	評価・換算差額等合計		4,440
			純 資 産 合 計		1,187,624
資 産 合 計		2,400,680	負 債 純 資 産 合 計		2,400,680

◎ 貸倒引当金（流動・固定の合計金額）　（ 問6 の解答）

流動11,400＋固定11,900＝23,300

公認会計士　新トレーニング シリーズ

ざい む かい けい ろん　けい さん へん　　　　　　　　こ べつ ろん てん　おう よう へん　　だい　はん
財務会計論 計算編6　個別論点・応用編　第6版

2011年7月1日　　初　版　第1刷発行
2021年3月20日　　第6版　第1刷発行
2022年11月30日　　　　　 第2刷発行

編 著 者	T A C 株 式 会 社	
	（公認会計士講座）	
発 行 者	多　　田　　敏　　男	
発 行 所	T A C株式会社　出版事業部	
	（T A C出版）	

〒101-8383
東京都千代田区神田三崎町3-2-18
電話　03（5276）9492（営業）
FAX 03（5276）9674
https://shuppan.tac-school.co.jp

印　　刷	株式会社　ワコープラネット	
製　　本	株式会社　常 川 製 本	

© TAC　2021　　　Printed in Japan　　　ISBN 978-4-8132-9643-0
N.D.C. 336

TAC出版 書籍のご案内

TAC出版では、資格の学校TAC各講座の定評ある執筆陣による資格試験の参考書をはじめ、資格取得者の開業法や仕事術、実務書、ビジネス書、一般書などを発行しています!

TAC出版の書籍

*一部書籍は、早稲田経営出版のブランドにて刊行しております。

資格・検定試験の受験対策書籍

- ◎日商簿記検定
- ◎建設業経理士
- ◎全経簿記上級
- ◎税 理 士
- ◎公認会計士
- ◎社会保険労務士
- ◎中小企業診断士
- ◎証券アナリスト

- ◎ファイナンシャルプランナー(FP)
- ◎証券外務員
- ◎貸金業務取扱主任者
- ◎不動産鑑定士
- ◎宅地建物取引士
- ◎賃貸不動産経営管理士
- ◎マンション管理士
- ◎管理業務主任者

- ◎司法書士
- ◎行政書士
- ◎司法試験
- ◎弁理士
- ◎公務員試験(大卒程度・高卒者)
- ◎情報処理試験
- ◎介護福祉士
- ◎ケアマネジャー
- ◎社会福祉士　ほか

実務書・ビジネス書

- ◎会計実務、税法、税務、経理
- ◎総務、労務、人事
- ◎ビジネススキル、マナー、就職、自己啓発
- ◎資格取得者の開業法、仕事術、営業術
- ◎翻訳ビジネス書

一般書・エンタメ書

- ◎ファッション
- ◎エッセイ、レシピ
- ◎スポーツ
- ◎旅行ガイド (おとな旅プレミアム/ハルカナ)
- ◎翻訳小説

公認会計士試験対策書籍のご案内

TAC出版では、独学用およびスクール学習の副教材として、各種対策書籍を取り揃えています。
学習の各段階に対応していますので、あなたのステップに応じて、合格に向けてご活用ください!

短答式試験対策

・財務会計論【計算問題編】
・財務会計論【理論問題編】
・管理会計論
・監査論
・企業法

『ベーシック問題集』
シリーズ A5判

● 短答式試験対策を本格的に
始めた方向け、苦手論点の
克服、直前期の再確認に最適!

・財務会計論【計算問題編】
・財務会計論【理論問題編】
・監査論
・企業法

『アドバンスト問題集』
シリーズ A5判

● 『ベーシック問題集』の上級編。
より本試験レベルに対応して
います

論文式試験対策

『財務会計論会計基準
早まくり条文別問題集』
B6変型判

● ○×式の一問一答で会計基準を
早まくり
◎ 論文式試験対策にも使えます

・財務会計論【計算編】
・管理会計論

『新トレーニング』
シリーズ B5判

● 基本的な出題パターンを
網羅。効率的な解法による
総合問題の解き方を
身に付けられます!
◎ 各巻数は、TAC公認会計士
講座のカリキュラムにより
変動します
◎ 管理会計論は、短答式試験
対策にも使えます

過去問題集

『短答式試験 過去問題集』
『論文式試験必修科目 過去問題集』
『論文式試験選択科目 過去問題集』
A5判

● 直近3回分の問題を、ほぼ本試験形式で再現。
TAC講師陣による的確な解説付き

企業法対策

公認会計士試験の中で毛色の異なる法律科目に対して苦手意識のある方向け。
弱点強化、効率学習のためのラインナップです

入 門

『**はじめての会社法**』

A5判　田﨑 晴久 著

● 法律の知識ゼロの人でも、
　これ1冊で会社法の基礎が
　わかる!

短答式試験対策

『**企業法早まくり肢別問題集**』

B6変型判　田﨑 晴久 著

● 本試験問題を肢別に分解、整理。
　簡潔な一問一答式で合格に必要な知識を網羅!

書籍の正誤に関するご確認とお問合せについて

書籍の記載内容に誤りではないかと思われる箇所がございましたら、以下の手順にてご確認とお問合せをしてくださいますよう、お願い申し上げます。

なお、正誤のお問合せ以外の**書籍内容に関する解説および受験指導などは、一切行っておりません。**
そのようなお問合せにつきましては、お答えいたしかねますので、あらかじめご了承ください。

1 「Cyber Book Store」にて正誤表を確認する

TAC出版書籍販売サイト「Cyber Book Store」の
トップページ内「正誤表」コーナーにて、正誤表をご確認ください。

URL：https://bookstore.tac-school.co.jp/

2 **1の正誤表がない、あるいは正誤表に該当箇所の記載がない**
⇒ **下記①、②のどちらかの方法で文書にて問合せをする**

★ご注意ください★

お電話でのお問合せは、お受けいたしません。
①、②のどちらの方法でも、お問合せの際には、「お名前」とともに、
「対象の書籍名（○級・第○回対策も含む）およびその版数（第○版・○○年度版など）」
「お問合せ該当箇所の頁数と行数」
「誤りと思われる記載」
「正しいとお考えになる記載とその根拠」
を明記してください。
なお、回答までに１週間前後を要する場合もございます。あらかじめご了承ください。

---

① ウェブページ「Cyber Book Store」内の「お問合せフォーム」より問合せをする

【お問合せフォームアドレス】

https://bookstore.tac-school.co.jp/inquiry/

---

② メールにより問合せをする

【メール宛先　TAC出版】

syuppan-h@tac-school.co.jp

※**土日祝日はお問合せ対応をおこなっておりません。**
※**正誤のお問合せ対応は、該当書籍の改訂版刊行月末日までといたします。**

乱丁・落丁による交換は、該当書籍の改訂版刊行月末日までといたします。なお、書籍の在庫状況等により、お受けできない場合もございます。
また、各種本試験の実施の延期、中止を理由とした本書の返品はお受けいたしません。返金もいたしかねますので、あらかじめご了承くださいますようお願い申し上げます。

（2022年7月現在）

答案用紙

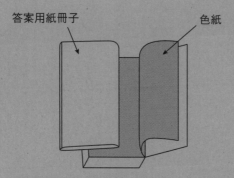

答案用紙冊子　　　　　色紙

①答案用紙冊子を抜き取る

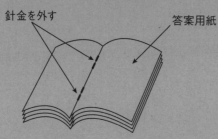

針金を外す　　　　　答案用紙

②抜き取った答案用紙冊子を
　開き，針金を外す

─── 〈答案用紙ご利用時の注意〉 ───

　以下の「答案用紙」は，この色紙を残したま
までていねいに抜き取り，綴込の針金をはずし
てご利用ください。なお，針金をはずす際は素
手ではなく，ドライバー等の器具を必ずご使用
ください。

　また，抜取りの際の損傷についてのお取替
えはご遠慮願います。

＊ご自分の学習進度に合わせて，コピーしてお使いください。
なお，答案用紙は，ダウンロードサービスもご利用いただけます。
TAC出版書籍販売サイト・サイバーブックストアにアクセスしてく
ださい。

https://bookstore.tac-school.co.jp/

TAC出版
TAC PUBLISHING Group

新トレーニングシリーズ
財務会計論 計算編 6 〈個別論点・応用編〉

別 冊 答 案 用 紙

目 次

問題 1　減損会計・退職給付会計

得点　　　　点

損　益　計　算　書　（単位：千円）

自×10年4月1日　至×11年3月31日

Ⅰ　売　　上　　高　　　　　　　　　　　（　　　　　）

Ⅱ　売　上　原　価

　1　期首商品棚卸高（　　　　　）

　2　当期商品仕入高（　　　　　）

　　　　合　　　計（　　　　　）

　3　期末商品棚卸高（　　　　　）

　　　　差　　　引（　　　　　）

　4　商品低価評価損（　　　　　）（　　　　　）

　　　売　上　総　利　益　　　　　　　　（　　　　　）

Ⅲ　販売費及び一般管理費

　1　営　　　業　　　費（　　　　　）

　2　棚　卸　減　耗　費（　　　　　）

　3　退職給付費用（　　　　　）

　4　貸倒引当金繰入額（　　　　　）

Ⅳ　営　業　外　収　益

　1　受取利息配当金（　　　　　）

　2　有価証券利息（　　　　　）

　3　雑　　　収　　　入（　　　　　）（　　　　　）

Ⅴ　営　業　外　費　用

　1　支　払　利　息（　　　　　）

　2（　　　　　）（　　　　　）（　　　　　）

　　　経　　常　　利　　益　　　　　　（　　　　　）

Ⅵ　特　　別　　損　　失

　1（　　　　　）（　　　　　）

　2（　　　　　）（　　　　　）（　　　　　）

　　　税引前当期純利益　　　　　　　　（　　　　　）

　　　法人税，住民税及び事業税　　　　（　　　　　）

　　　当　期　純　利　益　　　　　　　（　　　　　）

貸 借 対 照 表

×11年3月31日

(単位：千円)

資 産 の 部

I 流 動 資 産
- 現 金 及 び 預 金　（　　）
- 受 取 手 形　（　　）
- 貸 倒 引 当 金　（　　）
- 売 掛 金　（　　）
- 貸 倒 引 当 金　（　　）
- 有 価 証 券　（　　）
- 商 品　（　　）
- 前 払 費 用　（　　）
- 未 収 収 益　（　　）
- （　　　　）　（　　）
- 流 動 資 産 合 計　（　　）

II 固 定 資 産
- 固 定 資 産　（　　）

負 債 の 部

I 流 動 負 債
- 支 払 手 形　（　　）
- 買 掛 金　（　　）
- （　　　　）　（　　）
- 未 払 費 用　（　　）
- 未 払 法 人 税 等　（　　）
- 流 動 負 債 合 計　（　　）

II 固 定 負 債
- 長 期 借 入 金　（　　）
- （　　　　）　（　　）
- 退 職 給 付 引 当 金　（　　）
- 資 産 除 去 債 務　（　　）
- 固 定 負 債 合 計　（　　）

問題**2** 有価証券

得点

問1

①	⑤	⑨

②	⑥

③	⑦

④	⑧

問2

①	⑤

②

③

④

問3

問 題 ❸

税効果会計①

得点 | 点

点

問1

①	②	③	④	⑤
⑥	⑦	⑧	⑨	⑩
⑪	⑫	⑬	⑭	⑮
⑯	⑰	⑱	⑲	⑳

問題 **4** ストックオプション・税効果会計①

得点 点

問1

①	

問2

ア	イ	ウ	エ	オ
カ	キ	ク	ケ	コ
サ	シ	ス	セ	ソ

問　題 5　商品売買の記帳方法

問1

①	②	③	④

問2

（単位：千円）

決算整理後残高試算表

×11年3月31日

現　金	（　　）	支　払　手　形	（　　）
受　取　手　形	（　　）	買　　掛　　金	（　　）
売　　掛　　金	（　　）	未　払　営　業　費	（　　）
繰　越　A　商　品	（　　）	未　払　利　息	（　　）
B　　商　　品	（　　）	貸　倒　引　当　金	（　　）
C　　商　　品	（　　）	長　期　借　入　金	（　　）
D　　商　　品	（　　）	建物減価償却累計額	（　　）

問3

(単位：千円)

損 益 計 算 書
自×10年4月1日　至×11年3月31日

I 売 上 高		（　　　　）
II 売 上 原 価		
1 期 首 商 品 棚 卸 高	（　　　　）	
2 当 期 商 品 仕 入 高	（　　　　）	
合 計	（　　　　）	
3 期 末 商 品 棚 卸 高	（　　　　）	（　　　　）
売 上 総 利 益		（　　　　）

問題6　特殊商品売買①

問1

①	②		③
④	⑤		⑥

問2　(単位：千円)

損　益　計　算　書
自×5年4月1日　至×6年3月31日

I　売　　上　　高　　　　　　　　　　　　　　（　　　　　）

II　売　上　原　価
1　期首商品棚卸高　（　　　　　）
2　当期商品仕入高　（　　　　　）
　　　合　　計　　　（　　　　　）

IV　営　業　外　収　益
1　受取利息配当金　　　　　　　2,200　　　　2,200

V　営　業　外　費　用
1（　　　　　　　　）　（　　　　）　（　　　　）
　　　経　常　利　益　　　　　　　　　（　　　　）

貸 借 対 照 表

×6年3月31日

資産の部			負債・純資産の部		
現 金 及 び 預 金	(	)	支 払 手 形	195,000	
受 取 手 形	234,000		買 掛 金	150,000	
貸 倒 引 当 金	( )	( )	未 払 法 人 税 等	(	)
売 掛 金	(	)	前 受 金	(	)
貸 倒 引 当 金	( )	( )	( )	(	)
商 品	(	)	資 本 金	1,800,000	
( )	(	)	資 本 準 備 金	(	)
建 物	600,000		利 益 準 備 金	100,000	
減 価 償 却 累 計 額	( )	( )	任 意 積 立 金	60,000	
備 品	(	)	繰 越 利 益 剰 余 金	70,000	
減 価 償 却 累 計 額	( )	( )			
土 地	800,000				
長 期 貸 付 金	110,000	( )	( )		( )

問題 **7** 特殊商品売買②

得点 [　　] 点

問1

決算整理後残高試算表

×11年3月31日

(単位：千円)

借方	金額	貸方	金額
現　　金　預　　金	（　　）	支　払　手　形	（　　）
受　取　手　形	（　　）	買　　掛　　金	（　　）
売　　掛　　金	（　　）	未　払　営　業　費	（　　）
繰　越　商　品	（　　）	未　払　法　人　税　等	（　　）
未　着　品	（　　）	貸　倒　引　当　金	（　　）
試　用　品	（　　）	試　用　販　売	（　　）
試　用　販　売　契　約	（　　）	建物減価償却累計額	（　　）
建　　物	（　　）	備品減価償却累計額	（　　）
備　　品	（　　）	資　　本　　金	（　　）
土　　地	（　　）	利　益　準　備　金	（　　）
仕　　入	（　　）	繰越利益剰余金	（　　）
営　　業　　費	（　　）	一　般　売　上	（　　）

問2

（単位：千円）

損 益 計 算 書

自×10年4月1日 至×11年3月31日

I 売 上 高 （　　　）

II 売 上 原 価

　1 期 首 商 品 棚 卸 高 （　　　）

　2 当 期 商 品 仕 入 高 （　　　）

　　　　合　　計 （　　　）

　3 期 末 商 品 棚 卸 高 （　　　）（　　　）

　　売 上 総 利 益 （　　　）

問 問題⑧ 減損会計・ストックオプション   得点 ［   ］点

問1

	①	②

問2

千円

問3

ア	イ	ウ	エ
オ	カ	キ	ク
ケ	コ	サ	シ

問題 ⑨ ストックオプション・税効果会計②

得点
点

問1

(ア)	(イ)	(ウ)	(エ)
(オ)			

問2

(カ)	(キ)	(ク)	(ケ)
(コ)	(サ)	(シ)	(ス)
(セ)	(ソ)	(タ)	(ソ)
(ツ)	(テ)	(ト)	

問3

問題 **10** 税効果会計 ②

得 点 | 点

問1

①		②		③		④	
⑤		⑥		⑦		⑧	

問2

①		②		③		④	
⑤		⑥		⑦		⑧	

問3

問題11　１株当たり情報・四半期財務諸表

問題1

問1

①	②	③

問2

④	⑤

問題2

問1

一株当たり当期純利益

円	銭

問　題 **12**

遡及修正・金融商品

得点 ☐ 点

問題1

問1

①	②	③
④		

問2

①	②	③
④	⑤	⑥
⑦	⑧	⑨
⑩	⑪	⑫
⑬	⑭	⑮

問題13　金融商品・リース取引

問1

①	②	③	④
⑤	⑥	⑦	⑧
⑨	⑩	⑪	⑫
⑬	⑭		

問2

①	②	③	④
⑤	⑥	⑦	⑧
⑨	⑩	⑪	⑫
⑬	⑭	⑮	⑯

（注）　純資産の控除項目には「△」を付すこと。

短答形式総合問題

問題⑭

問

| 得 点 | 点 |

問1 　千円

問2 　千円

問3 　千円

問4 　千円

問5 　千円

問6 　千円

問7 　千円

7　車両減価償却費　（　　　）

8　備品減価償却費　（　　　）

9　利　息　費　用　（　　　）　（　　　）

　　営　業　利　　益　　　　　　（　　　）

資産の部		負債・純資産の部	
減価償却累計額	( )	I 株主資本	
機械装置	( )	1 資本金	( )
減価償却累計額	( )	2 利益剰余金	
車両	( )	(1) 繰越利益剰余金	( )
減価償却累計額	( )	利益剰余金合計	( )
備品	( )	株主資本合計	( )
減価償却累計額	( )	II 評価・換算差額等	
土地	( )	1 ( )	( )
有形固定資産合計	( )	評価・換算差額等合計	( )
2 投資その他の資産		純資産合計	( )
投資有価証券	( )		
子会社株式	( )		
投資その他の資産合計	( )		
固定資産合計	( )		
資産合計	( )	負債純資産合計	( )

⑨	
⑩	
⑪	

ナ	ニ	ヌ	ネ	ノ
マ	ハ	ヒ	フ	ヘ
	ミ			ホ
	ム			

（借方）	金額	（貸方）	金額
土 地	（　）	資 本 準 備 金	（　）
A 商 品 仕 入	（　）	利 益 準 備 金	（　）
D 商 品 売 上 原 価	（　）	任 意 積 立 金	（　）
営 業 費	（　）	繰 越 利 益 剰 余 金	（　）
（　　　）	（　）	A 商 品 売 上	（　）
貸 倒 引 当 金 繰 入 額	（　）	（　　　）	（　）
建 物 減 価 償 却 費	（　）	C 商 品 販 売 益	（　）
備 品 減 価 償 却 費	（　）	D 商 品 売 上	（　）
支 払 利 息	（　）	受 取 利 息 配 当 金	（　）
	（　）		（　）

III 販売費及び一般管理費

1 営業費　　　　　613,075

2 租税公課　　　（　　　　）

3 貸倒引当金繰入額（　　　　）

4 建物減価償却費 （　　　　）

5 備品減価償却費 （　　　　）（　　　　）

　　営業利益　　　　　　　　（　　　　）

税引前当期純利益　　　　　　（　　　　）

法人税, 住民税及び事業税　　（　　　　）

当期純利益　　　　　　　　　（　　　　）

- 8 -

千円

建物減価償却費　（　　　　）

備品減価償却費　（　　　　）

法　人　税　等　（　　　　）

（　　　　）

問4

(ホ)		(ハ)		(ヒ)	
(ヨ)		(ニ)		(ホ)	
(ヘ)		(ヌ)		(ワ)	
(ロ)		(へ)		(マ)	

⑤ ⑥ ⑦ ⑧
⑨ ⑩ ⑪ ⑫
⑬ ⑭ ⑮ ⑯
⑰

問2

一株当たり当期純利益	円	銭
潜在株式調整後一株当たり当期純利益	円	銭

問題3

円	銭

⑲

問題 2

問 1

ア	イ	ウ	エ

問 2

（単位：千円）

(借)	現　　　　金	（　　）	(貸)	リコース義務	（　　）
	買　戻　権	（　　）		債　　　権	（　　）
	回収サービス業務資産	（　　）		債権売却益	（　　）

問3 （単位：千円）

（借）   （貸）

問4

　　　　　千円　　する

　　　　　千円